2018
세계를 품다

GLOBAL | LEADERS

2018
세계를
품다

글로벌 리더 선정자 25인 지음

매경미디어그룹 회장
장 대 환

　'2018 대한민국 글로벌 리더' 수상자로 선정되신 기업 및 기관 대표자 여러분들께 먼저 진심으로 축하의 말씀을 올립니다.

　매경미디어그룹은 대한민국 경제 발전을 위해 기여하고 계신 우리나라 최고의 리더들을 세상에 알리고 그 살아 있는 경영 스토리를 전파함으로써 공적을 치하하고 귀감이 되도록 하기 위해 '2018 대한민국 글로벌 리더 상(賞)'을 제정했습니다.

　지금 대한민국 경제는 전례 없는 위기상황에 직면해 있습니다. 4차 산업혁명의 물결이 전 세계는 물론 우리 사회 곳곳에 빠르게 일고 있지만, 그 대응은 더디기만 합니다.

기업 및 기관도 더 이상 산업화 시대의 '수출 마인드'로 4차 산업혁명에 접근하려고 해서는 안 됩니다. 하드웨어와 소프트웨어, 제조업과 서비스업, 온라인과 오프라인, 소비자와 생산자, 심지어 인간과 로봇 간 융합이 시공간을 초월해 이뤄지고 있습니다. 이런 의미에서 '오픈 마인드'는 4차 산업혁명 시대를 준비하는 리더가 반드시 갖춰야 할 덕목일 것입니다.

지금과 같은 힘든 시기에 여러분들은 혁신적이고 창조적인 방법으로 여러 악재들을 꿋꿋이 이겨냈을 뿐 아니라 조직을 계속 성장 및 발전시키셔서 글로벌 리더로 선정되셨습니다.

여러분은 남들보다 한발 앞서 미래를 내다보는 혜안과 냉철한 판단력으로 새로운 시장을 만들고 끊임없이 일자리를 창출하고 있습니다.

여러분 같은 리더가 늘어나야만 지금 대한민국 경제가 처한 위기를 극복할 수 있을 것입니다. 이렇게 자랑스러운 분들의 공적을 매경미디어그룹에서 치하할 수 있게 된 것에 대해 큰 자부심을 느낍니다.

글로벌 리더 여러분들께서는 앞으로도 창조적인 마인드와 미래를 꿰뚫는 통찰력으로 기업을 세계 속에 우뚝 세워주시길 당부드립니다. 대한민국을 지금보다 더 나은 국가, 국민이 행복한 국가로 만드는 데 여러분이 앞장서 주시길 기대합니다.

선정자 심사 과정에서 오랜 기간 수고해 주신, 홍석우 위원장님을 비롯해 바쁜 와중에도 심사에 열성껏 참여해주신 심사위원 여러분들께도 감사의 말씀을 드립니다. 선정자 여러분들께 다시 한 번 경의를 표합니다.

2018 대한민국 글로벌 리더 선정위원장
홍석우

대한민국을 글로벌 경제대국으로 이끄는 리더들의 공적을 치하하자는 취지에서 2013년 처음 시작한 글로벌 리더 제정이 올해로 6회째를 맞이했습니다.

지금 현실은 갈수록 높아지는 글로벌 무역전쟁 가능성에 전 세계 경제가 어려움에 빠질 위기에 놓여 있습니다. 최근 무역 관세를 놓고 공공연하게 대립을 펼치는 미국과 중국을 바라보면 어떤 상황이 펼쳐질지 짐작조차 쉽지 않습니다.

또한 대내적으로는 인구절벽이라는 큰 위기가 이미 눈앞에 다가왔습니다. 저출산 현상이 예상보다 빠르게 진행되면서 2028년부터는 총인구 감소도 시작될 전망입니다. 인구 감소는 국가의 성장잠재력을 갉아먹으며 고령인구를 부양하기 위한 재정지출도 막대해지는 등 그 후폭풍은 상상할 수도 없을 정도입니다.

이 같은 어려움 속에서도 창조적인 해법을 통해 기회를 만들어내야 합니다. 특히 여기 계신 글로벌 리더들이 손수 길을 개척해 새로운 희망을 보여주셔야 합니다.

우리는 이미 여러 차례 리더의 힘을 경험했습니다. IMF사태로 잘 알려진 1990년대 외환위기나 2000년대 초반 카드대란 등으로 경제가 휘청거릴 때마다 리더들은 솔선수범의 자세로 우리 경제를 정상으로 돌리는 데 일조했습니다. 지금 대한민국 경제는 다시 한 번 리더의 역할을 요구하고 있습니다.

매경미디어그룹은 이 같은 시대적 요구에 부응하고자 '2018 대한민국 글로벌 리더'를 선정했습니다. 서비스, 환경, 사회공헌, 기술혁신, 브랜드, 인재양성, 경영혁신, 품질 및 R&D 등 8개 분야로 나눠 각 분야에서 혁혁한 성과를 일궈낸 기업 25곳이 최종적으로 글로벌 리더에 이름을 올리셨습니다.

글로벌 리더 여러분은 급변하는 경영환경과 무한경쟁의 시장 속에서 뛰어난 리더십으로 조직과 국가의 발전을 이끌어오셨습니다. 저를 포함한 선정위원들은 글로벌 리더에 부합하는 분을 찾고자 거듭된 노력을 계속했습니다.

글로벌 경영 성과나 재무구조는 물론, 기업의 사회적 공헌도, 고객만족도, 고용창출, 노사관계에 이르기까지 평가할 수 있는 모든 지표를 고루 반영하여 선정 기준을 마련했습니다. 특히 지금보다 내일이 더 기대되는 우수한 기업을 발굴하기 위해 노력하였습니다.

선정된 글로벌 리더 여러분들이 많은 기업과 청년들에게 희망이 되어 주시기를 부탁드립니다. 다시 한 번 수상 기업을 대표해 수상하는 대표자 분들께 축하와 감사의 말씀을 전합니다.

CONTENTS

발간사 ·· 4

추천사 ·· 7

상해웨이나화장품 | 이선용 회장 ······························· 12

KMK글로벌스포츠그룹 | 송창근 회장 ······················· 34

캐리어에어컨 | 강성희 회장 ····································· 52

에이치알에스 | 강성자 회장 ····································· 66

KYK김영귀환원수 | 김영귀 대표 ······························· 80

CEO SUITE | 김은미 대표 ··· 104

광주과학기술원 | 문승현 총장 ·································· 122

세계한인무역협회 | 박기출 회장 ······························ 142

알루코그룹 | 박도봉 회장 ······································· 156

세운철강 | 신정택 회장 ·· 174

제주특별자치도개발공사 | 오경수 사장 ······················ 192

메타바이오메드 | 오석송 회장 ····························· 216

LVMC Holdings | 오세영 회장 ···························· 234

코리아에프티 | 오원석 회장 ····························· 248

한국남동발전 | 유향열 사장 ····························· 266

제너시스 BBQ그룹 | 윤홍근 회장 ························ 284

알파 | 이동재 회장 ···································· 302

스타벅스커피코리아 | 이석구 대표 ···················· 322

인팩코리아 | 이승현 대표 ······························· 338

코센 | 이제원 대표 ····································· 354

이엔테크놀로지 | 이태식 대표 ························· 368

코웨이 | 이해선 대표 ··································· 384

롯데면세점 | 장선욱 대표 ····························· 404

에이산 | 장영식 회장 ··································· 420

깨끗한나라 | 최병민 회장 ····························· 436

상해웨이나화장품

학력

1985 고려대학교 경영대학원 졸업
1987 숭실대학교 중소기업 대학원 AMP 수료
1988 고려대학교 컴퓨터 과학기술대학원 수료
1992 서강대학교 최고경영자과정 수료
2002 북경청화대학교 최고경영자과정 수료

경력

1977 ㈜항진실업 대표이사
1985 ㈜극동 대표이사 회장
1986 ㈜태창금속공업 대표이사 회장
1998 ㈜태창메텍 대표이사 회장
2001 ㈜우창기업 대표이사 회장
2007 상해웨이나화장품유한공사 회장
2011 ㈜웨이나코리아 회장
2012 홍콩 웨이나홀딩스 회장
2013 H.K. IOB LABS 회장
2016 ㈜V.G 인베스트먼트 회장

상훈

1992 중소기업청장 표창
1994 환경대상
1996 산업자원부 장관상
1997 상공대상
1998 자랑스러운 중소기업인상
1999 대통령 표창
2013 상하이 우수기업 은상
2015 상하이 화장품 제조 은상
2015 한중경영대상
2016 상하이 화장품 제조 금상
2016 상하이 우수경영자상
2017 CES 바이오 혁신상
2017 대한민국 글로벌리더 대상(창조경영 부문)

THE WEINA

중국시장 한류 화장품, 조용한 강자

최근 중국의 화장품 시장은 춘추전국시대에 비유되곤 한다. 지난 10여 년 사이 7~10%대 경제성장에 따라 가처분 소득이 늘어나면서 거대한 인구가 화장품을 사용하기 시작했다. 수요가 급증하면서 공급 시장의 경쟁도 치열해졌다. 세계의 유력 화장품 기업들이 중국에 진출했고 한국계 기업들의 성과도 큰 뉴스거리로 회자되고 있다.

기회의 땅으로 여겨져 온 중국. 그러나 중국 화장품 시장은 결코 녹록하지 않다. 성공보다는 실패하는 사례들이 훨씬 더 많다. 현지인들의 소비 습관과 각종 정부 시책들도 무척 까다로운 장애물이다. 이런 어려운 여건에서 남다른 뚝심으로 성공 신화를 쓴 사람이 있다.

상해웨이나화장품유한공사(Shanghai Weina Cosmetics Co., Ltd.)의 이선용 회장. 경쟁이 치열한 중국 땅에서 '신뢰와 제일주의'를 좌우명 삼아 10년간 매진한 끝에 한류 화장품 시장의 최강자로 입지를 다졌다.

상해웨이나화장품유한공사는 2004년 〈Made in Shanghai〉 제품 생산을 위한 공장 위생 및 생산 허가를 취득하여 자체 제조 생

중국 현지에서 자체 생산 기반을 구축한 웨이나 생산라인은
중국 소비자에게 실력을 입증해 주는 중요한 자산이다.

산 시설을 구축한 기업이다. 중국 현지에서 자체 생산 기반을 구
축하여 제품을 생산한다는 것은 중요한 의미를 지녔다. 우선, 그
당시 현지 공장 운영이라는 것은 외국계 화장품 기업, 특히 한국
계(한상기업) 기업으로서는 대기업 태평양이나 LG를 제외하고는
제조 및 유통을 추구하는 기업이 전무한 상태였다. 따라서 화장
품 기업으로서 중국 소비자에게 실력을 입증해 주는 중요한 자산
이었다.

　두 번째 의미는 당시 중국 화장품 소비 시장 규모가 전체 시장

규모의 10% 내외로 성장 가능성은 높지만 가짜 제품(일명 짝퉁)들과 저품질 제품들이 유통되는 시기로 소비자들의 피로감이 증폭되던 상황이었다. 따라서 소비자에게 신뢰감을 심어주는 일이 무엇보다 중요했고, 이러한 문제에 적절히 대응하는 차원에서 자체 공장을 수립, 한국의 기술력과 품질을 과시하는 계기로 삼았다.

이 회장이 만든 웨이나의 브랜드들은 어느덧 중국인들에게 친숙한 이름이 되었다. 웨이나는 어느 외국계 기업들처럼 진출 초기에 시행착오와 진통을 겪었지만 남다른 인내와 고집스러운 현지화 전략으로 성공을 일궈냈다. 지난 몇 년 사이 매년 50~80% 성장을 기록하고 2017년에 1억 8천 5백만 달러의 매출을 올렸다.

상하이에 공장과 본사를 두고, 서울과 제주에 연구개발팀을 운영 중인 웨이나화장품에는 현재 250여 명의 임직원이 재직 중이고, 중국 전역에 1만여 개가 넘는 가맹 미용원(점포)을 거느리고 있다.

무신불립(無信不立)과 제일주의

웨이나화장품은 2003년 한국야쿠르트그룹 계열의 나드리화장품이 중국 상해에 제조공장을 설립하고 생산, 판매 활동을 시작한 것이 모태다. 중국 화장품 시장의 성장 잠재력과 중국 여성의 화장품·미용(건강 및 뷰티산업 포함)에 대한 관심이 증가하는 것에 착안한 발 빠른 행보였다. 당시만 해도 중국내 화장품 산업이 취약하고 글로벌 브랜드들이 대도시를 중심으로 시장을 장악하고 있는 상황이었다. 비록 한국의 화장품 제조 기술이 우수하다고는 하지만, 낯선 소비문화와 글로벌 강자들을 대적하기란 쉽지 않은 분위기였다.

웨이나는 시행착오를 겪을 수밖에 없었다. 이선용 회장은 지지부진하던 웨이나를 인수해 새로운 바람을 일으켰다. 2008년 인수 작업을 마무리하고 새로운 도전에 나섰다. 한국에서 청년 시절부터 30년 가까이 사업을 하고 스스로 키운 회사를 상장까지 시킨 경험이 있는 이 회장이었다. 승부사 기질과 뚝심은 이 회장의 트레이드마크로 이미 한국에서도 잘 알려져 있던 터였다.

이 회장은 웨이나 인수 후 직원들을 모아놓고 '무신불립(無信不立)'을 일성으로 내놓았다. 약속을 지킨다는 것이었다. 그 약속은 평소 좌우명인 제일주의를 근간으로 한 '정직한 제품에 대한 약속', 현지 대리상들과의 '상생'에 관한 약속이었다.

이 회장이 이끄는 웨이나화장품은 글로벌 메이저 브랜드들의 침투가 어려운 2~4선급 도시를 전략적으로 공략했다. 또 화장

웨이나화장품 임직원

품·미용에 관심이 있는 중국 여성, 특히 새로운 직업과 성공 기회를 모색하는 열혈 여성들을 모아 화장품과 미용을 가르치고 활동하게 했다. 점포를 개설하는 사업자들에게는 점포 운영 기법도 무상으로 가르쳤다. 현지인들에게 아낌없는 신뢰를 먼저 제공했다.

이러한 전략은 회사의 중장기 성장을 담보할 인적 자산을 키운다는 점, 그리고 중국 내 일자리 창출과 실용지식 전파에 기여한다는 점에서 현지화와 상생의 원리를 중시한 것이었다.

선택과 집중, 그리고 철저한 실용주의

2003년 일찌감치 중국에 진출한 웨이나화장품은 어느덧 15주년를 맞았다. 치밀한 현지화 전략으로 꾸준한 성장을 일궈 온 웨이나는 현재 중국내 화장품 및 미용 분야에서 한류 화장품 바람을 일으키며 막강한 현지 한상(韓商) 기업으로 자리를 잡았다.

웨이나화장품의 현재 중국 내 입지는 어느 기업보다 탄탄하다. 자체 R&D와 생산 공장 때문만이 아니다. 중국 내 2~4선 도시를 중심으로 10년 넘게 일궈 놓은 양질의 인적 네트워크와 브랜드 충성도가 어느 기업보다 강하고 탄탄하기 때문이다.

이러한 성장의 배경으로 이선용 회장의 실용주의 철학을 빼놓을 수 없다. 이 회장은 타고난 고집과 뚝심만 강조하지 않는다. 전문가들을 중용하고, 최선의 선택을 위해 남다른 노력을 기울인다. 이는 낭비 요소를 원천 배제하는 장점이 있음을 잘 알기 때문이다. 일단 선택한 전략에 대해서는 확실한 투자를 실천하고 있는 것이다.

중국의 화장품 시장이 성숙해가는 모습을 직접 관찰하면서 남보다 한발 앞선 계획과 투자를 실행하는 것이 이 회장의 순발력이자 사업 패턴이다. 2010년에는 아직 이르다는 주변의 만류를

웨이나화장품의 'BENETIFUL SPA' 점포.
2018년 현재 웨이나의 BENETIFUL SPA는 500호점을 넘어섰다.

뿌리치고 ERP시스템을 구축해 전사적인 자원관리 체계도 확립
하였다. 2012년에는 미용 교육의 선진화를 위해 중국 주요 지역
에 전문교육센터를 설립했다.

2014년에는 업계 최초로 전문 교육장을 본사에 두고 영국
ITEC 자격증 과정을 운영하여, 각 가맹점 주 및 미용 전문가들
에게 자격증 취득에 도움을 주는 교육 활동을 진행, 관련 업계에
신선한 충격과 부러움을 받는 좋은 사례로 평가받고 있다.

오늘날 화장품 산업은 건강·미용 산업과 맞닿아 있다. 이 회
장은 이른바 산업의 전후방 연관 효과를 강조하고 그 안에서 시

너지를 일으키는 쪽으로 사업을 확장해 가고 있는 것이다.

2014년부터는 2~4선급 도시의 미용원(점포) 수준을 향상시키고 이들의 자생력과 경쟁력을 제고시키기 위한 일환으로 한국식 스파(Spa) 프로그램을 개발해 보급하기 시작했다. 웨이나 가맹점들의 경쟁력은 곧 웨이나 본사의 생존과 직결된 문제다. 소비자와 중간상인 조직이 튼튼해야 기업의 지속 성장이 가능하다는 관점이다. 2018년 현재 웨이나의 BENETIFUL SPA는 500호점을 넘어섰다.

현재 웨이나화장품은 중국 내 화장품 한국기업(한상기업)을 대표하고 있으며, 중국 화장품 소비자들에게 한류 이상의 영향력을 행사하는 기업으로 인정받고 있다. 전문화된 제품의 우수한 품질력과 선진적인 기업 문화를 갖춘 모범기업으로 중국 정부와 소비자들에게 마음으로 인정받는 기업이 되었다.

웨이나의 현지화 전략과 혁신 노력

웨이나는 종종 국적에 관한 질문을 받는다. 특히 한중 관계가 불편해지거나 좋이 못한 여론이 형성되는 경우에 어느 한국계 기업처럼 어려움을 겪을 수밖에 없다. 한국의 자본과 선진 기술을 앞세워 사업을 진행하는 일이 현지인들에게 일정한 부분에서 매력적일 수 있지만, 자국의 산업이 성장하고 맹목적인 국수주의가 여론을 지배할 때는 갈등 요소가 나타나는 것이 상례이기 때문이다.

웨이나의 현지화 전략은 이러한 사정을 충분히 감안한 것이었다. 중국 법에 따라 세금을 내고 많은 중국인 직원을 거느린 중국 기업이지만, 엄밀하게는 한국계 기업일 수밖에 없었다.

그래서 이 회장은 많은 부분에서 변화와 혁신을 강조했다. 외국 기업이라는 불리한 경영 환경의 체질을 변화시키고자 정도경영과 합법경영 체계를 구축하는 데 적지 않은 노력을 기울였다. 회사 내 각종 제도 정비는 물론 중국인과 중국 정부와의 관계개선에 노력하고 무엇보다 중국 소비자들에게 인정받기 위해 다양한 마케팅 전략을 단계별로 실천했다.

2012년에 소비자와 대리상을 위해 설립한 교육센터는 한국의 미(美)를 본격적으로 확장 전개해 나가는 교두보 역할을 했다. 또 원거리 교육을 원활하게 하기 위해 화상회의 시스템을 구축하고 디지털 환경을 최대한 활용하는 스마트 교육 시스템을 도입했다. 이는 현재까지도 다양한 미용 기술과 풍부한 제품 지식을 습득하는 데 사용되는 매우 유용한 역할을 하고 있다.

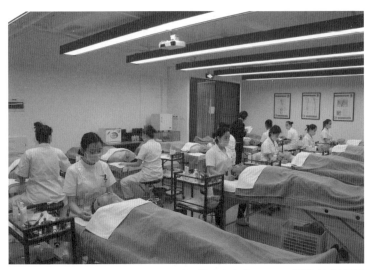

한국의 미를 확장해 나가는 교두보 역할을 위해 설립한
웨이나화장품 뷰티교육센터 실습현장.

이선용 회장은 이러한 노력에서 멈추지 않고 2013년에는 ISO
9001/22761 인증을 취득하여 품질 경영 안정화 기반을 마련한
다. 또 2014년에는 중국 강소성 서주시(徐州市)에 EMS 물류 창고
를 업계 최초 독점적으로 운영하게 되면서 중국 전 지역에 제품
배송에 따른 시간 단축은 물론 안정적인 주문 발주 및 전달 시스
템을 구축하게 된다.

아울러 2016년에는 서울 구로구 가산동에 웨이나 연구소를 확
장 이전하여, 과학적 원료 실험 및 개발을 통한 제품 품질 향상과

웨이나는 중국 현지에서 친화적인 활동을 해오고 있다.
산동 웨이팡 소학교 장학금 및 학용품 지원 **CSR** 활동

소비자 요구 및 시장에 부합하는 신제품 개발에 빠르게 대응하는 전문 기업으로서의 역할을 확대해 나아가기 위한 노력을 끊임없이 수행하고 있다.

이선용 회장은 중국에서 벌어들인 이익을 중국 사회에 환원하는 일에도 앞장선다. 국적을 떠나 따뜻한 인본주의를 바탕으로 지역공동체에 기여하는 활동을 진행하고 있다. 낙후 지역의 아이들에게 장학금을 주고, 독거노인을 위한 봉사, 소년소녀 가장 돕기 같은 활동을 다각적으로 전개하고 있다.

고객이 외부에만 있는 것이 아님을 잘 아는 이 회장은 평소 '최고의 고객은 내부 직원'임을 직시하고 직원에 대한 존중과 격려를 아끼지 않는 경영 스타일을 유지하고 있다. 열성적인 중국인 직원들을 대상으로 해외 문화체험 여행을 시키는 일은 벌써 10여 년째 계속하고 있는 연례행사다.

2016년에는 한류 배우 박해진과 전속 모델 계약을 체결하고, 업계 최초로 중국 내 주요 거점 지역에 버스 랩핑 광고를 실시, 한국 기업 및 제품과 한국인에 대한 긍정 이미지를 높이는 데 기여했다. 이를 통해 한류 문화 체험을 강조하여, 2016년 말에는 2,000명 규모의 인센티브 관광단을 조직해 서울과 부산에서 한국 문화를 직접 체험하도록 했다.

최고를 향한 상하동력자승(上下動力者勝)

이선용 회장은 최고의 제품으로 최고의 가치를 고객에게 전달한다는 초심을 잘 지켜가려 노력한다. 자칫 진부한 구호처럼 보이는 표현이지만 이를 잘 실천할 때의 위력은 대단히 크다는 사실을 확신하고 있다. 이를 위해 이 회장은 매년 초 전국의 직원들을 한 자리에 모아 놓고 사자성어를 제시한다. 서로의 생각을 한

데 모아 협심하자는 것이다.

중국 시장에서 웨이나화장품이 성공한 비결도 이러한 모토와 관련이 있다. 이 회장은 광활한 중국 대륙에서 자칫 분산되기 쉬운 에너지를 결집하기 위해 지역 대리상들과의 소통에 많은 관심과 노력을 기울인다. 교육을 위해 설치한 원격 화상회의 시스템을 활용하여 더욱 친밀하게 다가가려고 노력한다.

웨이나가 현재의 입지를 구축하는 데 최고의 자원은 어느 회사보다 강한 인적 연대감이다. 소통, 투자, 공유 같은 개념들을 바탕으로 지역 대리상들과 끈끈한 신뢰와 유대를 형성해 온 것이 바로 웨이나를 성장시킨 원동력이다. 한마음 한뜻을 위한 노력이 이 회장의 첫 번째 경영 철학이자 노하우다.

이 회장은 최고의 제품과 서비스를 제공하기 위해 늘 전문가 그룹과의 대화 채널을 열어 가동한다. 2013년부터 이어지고 있는 한국 내 유수의 대학과의 산학 협력, 특히 제주대학교와의 산학 협력은 대표적인 전문가 그룹과의 융합을 위한 노력의 일환으로 평가받고 있다. 공동 연구 과제를 수행한다거나, 매년 취업을 앞둔 우수한 재학생들에게 장기간의 인턴 과정을 운영하여 취업 준비에 도움을 주는 활동은 5년여 기간 동안 쉬지 않고 이어가고 있다.

더욱이 제주대 출신 졸업생을 직원으로 채용하여 제주대학교 내에서는 선망의 기업으로 평가받고 있다고 한다. 실질적인 인적 교류를 실천하고 있는 것이다. 사내에서도 내부 전문가 육성을 위해 각종 교육 프로그램을 진행함은 물론 한 중국 직원 간의 원활한 소통과 화합을 위해 매주 3회의 정기적인 언어 교육을 수행하고 있다.

이러한 활동들이 알려지게 되면서 웨이나화장품은 한중 양국 정부와 국민으로부터 인정받고 사랑받는 기업으로 발전해 가고 있다. 이는 전임직원이 상하동력자승(上下動力者勝)이 되어 노력했기에 가능했던 일이다. 중국인과 한국인, 대리상과 회사 등 서로 다른 두 가지를 융합할 수 있는 것, 그리고 모두가 함께 공존하고 발전할 수 있는 원동력은 바로 '상생(相生)'의 정신이라고 이선용 회장은 강조한다. 물이 낮은 곳에 모이는 것처럼 사람도 겸손한 자에게 모이게 된다는 것이 이 회장의 지론이다. 그는 "겸손한 자세로 진정성을 갖고 상대방을 존중하고 청취한다면 상대는 존중을 받았다는 기분으로 우리에게 마음을 열게 되고 진정한 상생의 기반이 비로소 마련된다"고 말한다.

웨이나 화장품은 세계 최대 가전박람회인
2017 CES에서 혁신상(**Innovation Award**)을 수상했다.

기본에 충실하며 4차 산업혁명에 대비

이선용 회장의 제일주의는 미래 가치를 선도적으로 배양하는
데서도 잘 드러난다. 이 회장은 주변 산업의 흐름을 보면서 3년
전부터 조용히 심혈을 기울여 온 분야가 있다. 바로 온라인과 첨
단과학 영역이다. 중국의 현재 상거래 패턴에 분명 변화가 올 것
이며, 미용 시장도 첨단 과학으로 무장하지 않으면 경쟁에서 뒤
질 것이라는 점을 확신하고 있다.

그래서 웨이나 사내에 전략팀을 만들고 온라인 유통과 첨단

기기 제조에 열중해 오고 있다. 최근에야 매스컴에 알려지고 있는 이른바 4차 산업혁명에 남보다 먼저 소리 없이 대비해 왔다. 그 첫 성과로 인공지능을 이용한 모바일 피부분석기를 개발해 2017년 1월 미국 라스베이거스에서 개최된 세계 최대 가전박람회 CES에서 혁신상(Innovation Awards)을 수상하기도 했다.

이 회장은 기존의 생산과 유통에 최선을 다하면서도 디지털 시대의 산업 고도화를 염두에 두고 또 다른 실험과 도전을 게을리 하지 않고 있다. 이러한 노력은 단순히 통찰력의 소산이라기보다는 진정한 승자가 되기 위한 승부사적 기질에서 비롯된 것으로 보인다.

하루가 다르게 급변하는 세계에서 중국의 화장품 시장도 큰 변화를 격을 것으로 예상되는 가운데 5년 후를 준비하면서 한 번 더 도약하겠다는 것이 이 회장의 포부다.

수많은 시행착오를 통한 후배를 위한 조언

이선용 회장은 웨이나화장품이 2003년 출범 이후 지금까지 수많은 시행착오를 겪었다는 사실을 숨기지 않는다. 수많은 고난과 역경의 시간 속에서 우수한 제품이 만들어지고, 신뢰성 있는 유통망이 형성됐으며 현지화 전략을 수행할 수 있는 인재들이 모여 지금의 웨이나화장품을 일궈냈다는 사실을 누구보다 잘 알기 때문이다.

중국 시장에서 어려움을 겪고 있는 기업인이나 중국 진출을 준비 중인 후배 기업인이라면 이선용 회장의 경영 노하우를 귀담아 들어볼 만하다.

"저희는 중국의 대형로컬기업이나 다국적기업들과 같은 방법의 채널로는 경쟁할 수 없다고 판단하고, 우리 제품의 우수성이나 우리 회사만의 장점을 부각하여 차별화된 전략으로 시장 선점을 시작하였습니다. 중국의 1급 도시가 아닌 2~4급 도시 및 현급 도시 위주로 공급망을 넓혀 나가면서 시장의 기초를 다지고 역량 있는 대리상과의 협력관계를 구축함으로써 유통공급망의 뿌리를 내렸습니다. 백화점이나 대형쇼핑몰에 공급 및 입점하지 않고 각 지역에 역량 있는 대리상들을 모집하고 가맹하여 협력관계를 구축한 것이 웨이나의 성패를 좌우했다고 생각합니다. 중국 유통시장의 특징 중 하나가 공급망 인프라 및 소매 밀집도로 인해 대리상의 역할이 매우 중요하다는 것입니다. 중국 현지에 맞는 유통전략과 우수한 대리상들을 적극적으로 지원하여 매출을 촉진시키고 역량을 강화하여 회사와 대리상이 함께 발전하는 '상

부산 **BEXCO**, 웨이나의 우수 바이어 **2,000**명을 초청하여 행사를 하고 있다.

생' 문화를 만들어 가고 있습니다. 돌이켜보면 이 모든 것이 기본에 충실하고 그 가치를 잊지 않고 견지해 온 것인지도 모르겠습니다. 중국에서는 더욱 그러한 것 같습니다. 중국 사람들을 진심으로 존중하고 사랑하는 마음과 진정으로 신뢰를 받고 감동을 줄 수 있도록 하는 것은 결국 기본에 충실한 것이라고 생각합니다."

66

겸손한 자세로
진정성을 갖고
상대방을 존중하고 청취한다면
상대는 마음을 열게 된다.

99

송창근

KMK글로벌스포츠그룹

학력
1978   대전 충남 고등학교 졸업
1985   울산대학교 기계공학과 졸업

경력
1990 ~   KMK GROUP 회장
2009 ~ 2013 재인도네시아 한국 신발협회 1, 2대 회장
2009 ~   아시아 한상 연합회 부회장
2013 ~   재인도네시아 한인 상공회의소 회장
2014 ~   세계 한상 대회 리딩 CEO
2015 ~   제14차 세계 한상 대회 대회장
2015 ~ 2017 제17기 민주 평화 통일 자문회의 아세안 지역 부의장

상훈
2000   대한민국 국민 포장
2001   인도네시아 대통령 표창
2007   인도네시아 대통령 표창(여성 근로자들이 가장 일하기 좋은 회사 선정)
2011   대한민국 국민훈장(석류장)
2012   인도네시아 대통령 표창(여성 근로자들이 가장 일하기 좋은 회사 선정)
2015   재외동포신문 올해의 인물상(한인 경제 부문)
2015   제6회 월드 코리안 대상(국가 브랜드 부문)

KMK GROUP

주관 : 재인니 한인 상공회의소
2005.11.20. @ Paradise Hotel Busan

신발업계의 '퍼스트 무버'로 도약

KMK글로벌스포츠그룹은 1989년 인도네시아에서 설립된 기업으로 나이키, 컨버스, 헌터 등 세계적인 브랜드의 풋웨어(Footwear)를 제조하고 있다. 인도네시아 로컬 스포츠슈즈 브랜드인 이글과 고무재생센터(Rubber Recycling Center) 등 총 6개 사업체로 구성되어 있으며 약 2만여 명의 종업원이 일하는, 연매출 2억 5,000만 달러 규모의 글로벌 기업이다.

KMK는 1989년 전신이었던 KMJ로 설립된 이래 29년간 글로벌 스포츠 신발 제조업체로써 끝없는 혁신과 개선을 통해 고객에게는 최상의 품질을 제공하고 내부적으로는 직원으로부터 사랑과 신뢰를 쌓는 인간중심 경영을 실천하는 기업이다.

1989년 아디다스 및 리복으로 시작하여 1995년 세계적인 브랜드 나이키 신발 생산, 지금까지 20년간 특수화 신발(포화신발 1위)을 개발, 생산하고 있다.

2000년 사명을 KMK Global Sports사로 변경하고 기존의 신발 공장 이미지를 완전히 탈피하는 현대적인 시설의 친환경 공장 'K1'을 설립했다. 2001년에는 아시아 최초로 컨버스 브랜드 신발을 생산하는 업체로 지정되어 현재의 컨버스가 최고의 브랜드로

송창근 회장이 인도네시아 대학에서 특강 중이다.

재탄생되는 인큐베이터의 역할을 담당하였다.

2006년 인도네시아 로컬 스포츠슈즈 브랜드인 이글을 인수하여 주문자상표부착(OEM) 방식 사업에서 자체브랜드로까지 영역을 넓혔다. 현재 이글은 내수 시장에서 선두권 스포츠 브랜드로 자리매김하고 있다.

2011년 KMK는 인도네시아 최초로 영국 프리미엄 패션 브랜드 헌터를 생산하기 시작했다. 20년간 축적된 신발 개발, 생산 노하우를 바탕으로 단기간 내 헌터브랜드의 메인 생산 기지로서 발돋움하였고, 스포츠 신발, 샌달, 부츠에 이르기까지 사업 영역을 다각화하며, 글로벌 스포츠 풋웨어 제조업체로서 보다 확고히 자리매김하였다.

KMK는 2017년 인도네시아 중부 자바 지역에 신 공장을 확장 건설하여 미래형 제조업체를 선도하고 있다. 2020년까지 중부 자바 지역에 4차 산업혁명의 기술과 연계된 신설 공장을 완공 준비 중이며 신발업계의 퍼스트 무버로의 도약을 준비 중이다.

인도네시아 신발산업의 선구자

KMK글로벌스포츠그룹은 1989년 설립 이후 지난 25년간 인도네시아 신발산업의 중심 역할을 해왔다. 송창근 KMK 회장은 1988년 단돈 300달러를 들고 인도네시아로 건너가 현지 기업인과 해외 바이어의 신뢰와 도움을 받아 신발 사업을 시작했다.

평소 송창근 회장은 '기업은 곧 사람' 즉, 인간중심 경영철학 (Human Touch Management)을 바탕으로 정직한 경영을 해오고 있다. 1998년 국제통화기금(IMF) 외환위기로 촉발된 인도네시아 폭동 당시 수많은 외국 계기업이 인도네시아를 떠났지만 송 회장은 종업원들을 위해 자리를 지켰으며 미국 바이어에게 직접 찾아가

KMK글로벌스포츠그룹은 2006년 인도네시아 자체 브랜드인 이글(Eagle)을 인수해
인도네시아 내수시장 1위 브랜드로 성장시켰다.

종업원들의 목소리를 담아 호소함으로써 생산량을 유지하기도
했다.

"당신의 베이비(baby)를 나에게 주면 우리 종업원들과 내가 부
모가 자식을 키우듯 정성을 다해 키우겠습니다."

당시 송창근 회장이 나이키에 직접 찾아가 했던 이 말은 지금
까지도 유명한 일화로 회자되고 있다.

2006년에는 인도네시아 자체 브랜드인 이글(Eagle)을 인수해
인도네시아 내수시장 1위 브랜드로 성장시켰다. 2011년에는 세
계적인 패션부츠 브랜드 헌터를 인도네시아 최초로 생산해 현재

까지 안정적으로 성장 중이다. 이처럼 KMK는 전 세계 3위 신발 생산국인 인도네시아에서 신발산업의 발전을 선도하는 모범기업 으로 성장하고 있다.

지역사회의 존경을 받는 인간중심 경영

KMK글로벌스포츠그룹은 휴먼 경영으로 회사의 사회적 위상 도 강화하고 있다. 대내적으로는 노사간 협력을 위해 끊임없이 노력하고 있다. 송창근 회장은 종업원을 사랑하는 마음으로 회사 창립 이후부터 '기업은 곧 사람'이라는 핵심 가치를 강조해 오고 있다. 인도네시아인들의 민족성을 고려해 한국 같은 수직적 조직 문화를 지양하고 가족 같은 분위기를 만들기 위해 임원진부터 사 랑을 실천하고 있다.

송 회장을 비롯한 KMK 경영진은 종업원이 일하고 싶은 회사, 종업원의 목소리에 귀 기울이는 회사를 만들기 위해 종업원 거주 지역 방문, 명절 인사, 사내 병원과 이발소 등을 만들었으며 종 업원을 위한 세심한 배려로 인도네시아 정부에서 선정한 여성들 이 가장 일하고 싶은 회사로 두 차례 선정되기도 했다.

특히, 종업원 거주 지역 방문의 경우 송창근 회장은 1998년 처음 시작하여 사업체 별로 직원을 선정 직접 방문해 오고 있다. 송 회장이 방문 하는 날은 그 마을의 큰 잔치가 열리는 날이다. 마을의 가장 나이가 많은 어른들부터 해서 아이들까지 모두 그 직원의 집 앞에 모여 마음껏 즐기고 노래하고 먹는 잔치가 벌어진다.

그리고 송 회장은 단지 방문에 그치지 않고 실질적으로 도움을 주고자 한다. 마을 발전 기금 전달, 집 수리 및 보수 등을 해오고 있으며, 고아 및 아이들을 위한 교육 장학금 지원 등 현재까지 매월 빠지지 않고 18년이 넘게 이 일을 해오고 있다. 이러한 일들은 모두 직원을 신뢰와 믿음을 바탕으로 함께 교감하고 소통하며, 직원들의 마음을 터치하는 감동을 주는 경영을 해야 한다는 송 회장만의 특별한 휴먼경영철학이 녹아 있기에 가능한 일이다.

KMK글로벌스포츠그룹의 비전은 크게 스마일(SMILE)로 요약된다. 스마일의 S는 지속가능성(Sustainability)를 뜻한다. 고객과 협력업체, 내부 임직원 모두에게 다양하고 새로운 경험 및 가능성을 제공하기 위해 노력하며 끝없는 도전과 역량 강화 그리고 품질 향상을 통해 지속적으로 성장해 나가는 기업이 되겠다는 메시지다.

M은 문화다양성(Multi-Culture)이다. KMK는 인종, 민족, 종교,

송창근 회장은 1998년 종업원 거주 지역 방문을 처음 시작하여
사업체 별로 직원을 선정 직접 방문 해오고 있다.

언어, 국적에 구애되지 않는 다양한 문화를 존중하는 기업을 표
방한다. 능력 및 개성을 가진 개개인을 존중하고 채용하며 국적,
성별, 경력에 구애되지 않는 글로벌 경영을 전개하고 모두의 의
견을 존중하는 글로벌 그룹. 이것이 바로 KMK의 지향점이다.

I는 혁신(Innovation)이다. 혁신 및 재창조 그리고 개선을 통한
변화를 추구하며 지속적인 발전과 결과를 내어놓기 위해 끊임없
이 노력하는 것이다. L은 사랑(Love)으로, 나누면 반이 되는 것이
아닌 배가 되는 가치다. KMK는 직원, 고객, 관계사 등 함께 하
는 모든 사람을 사랑하고 기업으로서 사회적 책임활동을 통해 지

역사회와 함께 나눔으로써 같이 성장하고 더 크게 발전해 나가는 기업이 되고자 한다.

끝으로 E는 우수함(Excellence)이다. 오직 최고의 가치만을 전달하기 위한 헌신하는 기업이라는 의미다. 송창근 회장은 평소 '보스'와 '리더'의 차이를 강조한다. 그가 말하는 보스는 직원들을 내려다보며 명령과 지시만을 한다. 두려움이라는 모티베이션을 사용해 조직을 통제하고 조직 구성원들로부터 대우받기만을 바란다. 이런 사람은 말만 앞설 뿐 직접 나서서 조직을 이끄는 경우는 드물다.

반면 리더의 자리는 위에서 직원들을 내려다보며 지시하는 위치가 아니라 직원들과 동일한 눈높이에서 그들이 올바른 방향을 찾도록 이끌어 주는 자리라는 것이 송 회장의 생각이다.

송 회장은 KMK의 리더와 직원들을 코치와 선수들에 비유하곤 한다. 리더는 회사와 직원들을 코치하는 역할을 하지만 직원들이야 말로 회사를 위해서 달리는 선수들이다. 각각의 직원들이 그들의 위치에서 잠재력을 이끌어내고 역량을 발휘할 수 있도록 멘토가 되어주고 코치의 역할을 해주는 것이 리더의 역할 중 하나라는 것이다.

송 회장은 리더라면 기업이라는 울타리를 넘어 국가에 사회적 책임감을 가지고 있어야 한다고 강조한다. 물론 회사의 리더로서 우선 직원들에게 가장 무거운 책임을 가져야 하지만 개개인의 직원들 또한 한 가정의 아버지, 어머니, 아들, 그리고 딸로서 그들의 사회적 역할이 있다는 것이다. 이렇게 조금씩 시각을 확장하면서 송 회장은 기업의 리더가 사회 전체에 얼마나 큰 영향을 가지고 있는지 새삼 무거운 책임감을 느낀다고 한다. 사회가 없다면 기업이 설 수 없듯 KMK 역시 기업이라는 조직을 넘어 지역사회에 이바지 할 수 있도록 노력하고 있다. 청년실업 문제 등 한국에서 일어나고 있는 크고 작은 사회 문제에도 관심을 기울이며 조금이나마 리더로서의 책임을 다하고자 한다.

인도네시아 한인 사회 발전에 기여

송 회장의 정직성과 열정이 만들어낸 또 하나의 자산은 인도네시아 현지 정치, 경제계의 인맥 네트워크이다. 2013년 제 3대 재인도네시아 한인상공회의소 회장으로 취임한 이후 송 회장은 현재까지 인도네시아 한인 기업들의 발전뿐만 아니라 주한 대사관과 현지 부처 장관들과의 인적 네트워크 강화와 협력에도 노력을 다하고 있다. 우리는 주인이 아닌 손님으로서 이곳 인도네시

송 회장은 한인 기업들의 발전뿐만 아니라 주한 대사관과 현지 부처 장관들과의
인적 네트워크 강화와 협력에도 노력을 다하고 있다.

아 있으며 한인들이 현지인과 함께 조화 속에서 위기를 극복해

나가야 한다는 것이 송 회장의 취지다.

　또한 송 회장은 2015년 10월 경주에서 열린 세계 한상대회에

서 역대 최연소 대회장을 역임하면서 한상 네트워킹 활성화와 국

내 중소기업의 해외 진출과 견인이라는 두 명제 아래 대회장으로

써 변화의 씨앗을 뿌리는 주역의 역할을 하였고, 특히 청년실업

문제에 한상 기업인들이 힘을 모으는 초석을 다졌다는 평가를 받

았다.

열정이 만든 진취적 미래

KMK는 뜨거운 열정이 있기에 미래 비전 역시 진취적이다. KMK 임직원들은 스스로 자신의 능력을 발전시키고 성과를 향상시키는 데 힘쓰고, 끊임없이 자신을 혁신해가려는 의지로 똘똘 뭉쳐 있다. 회사 역시 젊고 열정 있는 인재들을 키워 새로운 미래를 열어갈 KMK의 주역으로 성장할 수 있도록 돕고 있다.

KMK는 구성원들의 땀과 열정, 헌신으로 KMK가 세계적인 브랜드와 어깨를 나란히 하고 나아가서는 전 세계에서 가장 경쟁력 있는 기업으로 성장하는 것을 목표로 하고 있다.

KMK는 기업문화 역시 다른 기업들과 조금 다르다. 권위적인 상명하복의 문화는 찾아볼 수 없다. 생산 현장의 근로자, 인턴사원을 비롯해 모두가 자신의 목소리를 내고 의견을 개진할 수 있다. 누구나 더 나은 아이디어가 있다면 KMK는 언제든지 그들의 목소리를 들을 준비가 되어 있다. 직위를 불문하고 모두가 서로를, 그리고 서로의 아이디어를 존중하는 것이 KMK의 별다른 문화 중 하나다.

송창근 회장은 늘 임직원들에게 주인의식을 강조한다. 모든 임직원들이 주인의식을 가질 수 있도록 기업의 리더로서 임직원들의 이름을 외우는 사소한 관심부터 시작해 20여 년간 생산 현장 직원들의 집을 꾸준히 방문하고 있다. 워크숍 등 사내 행사도 자주 연다. 이러한 사내 행사를 통해 직원들의 목소리를 직접 듣고 함께 하며 직원들과 보다 가까워지려는 노력이다. KMK는 이러한 문화를 25여 년간 발전시켜오고 있으며 젊은 세대에게 더 많은 기회를 마련해줄 수 있도록 노력하고 있다.

편안함과 반복되는 일상에서 오는 매너리즘에 빠져 새로운 것에 도전하는 열정을 잃게 되는 경우를 주위에서 흔히 볼 수 있다. 이를 혹자들은 '컴포트 존(Comfort Zone)'이라고도 표현한다. 현재의 것에 만족하고 더 이상의 개선 및 발전이 없는 상태에 머무르는 것을 말한다. KMK는 이러한 모습에서 벗어나기 위해 끊임없이 도전적인 미션과 목표들을 직원들에게 주고 있다. 직원들이 주도적으로 스스로를 개발할 수 있도록 회사에서는 다양한 프로그램을 마련하고 있다.

사람이 곧 자산, KMK의 경영철학

"사람이 곧 자산." KMK의 경영철학을 한마디로 보여 주는 문구다. 이처럼 KMK는 Human Touch Management 경영철학 아래 신뢰와 믿음을 바탕으로 직원들의 마음에 감동을 주고 있으며 직원과 함께 소통하고 직원이 원하는 것을 채워줄 수 있는 회사를 표방한다.

송 회장은 직원 또한 주주와 마찬가지로 투자자라고 생각한다. 투자자들이 돈을 투자한다면 직원은 돈이 아닌 인생을 투자한다는 논리다. 하루 24시간 중 대부분의 시간을 일터에서 보내는 직원들에게 직장은 인생에서 무엇보다 중요한 부분이고 많은 영향을 미칠 수 있다. 그런 점에서 회사는 이러한 투자자를 잘 관리해서 자산으로 남겨야 한다는 것이 송 회장의 인재경영이다. 실제 중소기업에서 경험 많고 일 잘하는 직원만큼 훌륭한 자산은 없다.

KMK는 2만여 명 모든 직원과 가족들이 회사 내에서 전문적인 진료와 처방을 무료로 받을 수 있도록 지원하고 있다. KMK 클리닉은 기본적인 치료 및 응급처치가 가능하게 시설이 되어 있고 현재는 안과 및 치과까지 의료 서비스를 늘렸다.

성공한 한인 사업가로서 송 회장은 우리 대한민국의 경제를 이끌어 나갈 미래가 젊은 청년들이라고 조언한다. 실제로 현재 15명 이상의 젊은 20대 청년들이 채용되었으며, 매년 인턴십을 통해 더욱 많은 젊은 인재들을 채용할 예정이다. 이는 미래 비전

KMK는 2만여 명 모든 직원과 가족들이 회사 내에서 전문적인 진료와 처방을
무료로 받을 수 있도록 지원하고 있다.

을 위한 경영패러다임의 교체와 변화를 꾀하고 더불어 대한민국
청년 실업 해소에 기여하고자 하는 것이 송 회장의 취지다.

젊은이의 호기심과 열정, 그리고 도전의식이 오늘의 발전을
이루었고, 기성세대가 지닌 지혜와 조화를 이룬다면 더 성장하는
대한민국이 될 수 있을 것이라고 그는 굳게 믿고 있다.

66

리더의 자리는 위에서 내려다보며
지시하는 자리가 아니라
직원들과 동일한 눈높이에서
그들이 올바른 방향을 찾도록
이끌어주는 자리다.

99

회장

강성희

캐리어에어컨

학력

1981   한양대학교 문과대 졸업
1982   고려대학교 경영대학원 수료

경력

2000 ~ ㈜오텍 대표이사/회장
2011 ~ ㈜캐리어에어컨 대표이사/회장
2011 ~ 캐리어냉장 대표이사/회장
2016 ~ 오텍-오티스 파킹시스템 대표이사/회장

상훈

2005   대통령상(신기술 실용화 부문)
2008   은탑산업훈장 수훈
2010   자랑스런 한국인 대상(기술혁신 부문)
2012   서울특별시장 표창장(장애인체육상)
2013   산업통상자원부장관 표창장(산업통상자원부장관)
2014   보건복지부장관 표창장(보건복지부장관)
2015   제19회 올해의 에너지 위너상(산업통상자원부/소비자시민모임)
2015   고용노동부장관 표창장(고용노동부장관)
2016   대한민국 녹색경영대상 종합 대상(대통령 표창)
2016   충청남도지사 표창장(충청남도지사)
2017   2017 한국의 영향력 있는 CEO-글로벌경영 부문(TV 조선 3년 연속 수상)
2017   2017 한국을 빛낸 창조경영-R&D 부문(중앙일보 3년 연속 수상)
2017   2017 대한민국 글로벌리더 선정(매경미디어그룹 5년 연속 수상)
2017   제11회 2017년 EY최우수기업가상 산업 부문

국내 업계 3위를 넘어 세계적 전문 가전사로…

2017년은 강성희 캐리어에어컨 회장에게 있어 또 하나의 성과를 얻은 한 해였다. 캐리어에어컨과 다른 계열사가 골고루 매출 신장을 기록하며 그룹 전체가 크게 성장한 것이다. 특히, 캐리어에어컨은 당해 어려운 경제상황 속에서도 전년 대비 매출액이 19% 가까이 오르며 5,630억 원의 괄목할 만한 실적을 거뒀다.

강 회장은 2017년의 호실적이 '변하지 않으면 생존할 수 없다'는 혁신경영 마인드의 결실이라고 설명한다. 강 회장은 30.30.30 전략(매년 30%씩 혁신해 변화하는 전략)을 내세우며 혁신경영을 늘 강조해왔다. 누적 1,000억 원 이상의 파격적인 연구개발(R&D)비를 투입해 시대의 급격한 흐름에 대비한 새롭고 창조적인 제품들로 업계를 선도해 나가고 있다.

캐리어에어컨은 2018년을 미래기술개발 및 신성장동력 확보를 위한 도약의 시기로 삼고 연초부터 사물인터넷(IoT) 기능을 강화한 인공지능 에어컨 신제품을 선보였다. 또한, 공기청정기, 제습기 신모델을 잇따라 출시하며 제품 스펙트럼을 더욱 확장시켰다. 하반기에는 최근 가전업계의 신흥 강자로 떠오르고 있는 건조기 시장에 출사표를 던질 계획이다. 특히, 캐리어에어컨은 황

강성희 회장이 **30.30.30** 전략을 내세우며 혁신경영을 강조하고 있다.

사, 미세먼지 등의 환경 이슈로 에어케어(Air Care) 제품에 대한 국민적 관심이 모아지고 있는 만큼 에어케어가전 시장을 향한 행보를 한층 더 강화할 예정이다. 한철만 사용하고 자리만 차지하는 제품이 아닌 사계절 내내 소비자 생활에 이로움을 제공하는 맞춤형 생활 가전을 제공하겠다는 포부다.

강 회장은 임직원들에게 '116년을 이어온 공기전문기업'이라는 책임감과 사명감을 가지고 전 세계 시장의 소비자에게 질 높은 에어 라이프(Air Life)를 제공하는 기업으로 거듭날 것을 강조한다. 국내 시장을 넘어 해외시장까지 아우르는 글로벌 제품으로

캐리어에어컨 광주공장 직원들이 에어로 **18**단 에어컨 생산라인을 풀가동하고 있다.

관련 시장을 선도해 나갈 계획이다.

4차 산업혁명 시대의 흐름을 선도하는 혁신 경영

강 회장은 글로벌 시장의 본격적인 공략에 앞서 빠르게 변화하는 시류를 읽고 새로운 시장을 선점하는 '혁신 경영'을 강조한다. 매년 30% 성장, 30% 상품 변혁, 30% 리스트럭처링(Restructuring)의 변혁을 통해 4차 산업혁명 시대를 선도하는 글로벌 그룹으로 발돋움하겠다는 구상이다.

강 회장은 시장의 새로운 물결에 적응하기 위해서는 조직 구성원 모두가 자발적으로 변화에 참여해 빠른 경영 혁신을 실천해야 한다고 말한다. 또한, 사업 초기부터 총 1,000억 원 이상의 금액을 연구개발(R&D)에 투자하며 차세대 기술 확보에 적극적으로 나서고 있다.

2018년은 특히 종합가전팀과 디지털미디어팀을 신설해 4차 산업혁명에 따른 변화에 대비하고 있다. 종합가전팀은 2018년 하반기에 의류건조기 출시를 준비 중이며, 공기청정기와 냉장고 라인업 확대도 고려 중이다. 디지털미디어팀은 핵심 사업 부서로 계열사들이 출시하는 인기제품에 AI와 IoT 기술을 접목하고, 빠르게 변화하는 시장의 니즈에 맞춰 기업의 변화를 주도하는 역할을 한다.

미래형 기술력으로 글로벌 시장 정조준

캐리어에어컨은 전 제품에 인공지능(AI)과 사물인터넷(IoT), 고효율·친환경 기술이 결합된 다양한 혁신 제품을 출시하기 위해 자체 R&D센터에 전기·전자 부문을 대폭 확대했다.

캐리어에어컨의 히트제품인 '에어로 18단 에어컨'에는 자체 인공지능 플랫폼인 'AI마스터(MASTER)'를 탑재해 한층 더 강화된 성능으로 새롭게 출시됐다. 2018년 1월부터 실시한 예약판매에서 판매량이 전년 동기 대비 30% 증가했으며, 여름 성수기를 대비해 광주공장

2018년형 'AI Master 에어로(Aero) 제트(Jet) 18단 에어컨'

은 전년대비 3개월 앞당겨 에어컨 생산에 돌입해 8개 라인이 풀 가동하며 하루 평균 4,000대 이상을 생산했다.

캐리어에어컨은 2018년형 'AI 마스터(AI MASTER) 에어로/제트 18단 에어컨'을 필두로 아시아 시장 공략에 나서고 있다. 성능, 디자인, 가격 경쟁력 등 모든 부문에서 차별화를 이루고 있는 만큼 이를 통해 글로벌 기업으로 도약하는 초석을 다지겠다는 각오다.

캐리어에어컨은 인공지능(AI) 에어컨뿐만 아니라 가정용 공기청정기, 상업용 공기청정기, 제습기 등 다양한 맞춤형 에어 솔루션(Air Solution) 가전제품을 선보이며 공기·공조 분야에 특화된 전문 가전사로 거듭나고 있다.

2018년 3월 출시한 '캐리어 공기청정기(CAP-D046WSA)'는 H13등급의 최고급 고밀도 헤파(HEPA) 필터를 탑재해 대상입자 0.3μm(마이크로미터,

국내 히트펌프 보일러 시장에서 최단기간 최다 판매를 기록한 '인버터 하이브리드 보일러'

1μm= 1/1000mm) 크기의 미세먼지도 99.95% 효과적으로 제거한다. 사용자가 직접 내부 팬(FAN)을 분리해 청소할 수 있는 '셀프 클리닝' 기능을 탑재해 소비자 만족도를 높이고 있다.

캐리어에어컨은 에어컨의 핵심 기술인 히트펌프 원리를 적용한 '인버터 하이브리드 보일러' 역시 글로벌 제품으로 집중 육성할 계획이다. '인버터 하이브리드 보일러'는 국내 히트펌프 보일러 시장에서 최단기간 최다 판매를 기록하는 등 내수시장에서 그 시장성을 입증받은 제품이다. 히트펌프 실외기와 연동해 난방, 바닥 난방, 급탕까지 가능해 에너지 비용 및 CO_2 배출을 최소화하는 친환경 제품이다.

세계 최고 수준의 벡터제어 인버터 기술을 적용해 동급 모델 기준 국내 최고 수준의 에너지 소비효율을 달성했을 뿐만 아니

국내 최초로 '어드반택(AdvanTEC)'을 적용한 IFC서울 빌딩

라, 듀얼 인버터 압축기를 적용한 케스케이드(Cascade) 시스템을 적용해 기존 심야전기 보일러 대비 최대 50%의 전기요금을 절감할 수 있다.

이러한 제품의 우수성을 인정받아 2018년 1월 미국 시카고에서 열린 '2018 AHR(Airconditioning, Heating & Refrigeration) 엑스포'에 출품해 참가자들의 큰 관심을 불러 일으켰고, 지난 2017년 12월에는 한국전력공사가 주관하는 '2017 전력수요관리대상' 효율 향상 부문의 대상을 수여받았다.

'인버터 하이브리드 보일러'는 히트펌프 보일러로는 국내에서 유일하게 유럽 수출에 성공한 제품이다. 캐리어에어컨은 자사 인지도가 높은 중동 및 이란 시장에서 수출 규모를 늘려가는 한편, 친환경 냉난방 시스템의 수요가 높아지고 있는 중국 시장 진출도 서두르고 있다.

2018년 4월에는 국내 최초 80℃ 고온수에서도 공간 냉난방 및 바닥 냉방이 가능한 2018년형 신제품을 출시하는 등 지속적으로 제품 라인업을 확대하며 업계를 선도해 나가고 있다.

그룹사 간 전략적 파트너십으로 초연결시대 경쟁력 강화

강성희 캐리어에어컨 회장은 모든 것이 연결되고 융합되는 초연결 시대에 생존하기 위해 활발한 파트너십 구축과 장벽 없는 협력에 나설 것이라고 설명했다.

캐리어에어컨은 글로벌 캐리어와 기술 인력을 교류하고 상품 개발에서 상호 역할 분담을 하고 있으며, BIS(Building Intelligent Solution), 스마트 주차 시스템 등 전 분야에 제한 없는 협력을 진행하고 있다.

캐리어에어컨은 세계적인 빌딩 공조시스템 기업인 UTC와 기술을 공유해 국내 최초로 'IFC서울' 빌딩에 '어드반택(AdvanTEC)'

알고리즘을 도입했다. '어드반택' 기술은 BIS 핵심 기술로 건물의 종류와 특성에 따라 자동으로 최적의 에너지 소비량을 계산해 맞춤형 서비스를 제공하는 알고리즘이다.

캐리어에어컨은 IFC서울 빌딩에 '어드반택'을 적용한 이후 6개월 동안 냉동기, 칠러 시스템 등 펌프류 에너지의 소비를 절반까지 줄였다. 캐리어에어컨은 '어드반택'의 적용으로 IFC서울 빌딩이 연간 절감할 수 있는 에너지 비용이 7,000만 원에 달한다고 설명했다.

캐리어에어컨은 같은 오텍그룹 내 계열사 간 인프라도 적극 활용해 시너지를 만들어 나가고 있다. 2016년 그룹 계열사로 편입된 오텍−오티스파킹시스템의 주차설비 사업부문을 BIS와 접목해 최적의 빌딩 환경을 조성하는 스마트 빌딩 솔루션을 제공한다는 계획이다.

주차장 면적 효율성을 대폭 늘리고, 사물인터넷(IoT) 기반의 스마트폰을 이용한 입출고 예약이 가능한 스마트 파킹 시스템을 도입한다는 방침이다. 또한, 일본 후지사 기술과 오티스의 안전 최우선 프로그램이 적용된 2중 안전 감시 시스템을 통해 안전성을 한층 더 강화하겠다는 설명이다.

2018 평창 동계올림픽 대회 및 동계패럴림픽대회에서 수송 역할을 수행했다.

기업의 성장과 궤도를 함께 하는 사회 공헌 활동

캐리어에어컨은 맹목적인 성장보다는 지역 사회와 함께 상생하고, 소외된 이웃에게는 따뜻한 희망을 주는 '글로벌 일류 모범회사'를 지향한다. 회사의 지속 가능한 성장을 이룩함과 동시에 임직원 모두가 지역 사회 발전에 이바지해야 한다고 강조한다.

캐리어에어컨은 2009년부터 10년째 뇌성마비 장애인을 위한 특수 구기종목 보치아를 후원하고 있는 지주회사 오텍과 함께 장애인 스포츠 분야를 지원하고 있다. 캐리어에어컨의 꾸준한 후원으로 우리나라는 2016년 리우 패럴림픽까지 8회 연속 올림픽 금메달이라는 쾌거를 달성할 수 있었다. 캐리어에어컨은 기업이 글로벌 기업으로 새롭게 도약하고 있는 만큼 사회 공헌 활동의 규모와 분야도 점차 키워나간다는 계획이다.

2015년에는 아시아 최초로 보치아 세계 대회인 '보치아 서울 국제오픈'을 개최해 14개국 350여 명의 보치아인이 참가했다. 대한민국 서울에서 처음으로 열린 보치아 국제대회였음에도 성공적인 대회 운영으로 보치아 강국으로서의 위상을 높였다는 평가를 받았다. 또한 2017년에는 전국 17개 시도에서 약 320여 명이 참가하는 '전국보치아어울림대회'를 개최했다. 국내에 보치아 생활 체육화를 도모하기 위해 전문 선수들만이 참가했던 이전 대회와는 달리 어린 학생들부터 노년층까지 다양한 연령이 함께 참여할 수 있도록 했다.

2018년에는 '2018 평창 동계올림픽대회 및 동계패럴림픽대회' 기간 내 교통약자의 안전하고 편리한 수송 역할을 수행했다. 지난 2011년 평창올림픽 유치 당시 국제올림픽위원회(IOC) 평가단에게 특수 차량을 지원한 데 이어 대회의 폐막까지 장시간 아낌없는 지원을 펼쳐 국제 행사의 성공적인 진행을 도왔다.

회장

강성자

에이치알에스

경력

2006 ~ 2017 ㈜에이치알에스 대표이사
2013 저소득층 후원금 기탁(평택시)
2013 모교사랑 발전기금 기부(진명여고)
2013 IBK기업은행 참좋은 사랑의 밥차 행사 지원
2014 행복나눔 사랑의 이웃돕기 성금 기탁(평택시)
2014 경기문화재단 문화예술이음 행사 기부금 기탁
2017 ~ ㈜에이치알에스 회장

상훈

2010 경기도중소기업청 경기중소기업인상
2012 평택세무소 모범납세자상
2014 이달의 자랑스러운 중소기업인상
2015 중소기업인대회 은탑산업훈장
2016 중소기업중앙회 제5차 중소기업을 빛낸 얼굴들

'제조업 뿌리' 실리콘 고무로 세계 제패

에이치알에스는 **1981년 설립된 국내 최고의 실리콘 전문 화학기업**으로
HCR 기준 국내 실리콘 고무시장 점유율 1위를 달리고 있다.

에이치알에스(HRS)는 1981년 설립된 국내 최고의 실리콘 전문
화학기업으로 경기도 평택에 본사를 두고 있다. HCR 기준 국내
실리콘 고무시장 점유율 1위를 달리고 있다.

에이치알에스가 개발한 규소 고분자 화합물을 이용한 특수 실
리콘 소재는 전자, 전기, 자동차, 통신, 의료, 생활용품 등 다양
한 분야에서 널리 사용되고 있다. 뿐만 아니라 에이치알에스는

자체 개발한 실리콘 소재를 전방사업 제품의 용도와 특성에 따라 맞춤형으로 제조해 공급하고 있다. 또한, 특수 그레이드의 다품종 소량제품을 신속히 공급하여 고부가가치를 창출해 내도록 하고 있으며, 품질 경쟁력을 통한 고부가가치 제품의 시장 확대에도 노력하고 있다.

국내 최초 실리콘 전문기업

1978년 5월 1일 설립된 해룡통상이 1981년 7월 1일 주식회사 해룡실리콘으로 법인전환됐으며 2007년 3월 23일 지금의 사명으로 이름이 바뀌었다. 에이치알에스는 국내 최초로 실리콘 고무 컴파운드를 개발했으며 37여 년 동안 실리콘 외길을 걸어왔다. 대한민국 최초로 실리콘 고무 배합 제조기술, 폴리머 합성기술, 특수 기능성 실리콘 배합기술 등을 개발하여 각종 기간산업에 소요되는 300여 종의 실리콘 고무 소재를 국내 및 글로벌 시장에 판매 하고 있는 독특한 실리콘 전문기업이다.

평택공장, 아산공장에서 연간 약 1만 톤 이상의 실리콘을 생산해 판매하고 있으며 사업영역 확장을 위하여 기존 HCR, LSR, RTV, SS, PSA 사업뿐 아니라 치과인상재(DM), 화장품용 실리

에이치알에스는 국내 최초로 실리콘 고무 컴파운드를 개발했으며
37여 년 동안 실리콘 외길을 걸어왔다.

콘 원료 등 특수화학 시장을 지속적으로 확대해 나가고 있다. 또
한, 중국 생산기지 증설 등 글로벌 시장을 향한 도약을 위해 최선
의 노력을 다하고 있다.

　에이치알에스는 일찌감치 평택, 아산공장에 대규모 실리콘 생
산설비를 구축했다. 생산설비에 대한 신규투자를 지속했으며 대
단위 용량계획을 통해 생산능률 및 생산 CAPA를 지속적으로 늘
려갔다. 또한 산업 발전에 따른 실리콘의 지속적 수요증가를 미
리 대비하였고 생산설비 자동화도 점진적으로 구축했다. 그 결과
고객이 원하는 실리콘을 원하는 시간에 최고의 품질로 원하는 양
만큼 공급하는 것이 가능해졌다. 이처럼 한발 앞서 내다본 덕분

에 국내 1위 자리를 유지할 수 있었다.

오늘날 에이치알에스의 성공은 국내외 다양한 협력사와 유기적인 관계를 유지해온 덕분이기도 하다. 지금도 에이치알에스에게 원재료를 공급하는 각종 원자재 업체와 긴밀한 협조관계가 유지되고 있다. 해외 세일즈 네트워크 역시 경영성과를 달성하는 데 큰 버팀목이 되고 있다. 에이치알에스는 결국 글로벌화가 살 길이라는 판단에서 해외 신규 에이전트 확보 등 시장발굴 노력을 끊임없이 하고 있다.

남편은 실리콘 국산화, 부인은 글로벌 공략

에이치알에스 강성자 회장은 기업인으로서 많은 성과를 냈지만 되돌아보면 지금의 그를 있게 한 가장 큰 기억은 아픈 기억이다. 2006년 갑작스럽게 세상을 떠난 남편을 대신해 회사 경영을 시작하면서 처음에는 어떡해야 할지 막막하기만 상황이었다. 곳곳에서 매각 제안을 해왔고 경영이란 것을 한 번도 해보지 못한 상황에서 회사를 정리하고 싶은 마음이 앞섰다. 하지만 막상 남편의 피와 땀이 고스란히 녹아 있는 회사를 매각하려니 차마 그럴 수 없었다. 그래서 이를 악물고 버티기로 했다. 하루 3~4시

에이치알에스는 내수시장뿐 아니라 해외시장에서도 괄목할 만한 성과를 내면서
2008년 한국무역협회로부터 '천만 불 수출의 탑'을 수상했다.

간만 자면서 낮에는 회사, 저녁에는 대학원을 다니며 공부했다.
2006년 8월 대표이사로 취임한 뒤 약 2년 만에 회사를 다시 정상
궤도에 안착시켰다. 내수시장뿐 아니라 해외시장에서도 괄목할
만한 성과를 낼 수 있었고 2008년 11월 한국무역협회에서 수여
하는 '천만 불 수출의 탑'을 수상했다.

취임 1년 후 있었던 미국 다우코닝(Dow Corning)과의 실리콘 고
무 사업부문 전략적 제휴가 없었더라면 앞서 말했던 성과는 이
룰 수 없었을 것이다. 300억 원대였던 연매출을 2배인 600억 원

에이치알에스는 지속적인 경영혁신과 신기술 개발을 통해 내부 역량을 강화하고
밖으로는 기업이미지 제고와 고객만족 경영을 실천하고 있다.

대로 성장시킬 수 있었던 초석을 그때 다진 것이다. 이를 계기로
2010년에는 세계적인 건축자재 회사인 힐티(Hilti)와 실리콘 방화
재 독점 계약을 체결하는 쾌거를 이뤘다.

　강성자 회장은 오직 실리콘 고무를 생각하고 실리콘 고무로
세상을 발전시켜야 한다는 마음, 실리콘 고무 저변 확산을 위한
마음 하나로 앞만 보고 달려 왔다. '실리콘 고무를 국산화시켜야
한다'는 신념으로 에이치알에스를 만든 창업주 故 김철규 회장의
말처럼 국내 실리콘 고무 시장을 개척하고 더 나아가 세계로 뻗

어나가는 에이치알에스가 되기 위해 '살아남는 게 최우선'이라는 생각으로 10년 넘게 경영해 왔던 강한 뚝심이 지금의 글로벌 강소기업 에이치알에스를 만들었다.

에이치알에스의 경영이념은 '연구개발, 기술성취, 책임생산으로 고객과 함께 세계적 기업으로 성장한다'는 한마디로 요약된다. 가장 먼저 효율적인 연구개발을 통해 제품 경쟁력을 강화하고 신사업 창출을 선도한다. 또한 뛰어난 기술을 성취하기 위해 조직 간 핵심 역량을 강화시키고 명확한 목표를 수립한다. 마지막으로 신뢰를 바탕으로 믿을 수 있는 품질의 제품을 생산하고, 생산된 제품에 대해서는 자신감을 가질 수 있도록 책임감을 갖고 생산한다.

이 같은 원칙을 통해 최종적으로 '최고의 품질을 통한 고객만족 실현'을 달성하는 것이 목표다. 에이치알에스는 지금 상황에 만족하지 않고 모두의 나은 미래를 위해 뜨거운 열정으로 올곧게 한 길을 걸으며 실리콘 산업발전에 꼭 필요한 중추적 역할을 하고 있다. 지속적인 경영혁신과 신기술 개발을 통해 내부 역량을 강화하고 밖으로는 기업이미지 제고와 고객만족 경영 실천으로 소재산업을 선두하는 기업이 되려 한다.

4차 산업혁명 시대의 흐름과 함께하는 새로운 변화

화학산업은 지금도 끊임없이 발전 중이다. 매일 새로운 신기술이 도입되고 새로운 제품들이 쏟아진다. 도태되는 순간 걷잡을 수 없이 추락한다. 그래서 강성자 회장은 에이치알에스 임직원들에게 "실패를 두려워 말고 창조적인 사고방식을 통해 노력할 것"을 당부한다. 신기술이 탄생하고 신제품이 발명되려면 실패를 두려워하지 않고 다시 도전하게끔 지원해 줘야 한다. 능동적이고 적극적인 도전정신이 회사 미래를 밝게 만드는 것이다.

에이치알에스는 임직원 개개인에게 자신의 분야에서 최고가 될 수 있도록 분명한 목표와 성취욕을 갖게끔 교육하고 있다. 실력으로 성공을 쟁취하기 위해 많은 지식과 능력을 단련시켜 가는 가운데 회사의 미래 또한 밝아진다는 것이 강성자 회장의 지론이다. 그만큼 회사 분위기 또한 밝다.

에이치알에스는 '행복, 존중, 성공' 3가지를 지향한다. 행복과 즐거움을 동시에 추구하고 직원 간 서로를 존중하며 협력사와 상생을 중시한다. 이 같은 기본적인 가치를 지키다 보면 자연스레 성공이란 열매를 임직원 모두가 얻을 수 있는 것이다. 이를 위해 에이치알에스 경영진은 희망과 적성을 고려한 부서배치, 공정하

강성자 회장은 능동적이고 적극적인 도전정신을 추구하는
경영 마인드로 자랑스러운 중소기업인상을 수상했다.

고 객관적인 평가를 통한 더 많은 과제와 교육훈련 기회 제공 등
직원 개인의 역량을 진정으로 개발할 수 있도록 배려한다. 또 성
과에는 차별 없이 공정하게 보상하고 있다. 강성자 회장은 에이
치알에스의 원칙인 최고의 능력, 최고의 성과, 최고의 대우가 기
업문화로 더욱 공고히 자리잡을 수 있도록 앞으로 더욱 노력할
방침이다.

　이미 몇 년 전부터 대한민국 제조기업들은 IT로 연결된 똑똑
한 공장인 '스마트 팩토리'에 눈을 돌리고 있다. 조립과 포장도

자동으로 할 정도다. 공장에 인력이 거의 필요 없는 시대도 머지 않았다. 4차 산업혁명은 제조업의 모양과 형태를 점차 변화시켜 가고 있다. 4차 산업혁명은 제조업의 생산성을 향상시킬 것으로 기대되고 있다. 기존 원거리 대량 생산방식에서 근거리 개별 생산방식으로 변화될 것이다. 이는 3D 프린터가 가져올 큰 변화이며 이를 통해 재고를 보유할 필요도 적어지고 공장이 보다 수요자에 가까운 곳으로 이동할 것이다. 또한 제조업의 서비스화가 진행되고 이를 통해 비즈니스 모델 혁신이 유발된다. 과거 제조 기업들은 제품의 생산과 판매에서 주된 가치를 창출하였지만 점차 서비스기능(연구개발, 디자인, 마케팅, A/S 등)을 통해 많은 가치를 창출 할 것이다. 4차 산업혁명 시대에는 제품 및 자본재 수요도 감소한다. 소유보다는 사용의 개념이 강해지는 공유경제가 소비자와 생산자를 막론하고 일반적인 경제양식으로 자리잡아갈 것이다. 기업의 비용이 감소하고 효용 및 생산성이 증대되는 효과를 불러오겠지만 공유되는 자본재를 통해 이윤을 창출하는 기업들은 수요 감소라는 부담이 작용할 것이다.

4차 산업혁명이 이슈가 된 이후 이미 선진국들은 제조업의 혁신 필요성을 인식하였고 각종 신기술과 활용방안을 탐색하며 어떻게 새로운 생산혁명을 이룰 수 있을지 모색하고 있다. 에이치알에스도 이러한 4차 산업혁명의 흐름에 도태되지 않고 적극적으로 편승하여 새로운 변화에 적극적으로 대응해나갈 예정이다. 그래야만 다가올 4차 산업혁명 시대에 낙오되지 않고 생존하는 기업으로 발전할 수 있기 때문이다.

인재중심 경영을 통해 에이치알에스는 앞으로 다가올 4차 산업혁명 시대에도 업계를 선도할 계획이다. 로봇과 AI, 자동화 시스템, 스마트팩토리 등이 몰고 온 4차 산업혁명은 대한민국 제조업을 뿌리부터 바꿔놓을 전망이다. 에이치알에스는 4차 산업혁명 시대에도 제조업이 튼튼하게 뿌리로 자리 잡아야 응용기술이 성장할 수 있다는 생각으로 화학 제조기업으로서 경쟁력을 더욱 강화할 방침이다.

그러나 한편으로는 4차 산업혁명의 기본에는 인재 중심, 휴머니즘 중심이 뒷받침되어야 한다는 생각이다. 4차 산업혁명이 굳건히 뿌리 내리려면 기기와 인간, 이를 아우르는 휴머니즘, 이들이 서로 양립하며 원원할 수 있는 방법이 모색되어야 한다는 생각이다. 이 점이 제조업, 특히 중소기업이 지향해야 할 목표이며, 앞으로 이 부분에 대한 깊은 고민과 성찰이 필요할 것이다.

대표

김영귀

KYK김영귀환원수

학력

2004	대구대학교 경영대학원 수료
2005	서울대학교 국제대학원 GLP 수료
2006	서울대학교 자연과학대학 SPARC 수료
2007	청도이공대학교 경영학박사 학위 취득
2010	산동대학교 경영대학원 글로벌 CEO 과정 수료
2012	고려대 경영대학원 AMQP 수료
2014	KAIST 글로벌 중견기업 아카데미과정 수료

경력

1980	물 과학 연구 약 40년
2004	KYK김영귀환원수㈜ 대표이사
2005	KYK과학기술연구소 소장
2008	중국청도이공대학교 석좌교수 ㈔한국대학발명협회 고문
2010	산동대학교 초빙교수
2014	세계 최초 IRB 승인 서울대병원 김영귀 알칼리환원수 임상시험 완료 및 고효율 결과 획득
2004 ~ 2017	MBC, SBS, KBS, TV조선, MBN 등 물 전문가 TV 출연 다수
2015	세계물포럼 참가, 물 과학 연구발표
2017	한중 정상회담 경제사절단 참가 4,000만 불 MOU

상훈

2005	과학기술부장관 및 부총리상
2008 ~ 2016	독일, 스위스 등 국제발명전 금메달 12관왕
2009	지식경제부 장관상
2011	제46회 발명철탑산업훈장 수훈
2011 ~ 2012	신기술으뜸상(2년 연속)
2013	일본 세계 천재인대회 금메달 아시아 로하스 대상 환경부 장관상
2015	홍콩 국제 혁신디자인 및 기술제품 최우수상 그랑프리
2016	보건복지부 장관상
2017	슈바이처상
2017	부총리겸 교육부 장관상

완전 무공해 청정 에너지원 수소

"수소에 대해 아느냐?"라고 물으면 대부분 사람들은 막연하게 알고 있거나 관심이 없는 사람도 많다. 그러나 "수소 자동차에 대해서 아느냐?"라고 물으면 대부분 사람들이 알고 있다.

수소 자동차 한 대가 지나가면 공해배출이 없는 것은 물론이고 다른 큰 자동차 2대가 내뿜은 공해물질까지 정화하는 힘을 가지고 있다.

수소는 에너지로 사용하면 대기를 오염시키는 황산화물(SOx)과 분진 등의 미세먼지가 발생되지 않으며, 지구 온난화로 인한 기후 변화를 일으키는 원인물질 이산화탄소(CO_2)를 발생하지 않는다. 뿐만 아니라 무한정의 물을 원료로 하여 무한정으로 생산할 수 있다.

물을 원료로 하여 계속 사용하면 결국 물도 줄어들거나 없어지지 않느냐고 생각할 수도 있다. 그러나 수소는 사용 후에도 다시 물로 돌아가기 때문에 재순환이 이루어지고 이로 인해 무한정한 수소에너지를 생산할 수 있는 것이다.

수소는 같은 무게의 가솔린보다 3배나 많은 에너지를 방출한다. 수소에너지는 현재와 미래의 완전 무공해 청정에너지다.

석유 한 방울 나오지 않는 한국과 같은 국가에서는 가장 적합한 대체 에너지이다. 다만 현재로서는 생산단가가 비싸다는 점이 단점이다.

수소는 인류와 환경을 구원할 수 있는 기적의 물질

수소는 생산단가가 비싸다는 것이 단점이지만 건강산업과 의료산업에 활용하면 상황은 달라진다. 부작용이 없으면서도 효과가 높고 경제적이면서도 활용하기에 편리한 큰 장점을 지기고 있기 때문이다. 바야흐로 세계는 지금 4차 산업혁명 시대로 접어들고 있다.

각국은 4차 산업혁명이 주도권을 잡기 위해 국력을 쏟아붓고 있고 앞다퉈 경쟁하고 있다. 4차 산업혁명의 핵심은 다름 아닌 헬스와 뷰티이다. 아무리 편리하고 생산성이 좋다하더라도 인간의 건강과 환경을 파괴하는 산업은 받아들일 수 없는 것은 당연한 일이기 때문이다.

따라서 김영귀수소환원수는 4차 산업의 핵심인 헬스와 뷰티에 초점을 맞추고 있다. 노벨상 수상자를 39명을 배출한 존스홉킨스 대학교 의과대학이 있다. 이 존스홉킨스 의과대학은 인간의

질병에 대해 가장 많이 연구한 기관이라고 할 수 있다. 인간의 질병에 대해 연구한 결과 그 종류가 무려 36,000가지나 된다는 것과 그 원인이 90% 이상은 유해활성산소라는 사실을 밝혀낸 것이다.

다시 말하면 유해활성산소라는 원흉을 막아 낼 수 있는 솔루션이 있다면, 32,400종류의 인간의 질병을 막을 수 있다는 말이 된다. 그야말로 인류가 갈망하는 건강 100세를 능히 실현할 수 있는 것이다.

세계적인 명성과 신뢰를 받고 있는 의학전문지 Nature Medicine(네이처메디신)은 〈일본 의과대학 대학원 오타시게오 교수 연구팀의 논문〉(2007.6) "수소가 활성산소를 효과적으로 제거한다"는 논문을 발표했다. 이때부터 부작용 없는 수소의 효과적인 항산화작용이 세상에 알려지게 되었고 의료건강사업 분야에서 각광받기 시작했다.

이 수소가 풍부하게 들어있는 물이 바로 수소수다. 아직은 생소한 단어의 명칭이지만 김영귀 대표는 이 수소의 우수성을 일찍이 알아차리고 수소수가 발생되는 수소수기를 본격적으로 개발하여 세상에 내놓았다.

김 대표의 수소기술은 계속 진화하고 있다. 자연 여과식 맥반석 등나무 정수기 개발을 통해 지구상에서 가장 깨끗한 물, 이슬물 개발, 자화수, 안전성과 유효성을 검증받고 의학적인 효능·효과를 허가받은 알칼리이온수기를 전문적으로 개발, 제조, 판매하여 인기를 모은 데 이어서 수소수기를 다양한 모델로 개발 출시한 것이다. 국내에서는 아직 수소수를 잘 모르지만 외국에서는 암, 치매, 당뇨, 아토피, 다이어트 등 다양한 분야로 치료하면서 좋은 효과와 함께 각광을 받고 있다.

난치병의 원인이 활성산소에 의해 발생되기 때문에 수소가 활성산소를 제거하는 항산화 작용이 우수한 점을 활용한 것이다. 특히 비타민C와 같은 일반 항산화제가 제거하지 못한 활성산소 중에서도 독성이 가장 강력한 하이드록실 라디칼(Hydroxyl radical)을 제거한다. 일반 항산화제가 통과하지 못한 지방층도 통과해서

김영귀수소환원수는 수소 함량을 높이면서도 수소와 오존을 분리하여
배출하게 함으로써, 맛과 효과가 우수한 수소수를 만들어내고 있다.

활성산소를 제거하는 특성을 가지고 있는 점을 주목받고 있다.

물 과학 연구 40년의 역사를 통해서 축적된 독보적인 수소 기술과 전문지식, 오랜 경험에서 우러나온 감각과 디자인, 우수한 성능과 기능이 탑재되어 있으면서도 사용자의 편의성이 잘 갖추어진 우수한 수소수기 제품이다.

수소를 발생시키기 위해 물을 전기분해하면 수소($H+$, H_2) 발생과 함께 오존(O_3)이 발생한다. 수소함량을 높이면 높일수록 오존도 많이 발생하는 문제가 있다. 수소와 오존이 함유된 물은 오존 냄새가 심하고 몸에 해롭다.

김영귀 수소환원수의 수소기술은 남다르다. 4無4有 기술이다. 김영귀 대표는 수소함량을 높이면서도 수소와 오존을 분리하여 배출하게 함으로써, 맛과 효과가 우수한 수소수를 만들어내고 있다. 오존은 오존수로 따로 배출하여 살균 소독수로 사용한다.

그 외에도 양극(+) 백금 전극판에 적정량의 물이 자동으로 유입되는 자동유로전환 특허기술 등의 많은 기술이 들어 있다. 이 제품들은 하나같이 Mg(마그네슘)을 첨가하지 않은 상태에서 수소함량이 최대 1,570ppb가 나온다.

일본제품의 기술과 성능을 능가하는 이 제품은 출시하기가 무섭게 해외의 한 국가 바이어가 한 모델만 독점하기 위해 연간 5,000대를 계약하고 선금을 보내오는가 하면, 또 다른 한 국가 바이어는 전 모델을 독점계약하는 등 이미 상당한 독점계약이 체결되어 있고 지금도 계속 독점이나 공식 파트너 계약을 협상 중이다.

또한 수소에어를 직접 흡입하면 몸속에 축적된 유해활성산소를 제거함으로써 피로가 풀리고 눈이 맑아지는 효과가 있는 수소에 이어 흡입기도 개발 출시하였다. 수소를 마시고 수소에어를 흡입하는 체험을 할 수 있도록 김영귀수소환원수 체험장을 코엑스무역센터와 판교에 개설하여 누구든 예약만 하면 무료로 이용할 수 있도록 했다. 김영귀 대표는 효과가 우수한 수소를 소비자가 가까운 지역에서 직접 체험하고 활용할 수 있도록 전국 지역에 체험장을 개설할 계획이다.

인류건강을 위한 물 과학 연구 약 40년!

김영귀 대표는 특정분야에 전문지식을 갖춘 교수 차원이 아니라 특별한 계기와 철학에 의해 부여받은 고귀한 사명과 위대한 가치를 실현하는 대한민국 과학기술인으로서 약 40년의 연구역사를 가지고 있다. 다수의 특허기술과 수많은 현장경험과 경영능력을 보유한 김영귀 대표는 학문을 통한 전문지식과 국내외의 수십만 명의 실제 사용자의 체험사례를 통해 각종 인증과 허가증서, 공인 R&D센터와 GMP인증 제조장을 보유하고 있으며, 국가발명 철탑산업훈장, 과학기술부 부총리상, 보건복지부 장관상 등 수많은 수상과 일본 세계 천재인 대회 금상 수상, 독일·스위스 등 국제 발명대회에서 금메달 12관왕이 되었다. 또한 한중정상회담 경제사절단 참가 4,000만 불 MOU 체결, TV 등 많은 언론매체에 다수 출연과 세계 50여 개국의 충성바이어와 소비자를 보유하고 있다.

김영귀 대표는 국가 발명 철탑산업훈장, 과학기술부 부총리상, 보건복지부 장관상을 비롯하여 일본 세계 천재인 대회 금상 수상, 독일·스위스 등 국제 발명대회 금메달 12관왕이 되었다.

김영귀 대표, 그는 왜 무슨 연유로 인류건강을 위한 철학으로 물 과학 연구 약 40년의 외길을 도를 닦듯이 장인의 길을 걸어왔을까? 그가 태어난 시대는 '보릿고개' 시대였다. 현 시대에서는 듣기 어려운 말이지만 보릿고개라는 말은 농경사회 때 농부가 1년 농사를 지어 온 가족이 겨울을 지나고 늦은 봄에 나는 보리곡식이 나올 때까지 먹고살 양식이 있어야 하는데, 겨울이 지나기도 전에 양식이 떨어져서 다음 해 봄 보리곡식이 나올 때까지 먹을 것이 없어서 굶으면서 기다리는 동안이 마치, 넘기 어려운 히

말라야 산맥을 넘는 것보다 너무 힘들고 고통스러워서 '보릿고개'라고 하였다.

1952년 지리산 자락의 한 마을에서 태어난 김영귀 대표는 '보릿고개' 시절의 혹독한 배고픈 설움을 겪으면서 성장하였다. 그때의 사람들은 '배불리 밥 먹는 것'이 소망이었고, '설움 중에서 가장 큰 설움이 배고픔 설움'이라고 말들을 했다.

그는 어린 시절에 '장차 내가 어른이 되면, 인간의 설움 중에서 가장 큰 설움인 배고픈 설움을 해결하자'라는 꿈을 안고 성장하였다. "우리도 한 번 잘 살아보세" 박정희 대통령의 새마을 운동을 지나고 산업사회가 되고 나서 김영귀 대표는 사회에 나오게 되었다.

사회에 나와 보니 배고픈 시절은 이미 지나가고 없었다. 그런데 이상하게도 과거에는 못 먹어서 병이 났고, 병이 나더라도 돈이 없어 병원엘 못 가서 죽는 일이 많았는데 현대에 와서는 과거 '보릿고개'에 비해서 분명 잘먹고 잘살고 있을 뿐만 아니라 의료보험이 있어서 누구나 마음껏 병원치료를 받고 사는데도 무슨 연유인지 과거에 들어보지 못했던 당뇨, 고혈압, 암 등의 만성 난치병이 많아지고 있었던 것이다. 한국인 사망원인 암, 심장질환, 뇌 질환이 사망률 1, 2, 3위를 오래전부터 고정적으로 확보하고 있는 상태다. 이러한 현상을 김영귀 대표는 예사롭게 보지 않았다.

'만성 난치병은 왜 고치기 어려운 것인가? 왜 생기는가?'라는 두 가지의 의문의 화두를 품고 있었다. 서양의학이나 한의학이 만성 난치병을 막지 못하고 해결하지 못한 것은 필시 인체가 자연의 섭리를 거슬렸기 때문으로 보고 자연의학에 입문하였던 것이다.

노벨상을 두 번이나 수상한 미국 라이너스 폴링 박사의 '분자교정의학'을 배우고, 한의학의 근간이 되는 '사상의학' 등의 세계적으로 유명한 자연의학을 배웠다. 동호회를 구성하여 직접 시도하였다. 그러나 일시적으로나 또는 부분적으로 효과가 있었지만 보다 근본적이고 전체적으로는 효과가 없었다.

여기에서 김영귀 대표는 한계에 부딪히고 말았다. 고민 끝에 인체를 원점에서 바라보게 되었는데, 그때 나타난 것이 바로 물이었다. 혈액의 83%, 세포의 90% 이상을 차지하고 있는 물이 그 비밀의 열쇠를 쥐고 있다는 것을 알게 된 것이다. 이것이 김영귀 대표의 물 과학 연구의 계기였고, 이때부터 본격적으로 물 과학 연구에 박차를 가하기 시작했다.

봉이 김선달 물장수에서 의학적 효능 허가까지

신문에 칼럼을 몇 번 쓰고, 강연도 다니고, 광고도 하면서 한참 알칼리환원수 물을 알리는 데 열중하고 있을 때 10여 명의 기자들이 물에 대해서 인터뷰를 한다면서 오라는 초청을 받게 되었다. 김영귀 대표는 참 좋은 기회라고 생각하고 기쁜 마음으로 그 장소를 가게 되었는데 예상과는 달리 분위기는 그리 좋지 않아보였다.

한 기자가 첫 질문으로 "봉이 김선달이 대동강 물을 팔아먹었다는 이야기는 들어봤지만 치료가 되는 물을 팔아먹었다는 이야기는 듣지도 보지도 못했다"라고 운을 뗀 뒤 "김영귀 대표는 봉이 김선달보다 사기수법이 더 높은 거 아니냐?"고 하자, 다른 기자들이 "물이 어떻게 질병을 치료한다고 황당무계한 수법으로 이 어려운 IMF시대에 소비자들의 주머니를 터느냐?"는 등의 공격을 이 기자 저 기자들로부터 받기 시작했다. 이때 만약 김영귀 대표가 장삿속으로 얄팍한 지식 몇 개 가지고 사업을 하는 것이었으면 그 순간 완전히 사기꾼이 되고 말았을 것이다.

김영귀 대표가 누구인가 한낱 돈 몇 푼 벌기 위해 시작한 사업이 아니었기에 전혀 동요하거나 말문이 막히지 않고 자신 있는

김영귀수소환원수는 봉이 김선달 대동강 물에서
'의료용물질생성기'로 공신력을 얻게 되었다.

어조로 논리정연하게 알칼리환원수의 과학을 풀어나갔다. 김영
귀 대표는 '인간이 할 수 있는 모든 일 중에서 가장 의롭고, 가장
고귀하며, 가장 위대한 일'이라는 신념과 철학으로 일관해 왔다.

과학적으로 의학적으로 근거를 대면서 비교실험까지 보여주
자 기자들은 태도가 달라지기 시작했다. '어, 저것은 가짜가 아
니고 진짜잖아'라고 느끼는 눈동자와 그 표정이 역력하게 나타났
다. 하지만 그 기자들은 김영귀 대표를 사기꾼으로 몰았기 때문
에 그 물을 먹고 싶은 마음이 굴뚝 같은데도 불구하고 염치가 없

어 말을 못하고 있었는데, 한 기자가 어렵게 말을 꺼냈다.

"김영귀 대표님, 그 제품을 좀 싸게 줄 수는 없나요?"라고 요청한 것이다. 돈만을 목적으로 하는 사업이 아니였기 때문에 "싸게 원한다면 싸게 드리겠습니다"라고 답하자 여기저기 주문이 쏟아졌다.

기자들의 속성은 가짜나 나쁜 것도 잘 가려내지만 진짜나 좋은 것도 잘 가려내는 사람들이다. 그 기자들은 제품을 구입하여 설치 사용하고 효과를 보면서 좋은 점을 주변 사람들에 얘기하다 보니 영향력이 커서 많은 판매를 하게 됐었고, 또 하나이 성장하는 계기가 됐다.

전화위복이 되어 소위 적군이 자연스럽게 우군으로 되고 만 것이다. 이렇듯 이런저런 에피소드를 겪으면서 보다 공신력 있는 제품으로 인정받기 위해 한국 식품의약품안전처(당시는 식품의약품안전청)에 의학적인 효능·효과를 허가 요청을 하면서 줄기차게 노력했다. 마침내 김영귀환원수 제품에서 출수되는 물이 약으로 고치기 어려운 4대 위장증상(소화불량, 위장 내 이상발효, 만성설사, 위산과다) 개선에 도움이 되는 물로 허가 받는 데 성공했다.

당시로서는 실로 획기적인 일이 아닐 수 없었다. 봉이 김선달이 팔아먹은 대동강 물장사에서 어디다 내놓더라도 인정받을 수 있는 자랑스러운 의료용물질생성기(의료기기)로 공신력을 얻게 된 것이다.

물 임상시험 서울대의료진도 놀란 85.7% 임상결과

대동강 물을 팔아먹은 봉이 김선달 이야기도 아니고 그렇다고 의약품도 아닌, 사람이 마시는 물을 가지고 권위적이고 배타적인 종합병원 전문의사가 사람을 상대로 임상시험을 한다는 것은 참으로 상상하기 힘든 일이다.

그것도 의사 개인으로서가 아니라 생명윤리위원회(IRB)의 정식 승인을 받아서 대한민국 최고 권위이자 세계적 명성을 얻고 있는 서울대 분당병원에서 물을 가지고 임상시험을 한다는 것은 역사적인 일이자 획기적인 일이 아닐 수 없다.

본 임상시험 팀의 책임 교수는 소화기내과계에서 그 권위를 인정받고 있는 이동호 교수팀이 시행했다. 임상시험 항목은 '과민성장증후군'이었다.

'과민성장증후군'이란 복통, 복부 팽만감과 같은 불쾌한 소화기 증상이 반복되며 설사 혹은 변비 등의 배변 장애 증상을 가져오는 만성적인 질환이다.

'과민성장증후군' 환자들은 조금만 음식을 잘못 먹거나 조금만 기분이 상해도 배가 아프거나 설사가 있는가 하면 속이 더부룩하거나 변비가 있는 등 아주 민감한 반응을 나타내어 약으로도 잘 듣지 않는 게 특징이라고 한다. 전체 인구의 약 10% 정도가 이 증상을 갖고 있으며 '과민성장증후군'은 악화와 완화를 반복하는 만성질환이다. 반복되는 증상으로 인해 삶의 질이 크게 떨어지며 의료비의 지출이 증가된다.

이 병은 환자의 호소증상이 다양하며 현재까지 발병기전과 병태생리가 정확히 알려져 있지 않아 치료가 어려우며 치료약제가 개발되어 있지만 그 효과가 크지 않고 약제의 장기투여에 따른 부작용이 나타난다.

이렇게 민감한 반응이 나타나는 만성질환인 '과민성장증후군' 환자들을 대상으로 약이 아닌 물을 통해서 과연 효과가 있을까? 임상시험 방법은 남녀노소 구분 없이 본인의 신청을 받아 사전 내시경 검사와 관련 검사를 마치고 환자의 집에 김영귀수소환원수 제품(KYK33000)을 설치해 놓고 하루에 2L 이상을 음용하게 하며 음식조리와 야채, 과일 씻는 물까지 이 물로 사용하게 했다.

원스톱 시스템으로 신뢰 구축

창업 이래 김영귀 대표가 끌고 온 김영귀수소환원수의 가장 큰 성과와 혁신은 직접연구제조, 직접 판매, 직접관리 등 원스톱 시스템을 구축했던 점이다.

이를 통해 소비자의 트렌드 및 요구, 기대, A/S, 고객불만 등을 신속하게 처리하고 있다. 아울러 경쟁업체보다 수준 높은 품질과 서비스, 가격 경쟁력, 전문지식을 갖출 수 있는 경쟁 우위 시스템을 보유할 수 있게 됐다.

이로서 김영귀환원수는 성능, 기능, 디자인, 서비스 등 전반의 까다로운 품질관리로 특출한 경쟁력을 확보하는 것이 가능해졌고, 이와 같은 혁신은 빠른 성과로 이어졌다. 성능, 기능, 디자인, 서비스 전 분야에 대한 효과적인 종합 품질관리를 바탕으로 제품은 진화를 거듭하였고, 이에 그치지 않고 국내외 품질 인증, 고객서비스 중심의 만족 경영에 이르기까지 고객의 호평을 받으며 '착한 브랜드'의 이미지를 거듭 각인시켰다.

눈부신 성장의 배경에 빼놓을 수 없는 것은, 세계 인류 건강 증진이라는 사명과 가치관으로 전 직원이 똘똘 뭉쳐 열정적으로 모든 일에 임하는 김영귀환원수만의 단합력과, 직면한 문제를 슬

제품, 필터 제조공장 전경. 김영귀수소환원수는 직접연구제조, 직접 판매, 직접관리 등 원스톱 시스템을 구축하고 있다.

기롭게 해결해 나가는 창의력을 비롯해, 꾸준한 변화와 혁신의 노력, 고귀한 사명을 밑거름 삼은 끊임없는 연구개발에 있다.

김영귀 대표는 가치를 만들어내는 창조경영만이 기업의 가치를 향상 시키는 핵심이라고 굳게 믿고 있다. 그는 모든 임직원들에게 회사의 가치관을 모태로 기업이 나아가야 할 방향과 주인의식을 끊임없이 강조하는 반면, 언제나 열린 경영으로 회사와 조직을 발전시킬 수 있는 의견을 지휘고하를 막론하고 건의할 수 있도록 분위기를 조성하고, 발의된 의견을 겸허하게 수용하여, 유연하고도 창의적인 경영전략을 펼치고 있다.

한 · 중정상회담 경제사절단 MOU체결 성과

중국이 사드문제로 경제적 보복을 하여 한국경제가 타격을 받고 있는 시점에서 문재인대통령과 시진핑 주석이 중국에서 정상회담을 할 때에 한중은 물론 세계가 주목하고 있었다.

매우 중요한 이 한·중정상회담 때 경제사절단으로 선정된 김영귀 대표는 중국에서 USD $4,000만 불의 MOU체결 성과를 내었다. 중국 시정부 및 중국 국영 종합병원, 그리고 중국 모기업 등과 MOU체결을 한 것이다. 그들은 전혀 모르는 사람을 하루아침에 만나자마자 MOU를 체결한 것이 아니라 KYK김영귀환원수가 오랜 기간 동안 축적된 기술이 얼마나 뛰어나고 제품력이 우수한지를 미리 다 알고 있었기 때문에 이 같은 성과가 나온 것이다.

현재 MOU가 체결된 중국 시정부와는 본 계약을 체결하여 비지니스를 진행하고 있으며, 중국 모기업과는 알칼리이온수기 제품 3,000대 오더를 받았다. 또한 한중 교류 역사상 가장 많은 1만 명의 가족과 우수고객을 조직하여 한국관광 및 김영귀수소환원수를 방문하기로 했다.

한 · 중정상회담 때 경제사절단으로 선정된 김영귀 대표는
중국에서 USD $4,000만 불의 MOU체결 성과를 냈다.

세계 이목을 집중시킨 독보적인 기술력

김영귀수소환원수의 글로벌 핵심 경쟁력은 첫째도 둘째도, 국
내외적으로 인정받은 독보적인 기술력이다. 김영귀수소환원수는
우수한 기술력의 제품을 바탕으로 46회 발명의 날에 철탑산업훈
장을 수훈하는 영광을 안았으며 세계적인 명성과 권위를 인정받
은 제 60회 독일 뉘른베르크 국제 발명 대회에서 한 기업으로서
는 최초로 2개의 금메달을 수상한 것을 비롯하여 스위스 제네바

까다로운 품질관리와 고집스러운 경영철학으로 국내뿐 아니라 해외에서까지 주목받고 있는 김영귀 대표가 중국 북경 초청 세미나에서 강연하고 있다.

국제발명전 등 총 12개의 금메달 수상, 제16회 일본 세계 천재인 대회 금메달 수상, 보건복지부 장관상 등 수많은 수상과 다수의 히트제품, 한국 현대 인물 열전 33인 선정 및 각 종 인증과 허가 증서, 대한민국 명품 CEO 포럼 선정 및 임원, 수많은 언론매체 출연하였으며 2013년 프랑스 루브르 박물관에 대한민국을 대표하는 우수제품으로 출품하는 등 유망한 글로벌 강소기업의 반열에 올랐음을 알렸다.

또한 중소기업으로서는 이례적으로 100여 개의 기술특허를 보유하여 세계적인 이목을 집중시킨 제품의 기술력은 글로벌한 경쟁력을 갖추는 데 조금의 모자람이 없었음에도, 김영귀수소 환원수는 이에 안주하지 않고 소비자의 의견을 적극적으로 수용하여 더 나은 신기술 개발에 쉼 없이 몰두하며 기술개발에 역동을 더해왔다. 약 40년 물과학 연구의 장인정신과 기술력, 그리고 그에 따른 까다로운 품질관리와 고집스러운 고객만족경영의 성과를 국내뿐 아니라 해외에서까지 관심 있게 주목하고 있는 것이다.

김영귀수소환원수는 건강과 아름다움의 가성비 높은 고객 가치를 제공하고 수익구조를 잘 갖춘 비니지스 모델을 장착하고, 뛰어난 기술력과 혁신을 바탕으로 눈부시게 발전하고 있다.

김영귀 대표는 "건강은 궁극적으로 인류가 풀어야 할 영원한 숙제로서, 이론이 아닌 결과로서의 사실을 증명해야 하는 매우 중요한 것"이라며 "근본적인 핵심을 짚어내고 풀어내며, 그 실효성에 대한 입증으로 KYK김영귀수소환원수가 세계 인류 건강 증진에 기여하는 선봉장에 서서 그 입지를 더욱 굳건히 할 것"이라고 말했다.

대표

김은미

CEO SUITE

학력
1985   연세대학교 사회복지학과 학사
1990   뉴사우스 웨일즈 경영대학교 석사

경력
1997 ~   CEO SUITE GROUP 창업자/대표
2010 ~   여성신문 사회이사
2010 ~ 2013   인도네시아 한인뉴스 편집위원
2013   인도네시아 수디르만 로터리클럽 회장
2013 ~ 2015   인도네시아 한인상공회의소 부회장

상훈
2010   연세대학교 '미래여성백인상', '올해의 여동문상'
2011   여성신문사 '미래여성지도자상'
2011   코위너 '세계를 빛낸 여성기업가상'
2017   동아일보 '2017 한국 경제를 움직이는 CEO상'

해외 스타트업 · 1인 기업, 틈새 개척한 맞춤형 오피스

정보통신기술(ICT)이 발달하고 기업 및 창업가들의 해외 진출이 확대되면서 틈새시장을 개척한 CEO스위트 같은 서비스드 오피스 기업이 뜨고 있다. 해외 창업을 꿈꾸는 이들의 큰 장애물 중 하나인 '현지 사무실 꾸리기'를 비즈니스 모델로 발굴한 것이다.

CEO스위트의 주요 고객은 호주상공회의소, 매킨지, 엑손모빌, 우버 같은 세계적인 기업이다. 세계 각지에서 온 고객이 CEO스위트의 사무실에 입주해 있다.

CEO스위트의 주요 고객은 호주상공회의소, 매킨지, 엑손모빌, 우버 같은 세계적인 기업이다. 세계 각지에서 온 고객이 CEO스위트의 사무실에 입주해 있다. 경쟁이 치열한 서비스드 오피스 사업 분야에서 굴지의 기업들을 입주사로 확보한 CEO스위트의 비결은 무엇일까. 틈새시장을 개척한 김은미 대표의 전략은 '차별화'다.

IMF에서 발상의 전환으로 이룬 해외 창업

2008년 인도네시아 유력 언론 '자카르타포스트'에는 '보스를 모시는 보스(The boss who serves bosses)'라는 제목의 기사가 실렸다. 주인공은 CEO스위트의 한국인 여성 CEO 김은미다.

김은미 CEO스위트 대표는 한국에서 대학을 졸업하고 미국계 은행인 '씨티은행'에 입사해 사회생활을 시작했다. 한국 사회가 답답해 사표를 쓰고 호주 유학길에 올라 호주의 뉴사우스웨일즈 대학에서 마케팅을 전공했다. 석사를 마치고 이력서를 썼는데 유명 통신 대기업과 호즈의 오피스 비즈니스 기업인 서브코프 두 군데에 합격했다.

오피스 서비스가 뭔지도 몰랐지만 새롭고 끌렸다는 그는 서브코프에 입사하면서 오피스 서비스 분야에 종사하기 시작했다. 서브코프에서 김 대표는 아시아 지역 이사까지 승진했으나 사내 인종차별과 여성차별의 장벽 앞에서 한계를 느끼고 퇴사 후 창업을 결심하게 된다.

서브코프에 재직하던 당시 오피스 서비스 분야의 성장 가능성을 발견한 김 대표는 1997년 자카르타 증권거래소(Indonesia Stock Exchange Tower)에 CEO스위트 1호점을 열었다. 이후 얼마 지나지

CEO스위트는 현지에 낯선 비즈니스맨을 위해 공항 픽업에서부터 호텔 예약,
법률 자문, 비서 업무 및 상주 직원 자녀의 학교 문제에 이르기까지
다양한 문제를 원스톱으로 해결해주는 기업이다.

않아 한국에서 IMF 사태가 발생해 금리가 상승하고 한국 기업이
철수하는 등 CEO스위트는 중대한 위기를 맞이하게 되었다.

이는 결국 전화위복이 되었다. IMF 사태 전 인도네시아 시장
에 사무실을 개설하려던 한국 기업들이 이후 현지에서 사무실을
폐쇄했다. 환율이 폭등하고 은행금리가 상승하면서 인도네시아
현지 사무실 운영비용을 감당할 수 없게 된 기업들이 점점 늘어
났다. 고전하던 김은미 대표는 철수하는 기업 중 새로운 비즈니
스 기회를 발견하게 되었다. IMF 사태로 한국기업이 철수한 이

유는 인도네시아 시장을 포기해서가 아니라 높은 금리와 환율로 인한 운영비용을 감당할 수 없어서였기 때문이다. 여기서 김 대표는 만약 그 기업이 CEO스위트를 이용하기 되면, 사무공간과 각종 서비스를 활용함으로써 운영비를 절감할 수 있게 되고, 시장 철수 대신 지속적으로 영업활동이 가능해진다는 결론에 이르렀다.

발상의 전환으로 새로운 고객 확보 가능성을 발견한 그는 철수하는 기업을 설득, CEO스위트의 고객으로 유치하는 데 성공했다. 김은미 대표는 "CEO스위트를 오피스 임대업으로 오해하는 이들이 많다"며 "우리는 현지에 낯선 비즈니스맨을 위해 공항 픽업에서부터 호텔 예약, 법률 자문, 비서 업무 및 상주 직원 자녀의 학교 문제에 이르기까지 다양한 문제를 원스톱으로 해결해주는 기업"이라고 말했다. 해외에서 비즈니스를 하는 사람이 필요로 하는 것을 하나부터 열까지 모두 제공한다는 의미다.

그가 1997년 당시 한국인에게 다소 생소한 업종이었던 오피스 서비스로 창업할 수 있었던 이유는 호주의 오피스 서비스 회사에 근무하면서 해당 업종의 성장 가능성을 발견할 수 있었기 때문이다.

김 대표는 서브코프 태국지사에 근무할 당시, 1년에 300%의 매출 신장을 달성하면서 동남아 지역 내 오피스 서비스에 대한 수요가 지속적으로 증가하고 있음을 확인했다. 그는 "만약 제가 대학 졸업 후 한국에서 오피스 서비스 업종과 관련이 없는 직장생활을 했다면, CEO스위트 창업 아이디어를 발견하기 어려웠을 것"이라고 회고했다.

기회를 발견해 창업을 이룬 그이지만, 창업 초기에는 회사의 모든 문제를 알아서 해결해야 한다는 문제에 봉착하였다. 회사원 시절에는 담당 업무만 신경 쓰면 되었지만, 창업 이후에는 사업계획 수립부터 직원 채용, 재무관리, 고객관리, 시설관리 등 모든 방면을 본인이 직접 감당해야 했다.

이러한 경험을 토대로 그는 고객에게 하드웨어뿐만 아니라 소프트웨어 서비스도 함께 제공하는 CEO스위트를 완성할 수 있었다. 사무실, 화상회의실, 샤워실, 휴식 공간 등이 하드웨어라면 전문 비서 서비스, 다국어 전화응대 서비스, IT서비스, 법률 서비스 등은 소프트웨어 서비스에 해당한다. 김 대표는 "서브코프 시절부터 하드웨어와 소프트웨어 운영에 대해 치밀하게 준비해왔기 때문에 창업에 성공할 수 있었다"고 밝혔다.

더 나은 사람, 더 나은 기업

CEO스위트는 해외뿐 아니라 서울 광화문 교보빌딩과
강남 그랜드 인터컨티넨탈 서울 파르나스 타워 두 곳에 지점을 가지고 있다.

김은미 대표는 e북 리더기에 약 1,000권의 책을 넣고 다닌다.
이틀에 한 권, 1년에 대략 300권의 책을 읽는 책벌레 CEO다. 1
년에 절반은 해외에 있지만 별도의 시간관리는 하지 않는다고
했다.

"위험한 건 다른 사람에게 맡기며, 정말 잘 할 수 있는 것만 하
고 할 수 없는 건 하지 않는다"고 했다. 해외의 센터 업무는 모두

현지인에게 위임했다. 시스템을 완벽하게 구축한 상태여서 운영에는 걱정이 없다.

'남들과 다르게' 모든 업무를 원스톱 지원

CEO스위트가 세계적인 기업에 오피스를 제공할 수 있었던 것은 단순히 사무공간을 임대하는 데 그치는 것이 아닌, 필요한 경우 다양한 분야의 서비스를 지원한 차별화 전략 덕분이다. 법률, 회계, 비서 업무 등을 비롯해 입주한 고객사들이 필요한 업무를 손쉽게 볼 수 있도록 인프라를 갖추고 있다. 동남아 각국은 정보통신망으로 연결되어 있다. 이를 위해 2, 3개 언어를 할 수 있는 전문 인력 150여 명을 두고 있다. 한국에는 서울 광화문 교보빌딩과 강남 그랜드 인터컨티넨탈 서울 파르나스 타워 2곳에 지점이 있다.

창업가나 기업 입장에서 서비스드 오피스의 가장 큰 장점은 비용절감이다. 서비스드 오피스 기업은 보증금을 받지 않거나 한 달 이용료를 받는 방식으로 보증금을 대체한다. 팩스, 프린터, 책상 등 사무용품도 갖춰져 있어 입주 기업은 초기 인프라 마련 비용을 줄일 수 있다. 전기료, 수도료 등을 따로 지불하지 않아도 된다. 임대료는 개방된 공간의 경우 1인당 30~40만 원, 독립 공간은 40~60만 원 수준이다.

동종업계 사람들과의 네트워킹이 자연스럽고 활발하게 이루어지는 것도 CEO스위트의 강점이다. 다양한 업종의 스타트업이 입주해 있다 보니 업계 정보 공유가 쉽다. 입주자들이 직접 강연자로 나서 각자의 경험이나 팁을 나누기도 한다.

김은미 대표의 CEO스위트는 기업 및 개인 고객의 아시아 시장 진출과 비즈니스를 위한 제반 행정 서비스, 사무공간과 컨설팅을 제공하고 있다. 1997년 설립된 인도네시아 자카르타 지점을 포함하여 현재 아시아 8개국, 10개 도시, 20개 지점에 위치한 원스톱 서비스 오피스르 운영하고 있다.

CEO스위트는 입주 기업에게 기본적으로 사무실을 제공한다. 독보적인 입지의 고품격 맞춤 업무 공간인 셈이다. 중심 상업지구에서 초기 투자 비용없이 사무실을 얻고 본연의 업무에 집중하고 싶은 기업을 위한 고품격 맞춤형 사무실이다.

김은미 대표는 "랜드마크 빌딩이 가지는 상징성은 물론 스스로도 신경 쓰기 힘든 입지와 인테리어의 풍수적 가치 또한 고려하고 있다"며 "한국진출 해외지사, 프리미엄 임직원 사무실, TFT 사무실, 연락사무소와 임시 사무실 등이 갖춰져 있다"고 말했다.

CEO스위트는 코워킹 사무실을 갖추고 있어 자유롭고 개방적인 업무 분위기를 원하는 기업에 안성맞춤이다. 특히 소셜 네트워킹의 중요성을 아는 1인 기업과 스타트업에 제격이다.

CEO스위트는 전문 비서 서비스, IT 서비스, 네트워킹 기회 제공, 아시아 진출 가이드, 비즈니스 라운지, 젠 라운지 등을 제공한다. 전문 비서 서비스는 다국어가 가능한 업계 최고의 전문 비서진이 리셉션, 우편·전화 응대, 예약, 통·번역 등 각종 업무를 전문적으로 처리한다. IT 서비스는 최첨단 네트워크 환경을 제공하며 전문 인력이 철저히 관리하고 정기적인 업그레이드를 한다. 고객맞춤 네트워크 구축 또한 가능하다.

아시아 진출 가이드는 출장에서 시장 확대까지 아시아 국가에서 비즈니스를 펼치고 싶은 회사에게 구상과 계획 등을 어떻게 효과적으로 실현할 수 있는지 명쾌한 해법을 안내한다. 비즈니스 라운지는 아늑한 공간의 고객 전용 라운지다. 스낵, 음료와 함께 편안한 휴식을 즐길 수 있다. 젠 라운지는 비즈니스로 지친 고객을 위해 샤워, 마사지, 사우나 등을 제공하는 특별한 공간이다.

CEO스위트는 코워킹 사무실을 갖추고 있어 자유롭고 개방적인 업무 분위기를 원하는 기업에 안성맞춤이다. 특히 소셜 네트워킹의 중요성을 아는 1인 기업과 스타트업에 제격이다. 쾌적한 환경에서 일하며 협업의 기회도 얻고 비용은 줄일 수 있는 맞춤형 공간이라 할 수 있다.

노트북 하나만 갖고도 업무 수행이 가능하고, 책상을 비우거나 옮길 필요 없이 고정적인 자리도 제공한다. 불규칙한 업무로 시간이 고정적이지 않거나, 이동이 잦을 경우에는 멤버십 제도를 이용해 가까운 지점에 방문, 할인가격으로 시간단위 사용도 가능하다. 이외에도 주소·우편 서비스, 전화응대 서비스, 가상 오피스, 해외 가상 오피스, 법인등록 패키지 등 눈에 보이지는 않지만 스타트업 및 해외시장에 진출하거나 사업을 확장하는 기업, 1인 기업에 맞게 체계적인 가상 오피스가 주어진다.

고비 끝에 깨달은 교훈 '성공과 행복의 기준'

김은미 대표에게 오피스 서비스는 단순한 사무실 임대업이 아니다. 그는 창업 초부터 해외 진출한 기업들에게 사무공간뿐만 아니라 비서, 통역, 법률, 회계·세무, 교육, 기술 서비스를 제공하고 있다.

외국에 진출한 기업의 경우 비서가 한두 시간만 필요할 때도 있다. 그때마다 다른 비서를 써야 한다면 회사 보안 문제와 효율성 면에서 떨어질 수 있다. 이 같은 단점을 보완하기 위해 CEO 스위트는 파트너사를 통해 잘 훈련되고 기존에 함께 일을 한 경험도 있는 비서를 배치한다.

말도 잘 통하지 않고 낯선 지역에 진출한 기업이 두 팔 벌려 환영할 수밖에 없는 이유다. 전화를 받고 우편물을 보관해 주는 소소한 일부터 협력사를 소개하고 세금이나 법률 등도 자문해 준다. 일 년에 서너 번은 와인 세미나를 열거나 고객사 자녀를 위한 리셉션을 열어 고객 간 네트워크 기회도 줬다. 이제는 아시아 전역에 있는 각 지점을 통해 다른 지역 진출에도 도움을 주고 있다. 단순한 오피스 임대업이 아니라 아시아 비즈니스 허브인 셈이다. 고객사와 한 팀이 되어 팀워크를 발휘하고 있는 것이다.

CEO스위트는 창업 초부터 해외 진출한 기업들에게 사무공간뿐만 아니라 비서, 통역, 법률, 회계 · 세무, 교육, 기술 서비스를 제공하고 있다.

사무실 임대업을 네트워크 사업을 확장한 '위워크'나 '노이먼' 등과 비슷한 면이 많아 보이지만, CEO스위트는 '최적의 위치, 최고의 빌딩, 최상의 서비스' 등 차별화 전략을 모토로 삼고 있다.

물론 그에게 고비가 없던 것은 아니다. 특히 처음 중국에 진출하던 당시 경쟁이 치열했던 중국 시장에서 덤핑을 쳐대던 외국 기업과 콘셉트를 베껴가던 중국 기업 때문에 골머리를 썩기도 하던 그다. 어렵게 훈련시킨 전문 인력을 뺏기기도 다반사였다.

그가 베이징에 CEO스위트 지점을 냈을 때의 일이다. 호텔에서 일한 경력이 있는 중국계 젊은 여성을 지점장으로 채용했다. 집에서 기술을 시키며 정성을 들여 업계 전문가로 키웠지만, 어느 날 이 여성은 "자궁암에 걸려 회사를 그만둬야 한다"고 통보했다. 김 대표는 너무 놀랐지만, 치료비를 따로 주고 성대하게 그녀를 환송했다.

그녀는 다음날부터 길 건너에 새로 생긴 경쟁사로 출근했다. 중국계 회사였다. 거기에서 회사 로고만 빼고, CEO스위트 베이징 지점의 인테리어와 리플렛 등을 거의 다 카피해 사용했다. CEO스위트의 고객과 직원도 빼가려 했다. 김 대표는 충격을 받았다.

진정이 안 돼 기도하면서 자신을 다스리던 김 대표는 얼마 후 그 경쟁사가 부도가 나는 모습을 보았다. 그 회사로 옮긴 전 지점장은 그에게 전화를 걸어 "기적적으로 암이 나아 옛 직장으로 돌아갈 수 있게 됐다"며 재입사 의사를 밝혔다. 괘씸했지만, 수많은 고민 끝에 그가 벌인 일에 대한 공식적인 사과를 받고 나서 그를 재입사시켰다.

이 일을 겪으며 그는 두 가지를 얻었다. 비슷한 일이 다른 나라에서도 벌어질 수 있겠다고 판단해 서비스 운영 시스템을 만들어 회사 업무를 시스템화했다. 또 회사 내부에서는 과오를 범한 직원에게 관용을 베푸는 문화가 자리 잡았다.

그는 또 투자를 받으라는 권유를 주변에서 여러 번 받았지만 일절 응하지 않는다. 회사를 몇 배 규모로 키울 수 있는 기회도 외면했다. 좋은 옷, 우아한 보석, 근사한 요트 같은 것들에 대한 갈망도 언젠가부터 사라졌다고 덧붙였다. "민들레가 장미 같을 수 없고, 장미가 할미꽃 같을 수 없다"며 "꽃은 저마다 최선을 다해 피어날 뿐 주위의 평판에 신경 쓰지 않는다. 저마다 똑같이 귀한 존재"라고 말한다. 자족의 자세를 배운 것이다.

돈과 스펙 등 겉모습에 치중하지 않는 내면의 행복까지 깨닫고 있는 것이다. 그는 "정말 행복한 사람은 굳이 행복을 갈구하지 않는다. 우리는 성공은 물론 행복조차도 자기계발서를 통해 학습하려고 한다"며 "인위적인 행복에 대한 환상에서 벗어나 행복 찾기를 멈출 때 행복이 찾아올지도 모른다. 자신의 존재 자체를 행복의 조건으로 받아들일 때 행복을 발견할 수 있다"고 말한다.

�“

꽃은 저마다 최선을 다해
피어날 뿐 주위의 평판에
신경 쓰지 않는다.
저마다 똑같이 귀한 존재다.

”

총장

문승현

● 광주과학기술원

학력

1972 ~ 1975	광주제일고등학교
1975 ~ 1979	서울대학교, 화학공학
1980 ~ 1982	서울대학교 대학원, 화학공학(공학석사)
1985 ~ 1990	Illinois Institute of Technology 대학원, 화학공학(공학박사)

경력

1982 ~ 1985	한국과학기술연구원(KIST) 화공부 연구원
1991 ~ 1994	Argonne National Laboratory 연구원(Energy Systems Division)
1994 ~	광주과학기술원 환경공학부 교수
1994 ~ 1998	광주과학기술원 환경공학부 학부장
2001 ~ 2005	광주과학기술원 국제환경연구소장
2004 ~ 2006	광주과학기술원 교학처장
2006 ~ 2008	광주과학기술원 부원장
2007 ~ 2008	광주과학기술원 원장직무대행
2009 ~ 2011	광주과학기술원 솔라에너지연구소장
2011 ~ 2012	GIST대학 화학전공 책임교수
2012 ~	한국과학기술한림원 공학부 정회원
2014 ~ 2015	한국연구재단 국책연구본부 에너지환경단장(파견)
2015 ~	전남창조경제협의체 위원
2015 ~	광주전남연구원 선임직 이사
2016 ~	국방과학연구소 선임직 이사
2016 ~ 2017	국방부 국방정책자문위원회 위원
2017 ~	국민안전처 정책자문위원회 위원
2017 ~	국무총리실 안전안심위원회 위원
2015 ~ 現	광주과학기술원 총장

상훈

2001	과학기술자단체총연합회 우수논문상
2002	광주과학기술원 학술상
2003	행정자치부 대통령 표창
2008	행정자치부 과학기술포장
2015	TV조선 경영대상
2015	중앙이코노미스트 경제리더 대상

국가대표 이공계 인재 요람으로서의 역할

광주과학기술원(GIST)은 25년 전인 1993년 11월 과학기술 분야 후발 지역인 광주에 21세기 창의적 과학기술 요람을 만들겠다는 지역민들의 꿈과 염원을 담아 설립됐다. 1993년 '광주과학기술원특별법'이 제정된 뒤 광주광역시 첨단과학산업단지에 설립됐으며 1995년 대학원과정으로 처음 출범하였고, 2010년에 학사과정인 GIST 대학이 설립됐다. 이로써 지금의 학사과정과 대학원과정으로 이루어진 연구중심 우수 이공계 인재 양성 시스템을 완성했다.

올해로 25주년을 맞는 GIST는 그동안 과학기술 발전과 우수 인재 양성이라는 국가적 사명과 지역산업 선도라는 설립 목표를 충실히 수행하며 세계 유수의 대학들과 어깨를 나란히 할 정도로 눈부신 발전을 거듭하고 있다. GIST는 KAIST, DGIST, UNIST, POSTECH과 함께 대한민국을 대표하는 이공계 특성화대학의 명성을 이어가고 있으며 인류·국가·지역 발전에 실질적으로 기여할 수 있도록 사회에 책임지는 연구와 혁신을 추구하고 있다.

GIST는 KAIST, DGIST, UNIST, POSTECH과 함께 대한민국을 대표하는
이공계 특성화대학의 명성을 이어가고 있다.
2017년 매경–GIST 포럼 기조연설 중인 문승현 총장

세계가 인정한 연구개발 우수대학

GIST는 타 대학과 비교하면 짧은 역사에도 불구하고 세계적
수준의 연구성과를 기반으로 우리나라를 대표하는 과학기술특성
화대학으로 성장했다. 지역에 위치한 지리적 불리함을 극복하기
위해 일찍이 전공 분야 전 과목 영어강의와 외국인 교수 및 학생
유치 등 글로벌화에 힘을 쏟아 세계적인 이공계 전문대학으로 성
장했다. 오늘날의 성과는 우수 연구자를 유치하고 이들이 연구에
몰입할 수 있도록 최적의 환경을 조성한 결과라 할 수 있다.

GIST는 모든 신임교원에게 초기 정착 연구비를 지원하는 '스타트-업' 펀드 제도를 운영하며 임용일로부터 2회에 한해 업적 평가를 면제해 준다. 교수들에게는 연간 2~3과목으로 강의 부담을 최소화해주고 뛰어난 성과를 달성하면 특훈교수로 임명하는 등 혜택이 지원된다. 또한 미래 과학기술 발전의 주역인 학생들을 교수의 연구 파트너로 인식하고 학사·석사·박사과정 학생들이 연구에 적극적으로 참여할 수 있도록 보장하며 스스로 역량을 향상시킬 수 있도록 다양한 기회를 제공하고 있다. 대학원 학생들은 학업과 연구에 매진할 수 있는 환경에서 지도교수와 함께 100% 연구에 참여하고 있으며 학사과정 학생들도 언제든 희망하는 GIST대학원 연구실에 인턴 자격으로 참여할 수 있다.

아울러 '칼텍 SURF(하계 대학생 연구 프로그램) 교환학생' 프로그램을 통해 미국 칼텍의 교수와 함께 연구할 기회를 제공하는 등 다양한 프로그램을 마련하여 학생들이 참여할 수 있도록 돕고 있다. 대학마다 다른 학풍이 있는데 과학기술 분야 톱 스쿨로는 MIT와 칼텍을 꼽을 수 있다. GIST는 설립 당시 소수정예 교육과 작은 대학으로 과학기술 모든 분야를 다루기보다 기초과학과 기초기술 6~7개 분야에 선택과 집중하는 교육을 목표로 해 칼텍과 유사한 점이 많아 자연스럽게 지향점이 됐다. 수년에 걸쳐 칼

2017년 GIST를 방문한 파비앙 페논(Fabien PENONE) 주한 프랑스 대사

텍과 교환학생 프로그램뿐 아니라 연구 프로젝트를 공동으로 진행하고 있는데 세계적인 이공계 명문대학인 칼텍이 1대 1 공동연구 프로젝트를 진행하는 한국의 파트너는 GIST가 유일하다.

대학 · 대학원 유기적 연계와 융합인재 육성

학사과정인 GIST대학은 리버럴 아츠 칼리지(Liberal Arts College) 모델을 구현하여 전체 신입생을 학과·전공 구분 없이 기초교육학부로 선발한다. 리버럴 아츠 칼리지란 인문학, 사회과학,

어학 등 교양과목에 중점을 둔 학부중심 4년제 대학을 일컫는 말이다. GIST대학에 입학한 학생들은 수학, 물리 등 기초과학을 비롯해 인문학, 사회과학, 예체능 등 폭넓은 기초학문을 학습한 뒤 아무런 경쟁 없이 자유롭게 전공을 선택한다. GIST대학의 전공은 물리, 화학, 생명과학, 전기전자컴퓨터, 기계공학, 신소재공학, 지구·환경공학 등 7개 분야로 구성된다. 2017년 2학기부터는 7개 전공 분야에 인문학·사회과학, 에너지, 의생명공학 등 3개 분야를 추가해 기존 수학을 포함해 총 11개 분야에서 부전공을 선택할 수 있도록 했다. 이외에도 지능로봇, 문화기술 등 융합 관련 부전공을 개설하였다.

인문사회 분야 부전공은 졸업 후 학생들의 진로를 다양하게 확장하고 융합형 창의인재를 양성하겠다는 GIST대학의 철학이 담겨 있다. 뿐만 아니라 GIST대학 전공과정의 효율적 운영과 대학원에 의한 GIST대학 전공과정 책임 교육을 위해 이른바 '대학원의 GIST대학 전공책임 교육' 제도를 운영하고 있다. 이는 대학원이 학부나 학과에서 해당 전공을 책임 교육하는 제도로 GIST대학의 교육목적과 비전 및 운영방침에 맞게 대학원 교원에 의한 내실 있는 대학 전공 커리큘럼의 편성과 3·4학년 학부생이 대학원 연구실에서 연구에 참여할 수 있도록 유도함으로써 대학원 과

GIST 대학의 전공은 물리, 화학, 생명과학, 전기전자컴퓨터, 기계공학, 신소재공학, 지구·환경공학 등 7개 분야로 구성된다.

정과 연계한 효율적인 학사 운영을 목표로 한다. 이로써 자연스럽게 학사과정에서 대학원과정으로 이어지는 이공계인재 양성시스템을 운영하고 있는 것이다.

문승현 총장은 국가적으로나 지역적으로 GIST의 임무는 사회가 필요로 하는 우수한 과학기술인재 양성이라고 강조한다. 변화하는 시대가 바라는 인재는 융합인재다. 미래 산업에 적합한 여러 분야를 이해하고 합리적으로 통합하는 능력, 사회문제나 산업에 적용가능한 과학기술자를 육성하는 것이 GIST의 당면과제다.

또한 교수진이 개발한 우수한 연구 성과로 기술이전과 사업화를 돕고 새로운 산업과 일자리를 창출하며 나아가 지역경제 사회를 변화시키는 데 기여하고자 한다.

문승현 총장은 새 시대를 이끌 융합인재라면 어느 한 분야의 전문성을 바탕으로 기술적 연계성을 치밀하게 설계하는 능력과 정확한 시각을 갖고 있어야 한다고 조언한다. 대한민국 청소년들은 시대의 조류에 맞게 삶의 목표를 설정하고 그에 맞게 준비해 나가야 한다. 앞으로는 창의력과 문제해결 역량을 갖춘 융합인재가 더 필요하고 이러한 인재가 되려면 새로운 기술을 이해할 수 있도록 끊임없는 자기 훈련과 현장에서 오랜 경험과 노하우를 지닌 전문가의 교육이 뒷받침돼야 한다. 스스로의 역량을 향상시킬 수 있는 다양한 기회를 찾고 경험을 통해 융합사고 능력과 창의적 문제해결 능력을 갖춘 인재로 성장하라는 것이 그의 조언이다.

4차 산업혁명 시대 인재에게 필요한 능력은 이러한 융합교육을 통해 새로운 동향을 예측하고 단편적인 사실에서 결과를 도출해내는 능력과 자발성이다. 인공지능은 이미 인간의 두뇌를 넘어섰다. 기계가 인간보다 못하는 것이 바로 창의적 사고다. 다양한 분야의 융합 교육을 통해 통찰력과 사고력, 본질을 보는 능력까지 이른바 기계가 할 수 없는 인간만의 능력을 발달시켜 주기 위한 것이다.

우수한 연구실적의 창업 선도대학 지스트

GIST의 연구실적은 매우 우수한 수준이다. 우수 연구실적은 우수논문과 국내외 특허기술 이전 실적으로 나타나고 있다. 10개의 연구소기업과 20억 원에 근접하는 기술료 수입은 연구성과의 확산에서도 GIST를 선도대학으로 평가받게 해주는 지표다. 무엇보다 창업은 개인과 국가 경제에 새로운 기회라는 판단하에 창업 최우수대학이라 자부할 만큼 GIST는 창업에 지원을 아끼지 않고 있다.

GIST는 2017년 한국벤처창업학회, 한국창업학회, 한국창업보육협회 등으로부터 국내 4년제 대학 가운데 창업 인프라 부문 1위를 차지했다. GIST 창업진흥센터는 2000년 개소한 후 2015년 중소기업청 창업맞춤형사업화 지원사업 우수 주관기관으로 선정되었고 다양한 창업지원사업 운영실적을 인정받아 '2016년 창조경제 벤처창업대전' 창업활성화 분야 창업지원 단체 부문 미래창조과학부 장관 표창을 수상했다. 또 중소기업청이 실시한 창업보

GIST는 2017년 한국벤처창업학회, 한국창업학회, 한국창업보육협회 등으로부터 국내 4년제 대학 가운데 창업 인프라 부문 1위를 차지했다.

육센터 운영평가에서 2017년까지 총 13차례 최우수 평가(S등급)를 받을 정도로 창업 부문에서 탁월한 능력을 발휘하고 있다.

GIST는 단순 기술이전에 그치지 않고 실용화 단계에 필요한 추가 개발비를 지원해 창업으로 유도하고 있으며, 창업·기술이전 등을 통해 필요로 하는 인력과 기술을 공급, 지역경제에 활력을 불어넣고 있다. 4차 산업혁명이라는 거대한 메가트렌드에 적극적으로 대처하기 위해 2017년 GIST 과학기술응용연구단은 대한민국 최초로 일반시민 전문가들에게 연구소 우수기술을 공개

2016년 GIST는 노벨 아마노 첨단 LED 연구센터를 개소하였다.

하여 연구실기반 기술사업화 프로그램인 IPP(Innovator Participation Program)를 통한 사업화를 시도하였다.

GIST의 기술전문가 그룹인 LAB(연구실)에서 그동안 축적한 과학기술 성과물을 일반시민 전문가 그룹에 공개하고, LAB과 함께 추가적인 기술개발과 해당기술이 활용될 수 있는 산업분야와 비즈니스모델을 공동으로 기획하고 있다.

뿐만 아니라 교원과 학생 창업을 적극 권장하고 있으며, 현재 연구소기업 12개가 운영 중이다. 특히 GIST 창업보육센터에 입주한 애니젠은 국내 유일 펩타이드 신약을 개발하는 업체로,

생명과학부 김재일 교수가 지난 2000년 설립한 교수창업 기업이다.

애니젠은 독자적으로 개발한 펩타이드 바이오 소재 공정개발 및 품질관리 기술을 바탕으로 기존 수입에 의존했던 펩타이드 바이오 소재를 국산화하고 우수한 품질 및 가격 경쟁력을 기반으로 수많은 지적재산권과 R&D 노하우를 확보해 왔다. 독자적인 펩타이드 바이오 소재 및 신약 개발 기술력을 바탕으로 2016년에는 코스닥 시장에 상장되었다. 애니젠은 신약 후보물질에 대한 저극저인 R&D 투자와 세계화 전략을 수립하여 국제적인 경쟁력을 확보하며, 지속적인 성장이 가능한 한국형 바이오 벤처기업의 성공적이고 이상적인 모델을 제시하고 있다.

4차 산업혁명의 엔진, 인공지능 중심대학

세계는 지금 4차 산업혁명이라는 거대한 시대적 전환을 맞이하고 있다. 인공지능은 4차 산업혁명의 엔진이다. 새로운 변화의 시대에 GIST는 인공지능을 통해 어떤 문제를 해결할 것인지 찾고 도전한다. 특히 인공지능으로 사라질 직업과 일자리는 다시 인공지능을 통해 새로운 일자리가 창출되는 선순환구조로 연결대야 하고 이것을 위해 연구와 교육이 혁신돼야 한다. 결국 창업과 창직을 통해 새로운 사회적 가치를 만들어 내는 것이 필요하다.

4차 산업혁명 시대에 좀 더 능동적이고 적극적으로 대응하기 위해 GIST는 2015년 융합기술원을 설립하여 융합기술과 인재양성에 힘쓰고 있다. GIST 융합기술원은 창의적 융합인재 양성을 통한 미래 신산업 창출과 지역경제 활성화 선도를 목적으로 의생명공학과와 융합기술학제학부 산하 에너지, 문화기술, 지능로봇 프로그램 등을 운영하고 있다.

GIST는 지난해부터 광주광역시와 함께 대선 공약으로 인공지능 기반 과학기술창업타운 조성사업을 추진하고 있다. 이와 관련해 AI 연구원 설립과 AI 기반 캠퍼스 조성 등 인공지능 개발 및 활용에 있어 GIST의 역량을 결집·강화하고 있다. 무엇보다 인공지능 분야 세계 최고역량을 갖춘 Global R&D 허브로 도약하기 위해 과학기술 R&D 역량을 키우고 도전적·창의적 인재양성과 일자리 창출을 위한 미래도시 모형을 구상하고 있다. 궁극적으로 GIST의 우수한 연구성과와 교육혁신을 통해 국가발전에 기여하고 새로운 사회적 가치를 창출하는 것이 목표다. 흔히 인공지능은 4차 산업혁명의 엔진이라고 이야기한다. 그만큼 인공지능이

광주MBC 창사 53주년 특집 토론

전라도
새로운 천년을 그리다
제2부 새로운 성장에너지, 전라도

사회자
김낙곤
광주MBC
보도국장

토론자
장병완
국회
산업활성화특별위원장

조환익
前한국전력
사장

문승현
광주과학기술원
총장

문승일
서울대학교 전기공학
전기정보공학부 교수

2017년 11월 30일(목) 오전 9시
광주MBC 공개홀

방송/12월 10일(일) 오전 7시

GIST는 광주전남권의 지역경제 활성화와 국가의 지속가능한 성장을 위한 견인차 역할을 성실히 수행하고 있다.

중요하고 미래산업의 핵심적인 역할을 할 것은 자명하다.

GIST는 연구성과가 캠퍼스 안에 머물지 않고 인류 복지에 기여할 수 있도록 미래기술 예측에 도움이 되고자 한다. 또 R&D 성과 창출 및 기술사업화, 창업 활성화를 통해 새로운 일자리 창출에도 기여할 전망이다. 앞으로 AI중심의 창업단지가 조성되면 GIST의 우수한 연구 성과가 사업화와 창업, 인재 양성으로 연결되는 선순환 체계로 구축될 전망이다. 이러한 창업 생태계를 통해 융합형 과학인재 양성과 첨단기술 기반 혁신기업 육성으로 새로운 산업과 우수 일자리를 창출하고자 한다. 아울러 지역경제 활성화, 나아가 국가의 지속가능한 성장을 위한 견인차 역할을 성실히 수행하여 광주전남권을 비롯해 전 국민을 위한 교육·연구기관으로 한 단계 더 도약할 계획이다.

사람 중심의 과학기술을 하는 GIST

대학이 미래를 준비하지 않는다면 사회적인 책무를 다하는 교육이라 말할 수 없다. GIST는 변화를 선도하는 연구중심대학이 될 것이다. 그동안 과학기술자들은 만들어진 문제를 해결하는 데에만 익숙해져 있었다. 이제는 인류의 보편적인 문제에 도전하는 용기가 필요하다. 과학자 그들만의 리그가 되어서는 안 된다. 사회가 무엇을 고민하는지 확인하고 그 문제를 해결해야 모든 사람이 행복해질 수 있는 과학기술이 되는 것이다.

과학기술은 근본적으로 국가 기능을 강화하고 국민 삶의 질을 개선하는 데 기여해야 한다. 과학기술이 지향하는 목적은 결국 인간을 향하고 있기 때문이다. 때문에 사람이 행복한 사회, 사람 중심의 세상이 되기 위해 과학기술 발전이 필요한 것이다. 4차 산업혁명 시대에 대비하고 새로운 미래 성장동력을 창출하기 위해서는 융합적 사고를 가진 과학기술 인재 양성이 무엇보다 중요

2017년 GIST는 로이터통신이 발표한 '아시아 최고 혁신대학 Top75'에 선정되었다.

하다. 현재 GIST 학부과정에서 '리버럴 아츠 칼리지'와 '미러 투 윈도(Mirror to Window)' 즉 평면의 폐쇄 공간인 거울을 보는 것에 머물지 말고 창 너머의 더 넓은 시각을 바라보는 확장된 사고와 열린 교육을 지향하는 것도 바로 이 때문이다. 이러한 교육은 넓은 시야를 가지고 타 분야와의 융합교육을 통해 사고를 확장하고 문제해결 능력과 협동심을 기르는 데 도움이 된다.

　문승현 총장은 과학문명과 경쟁으로 서서히 잃어가는 휴머니즘의 회복이 필요하다고 주장한다. 단기적으로 과학기술을 중심으로 한 정책이, 장기적으로는 사람을 중심으로 한 정책이 필요하다는 것이다. 기업 및 산업 관련 기관들이 과학기술 개발을 중심으로 미래의 계획을 세워나갈 때 대학은 교육을 통해 혁신적이고 창의적인 인재를 키워내야 한다. 기술 중심의 과학기술 정책은 짧은 시간에 성과가 드러나지만 사람 중심의 정책은 오랜 시간이 필요하기 때문이다.

66

과학기술이 지향하는 목적은
결국 인간을 향하고 있다. 행복한 사회,
사람 중심의 세상이 되기 위해
과학기술이 발전이 필요한 것이다.

99

회장

박기출

World-**OKta**

세계한인무역협회(World-OKTA)

학력
홍익고등학교 졸업
울산대학교 건축학과 졸업
서강대학교 카톨릭경영자과정 졸업

경력
군복무(ROTC)
쌍용건설 입사
Permastlisa Pte, Ltd Asia Pacitic Director 역임
세계한인무역협회(World-OKTA) 싱가포르 지회장
싱가포르 한국학교 이사
싱가포르 한인 상공회의소 수석부회장
세계한인무역협회(World-OKTA) 제16대 수석부회장
싱가포르 한인회 회장 역임
C.N.A Manufacturing Sdn Bhd社 설립(現)
㈜셀맥인터내셔날 설립(現)
AUTOCOM社 설립(現)
DK-RUS社 설립(現)
PG AUTOMOTIVE HOLDINGS PTE.LTD 회장(現)
㈔세계한인무역협회 제18, 19대 회장(2014. 11 ~ 現)

상훈
2008 제35회 상공의날 대통령 표창
2011 제48회 무역의날 대통령 표창
2012 월드코리안 대상(리더십 부문)
2016 대한민국 글로벌 리더 선정(국위선양 부문)
2018 대한민국 공감경영대상 수상(지속가능경영대상)

World-**Okta**

37년 역사 글로벌 한민족 경제 네트워크의 요람

현재 월드옥타는 전 세계 **74**개국 **146**개 도시에 지회를 두고 있는
대한민국 최대의 재외동포 경제단체다.

세계한인무역협회(월드옥타)는 1981년 4월 2일 서울국제교육전
에 참가하기 위해 16개국에서 모인 102명의 재외동포 무역인들
은 모국투자, 동포무역인 육성, 모국과의 수출입 거래 활성화 등
모국 경제발전에 기여하기 위해 세계교포무역인연합회를 구성하
고 매년 모국에서 총회를 개최하는 데 합의하면서 시작되었다.

월드옥타는 창립 이래 모국상품 구매단을 운영하며 한국 상품
을 직접 수입해 현지시장에 유통시켜 우리 상품의 해외 진출을

지원해 왔으며, 현재에도 글로벌 마케터 등 해외 한인 네트워크를 활용하여 모국의 상품을 해외 알리는 등 중소기업 해외 진출의 첨병으로서 대한민국 경제와 함께해 오고 있다. 또한 중국의 화상, 유대인의 유대상, 인도 인상과 더불어 세계 속에 한민족 경제공동체를 구성하고 네트워킹을 실현하고 있다.

현재 월드옥타는 전 세계 74개국 146개 도시에 지회를 두고 있으며 7천여 명의 정회원과 2만여 명의 차세대 회원과 함께하는 대한민국 최대의 재외동포 경제단체다.

월드옥타의 꽃 세계한인경제인대회

세계한인무역협회 주요사업 중 가장 대표적인 것은 세계한인경제인대회다. 전 세계를 무대로 활동하는 해외 한인 경제인들이 '세계 속의 한민족, 하나 되는 경제권'이라는 슬로건 아래 모여 한민족 경제 네트워크 구축과 모국상품 해외시장 진출 지원, 해외 차세대 및 국내청년 일자리 창출 지원 방안을 심도 있게 논의하는 대회다. 매년 1,000여 명의 회원이 한자리에 모이는 연중 최대 규모 행사로 짝수 해에는 국내에서 홀수 해에는 해외에서 격년으로 개최되고 있다. 국내에서 개최 시 대회가 열리는 지

세계한인경제인대회는 '세계 속의 한민족, 하나 되는 경제권'이라는 슬로건 아래
한민족 경제 네트워크 구축하는 자리다.

역에 소재한 중소기업과의 수출상담회 및 해외시장진출 컨설팅
상담회를 함께 개최하며 모국 중소기업의 해외시장 진출을 돕고
있다.

세계대표자대회 및 수출상담회는 세계한인무역협회 74개국
146개 지회 지회장, 상임이사와 협회 임원 등 대표자급 회원들이
참여하는 행사다. 세계대표자대회는 국내 주요 지자체에서 개최
하여 해외한인경제인들의 네트워크와 국내 지자체의 교류를 유
도한다. 이를 통해 지역경제 활성화를 비롯한 중소기업의 수출
활성화, 지역 청년 일자리 창출 등을 위한 방안을 협의하는 행사

로 매년 700~800여 명이 참가하고 있다.

지역경제인대회는 지역 회원 간 단합과 비즈니스 네트워크 활성화를 위해 세계한인무역협회 지회에서 대륙별로 개최하는 대회다. 주로 새롭게 부상하는 시장 혹은 글로벌 경제트렌드의 변화를 주도하는 지역에서 개최돼 왔다. 개최지역과 한국을 연결하고 모국경제 발전에 기여하는 실질적인 프로그램을 중심으로 열리고 있다. 지역경제인대회는 지자체 및 각 유관기관에서 대회 일정에 맞춰 현지 대회에 참관 혹은 시장개척단의 형태로 참가하고 있다.

월드옥타는 정부기관과의 경제 협력 파트너로 성장하여 다양한 해외진출 교두보 역할을 수행하고 있다. 이는 국내 중소기업의 글로벌화가 수출증대에 기여할 뿐 아니라 대한민국의 경제영토를 확대하는 중장기적인 성장과 미래가치를 창출하는 의미가 있다.

수출지원 사업은 글로벌 마케터, 해외지사화사업, 수출친구맺기 지원사업, 수출새싹기업 지원, 글로벌기술사업화 협력센터사업, 지자체 및 기관협력 수출지원 등 다양한 형태로 운영된다.

글로벌마켓터사업은 전 세계에서 활동하는 수출지원 전문가 회원으로 구성하여 해외 시장대응, 상담, 인증취득, 계약에 이르기까지 수출의 A to Z One Stop 지원을 제공하는 사업이다. 2017년 기준 53개국 92개 도시에서 692명의 협회 회원이 마케터로 참여하였으며 국내 1,100개 중소기업의 지사 역할을 수행해 실제로 210만 달러의 수출계약과 연간 파트너십 계약을 체결했다.

수출친구맺기 사업은 국내 지역기업과 월드옥타 한인 경제인 네트워크 기반을 구축하여 상호 매칭을 통한 친구관계 형성 지원 및 수출을 위한 후속지원 사업이다. 월드옥타는 수출친구맺기 사업을 통해 협회 회원 752명이 국내기업 962개사와 친구를 맺어 2천 340건, 390만 달러의 계약실적을 올렸고 청년 글로벌 창업 전문화와 해외 일자리 창출 지원을 위해 '글로벌 차세대 무역스쿨'을 15개 지회통합 개최 및 총 1,554명의 수료생을 양성했으며, 국내에서 해외참가 28개국 60개 지회 110명, 국내 대학생 29명과 함께 진행하기도 했다.

해외 한인 네트워크를 활용하는 모국 청년 일자리 창출

한인기업 해외 일자리 창출은 해외한인 네트워크를 활용하여 해외진출을 희망하는 국내 청년에게 해외기업 문화 습득 및 취업

현재 월드옥타는 전 세계 **74**개국 **146**개 도시에 지회를 두고 있는
대한민국 최대의 재외동포 경제단체다.

의 기회를 제공한다. 이를 통해 청년 취업을 도움으로써 국내 청

년일자리 문제 해결에 일조하겠다는 취지다.

차세대무역스쿨은 현지어에 능통하고 현지문화에 익숙한 재

외동포 1.5~4세대를 대상으로 무역실무와 더불어 한민족 정체

성 및 애국심을 고취시키는 교육 프로그램이다. 차세대무역스쿨

은 월드옥타의 미래이자 대한민국의 중요한 인적자산인 미래의

경제 주역을 육성하고자 재외동포 차세대경제인을 발굴하는 사

업이다. 지난 2003년 시작하여 올해로 16년째 시행하고 있는 협

회의 대표 사업이다. 차세대 무역스쿨은 해외 현지와 모국방문

교육으로 나누어 운영하고 있으며 해외현지교육은 매년 5월부터 8월까지 해외 현지의 지회에서 예비창업자들을 대상으로 진행하고 있다.

모국방문 교육은 해외 현지 교육 수료자 중 우수한 인재들을 모국에 초청하여 6박7일 일정으로 경제와 무역 전문가를 육성하는 심화 과정으로 운영하고 있다. 이 기간 중 한국 중소기업의 아이템을 수출하는 현지화 프로젝트도 진행하고 현지 창업도 할 수 있도록 적극 지원하고 있다.

월드옥타는 정부 과제에 앞장서 해외 한인 네트워크를 활용하는 국내 청년들의 해외 취업 지원 프로그램으로 오는 4월 'OKTA 1회원사-1모국 청년 해외취업' 발대식과 함께 전 세계에 나가 있는 회원들이 국내 대학생 및 구직자들의 해외 진출 지원에 나선다.

박기출 월드옥타 회장은 "문재인 정부가 출범하면서부터 내세운 청년 일자리 창출에 전 세계 경제공동체 네트워크를 구축한 월드옥타가 앞장서기로 뜻을 모았다"며 "이는 전 세계에 한민족 경제 영토를 넓혀 모국 경제발전에 기여한다는 우리의 설립 이념과도 맥을 같이하는 사업"이라고 밝혔다.

더 큰 도약 & 더 큰 발전 18, 19대 회장 박기출

2014년 10월부터 월드옥타를 이끌어오고 있는 박기출 회장은 지난 2017년도 재임에 성공하여 세계한인무역협회를 이끌고 있다. 박기출 회장은 세계를 무대로 활동하는 기업가다.

책상 앞에서 생각하기보다는 현장에서 답을 찾는 것이 그의 습관이다. 그 때문인지 2015년부터 현재까지 그가 한 주요 활동도 전 세계의 회원의 현장을 직접 다니며 눈으로 확인하는 것이다. 그렇게 협회를 이끌고 있는 박기출 회장은 "우리 협회의 네트워크가 실로 어마어마하다는 생각을 했고 이를 더욱 잘 이어나가야 한다는 사명감도 생겼다"고 말했다.

월드옥타는 초창기에는 해외 경제인 네트워크 기반을 구축하였고 중반기에는 네트워크를 기반으로 국내 중소기업의 해외 진출의 교두보 역할을 통해 모국 경제발전에 보은하였다. 이제는 중소기업의 해외진출 지원과 더불어 해외 일자리 창출에 우리의 역량을 집결시켜야 한다는 것이 그의 생각이다.

최근 대한민국은 인구 구조적 문제, 그리고 산업의 고도화가 겹치면서 청년들의 좋은 일자리 마련에 많은 어려움을 겪고 있는 상황에서 우리 협회가 지금 해야 할 일은 대한민국이 가장 필요

전 세계에 나가 있는 회원들이 국내 대학생 및 구직자들의 해외 진출 지원에 나선다.

로 하는 국내 청년 일자리 문제를 해외에서 양질의 일자리를 창

출해 주는 것이며 우리 회원사 한 분 한 분이 모두 해외에게 기업

을 하시는 대표이시기에 가능할 것입니다.

협회는 2018년 모든 회원들의 뜻을 모아 1회원사 1모국청년

채용 및 해외진출 지원을 선포하면서 향후 3년간 500명의 모국

청년을 우리 회원사들이 직접 채용하고 교육하며 현지정착 지원

을 목표로 출발한다는 계획을 세우고 있다.

박기출 회장은 2018년 남은 임기 "우리 협회의 해외 한인 네

트워크를 최대한 활용하여 국내 청년 일자리 문제 해소와 더불어

월드옥타를 이끌고 있는 박기출 회장은
지난 2014년 10월부터 세계한인무역협회를 이끌고 있다.

모국 경제 발전 그리고 회원 여러분의 성장이 함께하는 상생발전
이 되도록 최선을 다하겠다"는 각오를 밝히고 있다.

세계한인무역협회는 37년의 역사를 자랑한다. 재외동포 경제
단체 중 가장 긴 역사와 강력한 네트워크를 자랑한다. 2018년 협
회는 가장 잘 할 수 있는 3가지 사업을 메인으로 하여 과감한 사
업을 진행할 계획이다.

첫째는 국내 중소기업의 해외시장 진출 창구와 해외에 있는
협회 회원사의 모국진출 거점이 될 것이다. 둘째는 국내 청년과
한인청년들을 글로벌 인재로 성장시키고 해외 일자리 창업과 취

업을 지원하는 사업이다. 끝으로는 글로벌 한민족 경제공동체를
선도하여 더욱 확장된 한민족 경제네트워크를 구축하는 일이다.

박도봉

알루코

알루코그룹

경력

1988	장안종합열처리 설립(현 ㈜케이피티유)
1994 ~ 2000	한국열처리공학회/이사(부회장)
1995	㈜케이피티유 회장
1998	산업통상자원부 기술개발기획평가단/평가위원
2002	알루코그룹 회장(구 동양강철그룹)
2004 ~ 2006	한국열표면처리 연구조합/이사장
2005	㈜현대알루미늄 회장
2005	㈜고강알루미늄 회장
2006 ~ 2008	한국알루미늄압출공업협동조합/이사장

상훈

1994	중소기업진위향상 및 국가발전/상공자원부장관
1998	제6회 열처리경진대회/국무총리
2006	석탑산업훈장/대통령
2008	감사장/행정안전부장관
2010	한빛대상/대전MBC 한화
2010	최고경영자대상/대한경영학회

알루미늄 세계 1위 꿈꾸는 히든챔피언

알루코그룹은 60년 역사를 자랑하는 동양강철이 지난 2015년 사명을 바꾸면서 처음 세상에 그 이름을 알렸다.

알루코그룹은 60년 역사를 자랑하는 동양강철이 지난 2015년 사명을 바꾸면서 처음 세상에 그 이름을 알렸다. 알루코와 현대 알루미늄, 고강알루미늄, 알루텍, KPTU, 현대알루미늄VINA 등 8개 계열사를 가진 그룹이자 연매출 1조 원 규모의 기업으로 산업용 알루미늄 부품·소재·압출 분야에서는 국내 최고로 평가받는다.

최근에는 연구개발(R&D) 투자를 확대하고 고부가가치 신소재 사업 아이템을 지속적으로 발굴, 개발하는 등 2020년 세계 제일 글로벌 기업으로 도약하기 위한 발 빠른 행보를 보이고 있다.

상장폐지 딛고 흑자기업 일군 뚝심

알루코의 전신인 동양강철은 2002년 IMF 외환위기 당시 법정 관리 상태였다. 그런 기업이 지금은 연 매출 1조 원대 흑자 기업 으로 변신했다. 이와 같은 비약적인 발전은 CEO 박도봉 회장의 뚝심이 있었기에 가능했다.

알루코는 1956년 설립된 충청권 향토기업이다. 1980~1990년 대 국내 건축용 알루미늄 창호 수요가 늘어나자 관련 사업을 하 며 업계를 선도하기도 했지만 1998년 이후 외환위기로 인한 경 기불황, 건설경기의 침체 등으로 상장 폐지되는 어려움도 겪었 다. 하지만 지금 CEO인 박도봉 회장은 인수 후 강도 높은 구조 조정과 개혁 드라이브를 통해 경영을 정상화하는 데 성공했으며 2007년 한국거래소에 재상장하며 뚝심을 인정받았다.

서울올림픽이 열리던 지난 1988년 박도봉 회장은 창업의 꿈을 품고 1인 열처리회사를 차렸다. 당시 전 재산이나 마찬가지였던

알루코는 1956년 설립된 충청권 향토기업으로, 2002년 IMF 외환위기를 극복하고 지금은 연 매출 1조 원대 흑자 기업으로 변신했다.

돈으로 차린 열처리업체 '케이피티유(KPTU)'에 그는 모든 것을 쏟아부었고 2002년 코스닥에 상장시켰다. 같은 해 법정관리 상태였던 동양강철을 인수해 재상장까지 성공시켰다. 상장폐지됐던 기업이 재상장한 것은 한국거래소 설립 이후 최초였다.

박도봉 회장은 "동양강철이 2002년 4월 상장폐지됐을 당시 동양강철의 10분의 1에 불과한 KPTU를 경영하고 있는 상황에서 인수제안이 들어왔었다"며 "당시 세계적인 알루미늄 기업도 부실한 사업구조와 불안정한 건설경기로 동양강철을 포기했었지만 알루미늄을 산업용으로 다각화하며 승산이 있다고 확신해 인수를 결정했고 그 선택이 오늘의 알루코를 만들었다"고 말했다.

기술역량 강화에 집중 투자

박도봉 회장은 동양강철 인수 후 경쟁이 치열해 수익성이 떨어지던 국내 건축물 창호용 알루미늄 자재 부분의 사업 비중을 대폭 줄였다. 대신 수요가 급증하고 있던 첨단산업용 부품소재 위주로 사업구조를 개편했다. 박도봉 회장은 "최근에는 제품의 내구성과 운영 효율성을 높이기 위해 소재의 경량화를 추구하고 있는 것이 트렌드인데 여기서 주목받고 있는 것이 가볍고 강도가 높은 알루미늄"이라며 "이에 알루코는 고부가가치 부품 소재 생산능력을 확충해 공급을 확대하고 제품을 늘려가는 중"이라고 전했다. 이어 박 회장은 "이를 위해서는 끊임없는 R&D에 대한 투자가 필요한 만큼 R&D 역량강화에 집중하고 있다"고 강조했다.

실제 알루코는 자동차 경량화용 부품, 철도차량 경량화용 부품, 선박용 경량 LNG 저장탱크 모듈 등 녹색산업용 고부가가치 소재부품 개발에 투자를 아끼지 않고 있다. 동양강철 인수 후 알

알루코는 자동차 경량화용 부품, 철도차량 경량화용 부품, 선박용 경량 LNG 저장탱크 모듈 등 녹색산업용 고부가가치 소재부품 개발에 투자를 아끼지 않고 있다.

루미늄 압출업계 최초로 중앙연구소를 설치했으며 독일, 스웨덴 일본 등 선진국을 모델로 삼아 그들이 소유한 첨단기술에 대한 연구와 벤치마킹을 통해 알루미늄 제품 제조 관련 100여 건의 국내 특허를 확보했다. 이러한 노력의 결과 알루코 전체 매출의 30% 이상을 TV, 스마트폰 등 전자부품 소재가 차지할 정도로 사업 다각화에 성공했다. 또한 자동차 등 수송기계 경량화와 전기자동차의 시대가 다가올 것을 대비하여 글로벌 자동차 업체와 손잡고 알루미늄 소재를 이용한 자동차 부품 개발과 제품화에 대한 R&D 역량을 집중하고 있다.

박도봉 회장은 알루코가 현재와 같이 성장한 데에는 삼성전자의 협력이 큰 도움이 되었다고 말했다. 어려운 시절 베트남에 공장을 건립하고 건축 부분의 커튼월사업을 진행하던 중에 삼성전자의 소재개발을 하게 됐고 삼성전자의 도움으로 소재개발을 양산에 접목하게 됨으로써 당사의 어려움을 극복할 수 있었다고 말했다. 또한 최근 고강도 알루미늄 신소재 개발에 공동의 노력을 기울여 성공을 거둠으로써 사업에 더욱 박차를 가하고 있다고 말하며, 이것은 대기업의 협력을 받아 중소기업이 동반성장하는 좋은 표본이 될 것이라고 말했다.

스마트단지 만들어 그룹 시너지 극대화

알루코는 그룹 숙원사업이었던 논산 스마트단지를 2016년 준공하고 본격 가동에 들어갔다. 2012년 3월 착공 이래 총 569억 원을 투입한 프로젝트다. 1단계로 2014년 6월 현대알루미늄 생산라인을 완공한 데 이어 2단계로 2016년 7월 최첨단 설비와 공법을 갖춘 알루텍 알루미늄 주조라인 생산을 개시하면서 1차 첨단 스마트단지를 완성한 것이다.

알루코는 인근의 양지2농공단지 외 가야곡2농공단지(면적 30만

알루코 아산공장은 반도체 · 디스플레이 장비제조 및 성능개조 · 개선을
전문사업 분야로 하여 반도체 장비를 공급하고 있다.

여㎡)에도 알루미늄 종합 스마트단지를 2020년까지 구축할 계획
이다. 박도봉 회장은 "첨단 스마트단지 조성은 그룹의 숙원사업
이었다. 그룹 계열사들은 모두 알루미늄 압출 산업의 한 부분을
담당하고 있지만 각 계열사가 전국에 산재돼 있다 보니 물류상의
비효율 등 성장에 한계가 존재했기 때문"이라며 "이를 해결하기
위해 분산된 계열사들을 일원화할 수 있는 산업단지가 필요했다.
계열사들이 집결되면 충남 논산은 한국 알루미늄산업의 메카로
자리 잡게 될 것"이라고 밝혔다.

한편 알루코는 최근 태양광 발전사업으로도 영역을 확장했다. 알루코의 계열사인 현대알루미늄은 지난 4월 충남 논산 알루텍 스마트단지에서 500kW급 지붕형 태양광발전소 설치 기공식을 갖고 태양광 발전 EPC(설계·구매·시공) 사업에 본격 진출했다.

현대알루미늄은 태양광발전 시장에서 모듈 및 인버터 가격이 최근 지속 하락해 태양광설비 전체 원가구조에서 구조물과 엔지니어링, 시공이 차지하는 비중이 상승함에 따라 모기업인 알루코로부터 알루미늄 태양광모듈 프레임 및 거치대 등 구조물 소재를 공급받아 발전설비 설계, 구매, 시공으로까지 사업영역을 확대키로 했다. 알루코는 그동안 알루미늄 소재의 태양광 모듈 프레임, 거치대 등을 국내외 태양광업계에 공급해 왔다.

박도봉 회장은 "우선 산업용 분야에서 알루미늄 구조물 중심의 태양광 발전 EPC사업을 개시해 올해 총 13MW, 200억 원 규모 매출을 달성할 것"이라며 "실적을 축적해가며 단계적으로 사업영역을 정부보급사업, 태양광 대여사업으로까지 확대할 예정"이라고 말했다. 현대알루미늄은 태양광 발전사업을 신성장 아이템으로 육성해 2020년 500억 원, 2022년까지 3,000억 원까지 사업 규모를 키워나갈 계획이다.

알루코는 2017년 12월 반도체 및 디스플레이 장비·부품사업

진출을 위해 FA(Factory Automation) 사업본부를 설립했다. 이후 시장 조기진입·점유율 확대를 위해 ㈜뉴원이앤씨 아산공장을 인수했다. 알루코 아산공장은 반도체·디스플레이 장비제조 및 성능개조·개선을 전문사업 분야로 하여 ㈜SEMES 등에 반도체 장비를 공급하고 있다.

알루코는 이번 인수를 통해 반도체·디스플레이 장비 제조 및 설계 기술 특허와 기술인력 확보, 신규투자 시기 단축, 거래처 확보 등 신규시장에 최단시간에 진출할 수 있는 토대를 마련했다. FA사업본부는 기술개발을 통해 반도체 부문 이외에 자율주행차 및 사물인터넷(IoT) 부문까지 사업영역을 확대할 계획이다.

│ 글로벌 제패 위해 제2의 창업 선언

1956년 동양강철 창립 후 60년째를 맞은 2016년, 알루코는 '제2의 창업'을 선언하고 알루미늄 분야 글로벌 최고 기업으로 거듭나겠다는 비전을 발표했다. 박도봉 회장은 "2020년까지 알루미늄 글로벌 넘버원 기업으로 도약하기 위해 제2의 창업에 나선다는 마음가짐으로 알루코그룹 8개 계열사에 속해 있는 직원들, 고향과 국가, 그리고 가족을 위해 최선을 다해 노력하겠다"고 밝했다.

알루코는 글로벌 최고 기업으로 도약하기 위한 발판으로 3대 분야 11개 과제를 선정했다. 3대 분야는 매출·영업이익 확대, R&D 생산관리, 글로벌 경영환경 조성이다. 11개 과제로는 매출 3조 원 달성, 영업이익 3,000억 원 달성, 비즈니스 포트폴리오 다각화, 신용평가등급 'AA' 획득, 미래신성장 아이템 개발, 공정개선과 품질혁신, 논산 첨단스마트단지 조성, 안정적인 원자재 확보, 글로벌 네트워크 구축, 글로벌 경영체계 확립, 선진 IT인프라 구축 등이 선정됐다.

알루코가 이처럼 공격적으로 미래 비전을 선포한 배경에는 알루미늄 원자재 생산부터 부품사업에 이르기까지 알루미늄과 관련된 모든 시스템을 자체적으로 갖췄다는 자신감이 있다.

알루코는 계열사 중 고강알루미늄, 현대알루미늄VINA 등의 생산공장에서 알루미늄 원자재를 직접 생산한다. 현대알루미늄에서는 알루미늄 커튼월 및 거푸집 사업을, KPTU에서는 알루미늄 압출을 위한 금형사업을 각각 한다. 또 알루텍에서 원자재인 빌릿 생산을 도맡아 하고 있다. 알루미늄 사업을 진행하기 위한 모든 조건을 갖추고 있는 셈이다. 최근 TV LCD 프레임 및 모바일 프레임 등 알루미늄 부품사업이 활성화되면서 알루미늄 전문

🖱 **기본정보** 철저한 품질 경영으로 고객만족을 극대화 합니다.

1 LCM이란? (Liquid Crystal display Module)
> 액정과 PCB가 실장된 Panel을 Backlight에 안착 후 Top-Chassis를 체결하여, LCD TV Module 완제품 단계의 최종공정을 말한다.

2 BLU란? (Back Light Unit)
> TFT-LCD는 비 발광성이기 때문에 디스플레이 정보구현을 위해서는 별도의 발광장치 (광원) 가 필요함.
이 발광장치가 바로 Back Light Unit (BLU) 임.

최근 **TV LCD** 프레임 및 모바일 프레임 등 알루미늄 부품사업이 활성화되면서
알루미늄 전문기업으로서의 위치를 확고히 다지고 있다.

기업으로서의 위치를 확고히 다지고 있다.

박도봉 회장은 "알루미늄 부품의 중요성은 날이 갈수록 커지고 있는 상태다. 각 분야에서 국산화 기술로 개발해 경량화 부품에 적용하는 흐름 때문이다. 특히 알루미늄 압출산업은 건설소재

에서 벗어나 수송기계 및 전기전자 등의 분야에서 대규모 수요가 폭발적으로 증가하고 있는 추세"라며 "알루코는 이러한 알루미늄 산업의 변동상황을 예측해 성장가능성이 가장 크다고 판단되는 산업용 압출재 분야에서 기술 및 가격 경쟁력을 확보하고, 고부가가치 제품을 생산하기 위한 양산 기반 확보를 목표로 다양한 연구개발을 진행하고 있다"고 설명했다.

알루코는 올해 R&D 투자를 보다 확대하고 이를 통해 고부가가치 신소재 사업 아이템을 계속 발굴할 방침이다. 기존 사업의 경쟁력 유지를 위한 노력도 강화할 예정이다. 건축용 창호 제품의 고급화 및 다양한 신모델 출시 등을 통해 상품성을 제고하고 시장 점유율을 확대할 계획이다.

4차 산업혁명 대비 전사적 혁신과 스마트공장 모델정립

알루코는 국제적인 경쟁이 점점 치열해지고 제품의 다양화에 대한 요구가 높아지고 있는 알루미늄 압출 산업에 있어서, 생산의 자동화, 효율화, 및 유연화는 필수적임을 인식하고, 전사적 자원관리 시스템(ERP)과 생산관리 플랫폼(MES)을 연계함으로써 전사적인 투명성을 확보하고 이를 통해 영업, 구매, 생산의 유기

현대비나 전경. 알루코는 스마트 공장의 모델을 정립함으로써
제조업 4차 산업혁명에 선도적으로 대비하고 있다.

적인 프로세스 혁신을 통하여 효율을 향상시키기 위한 전사적 혁
신을 진행하고 있다.

올해 4월부터 베트남 현지법인에 SAP S/4 HANA ERP시스
템을 실행하고 금년 12월까지 국내 그룹사에도 ERP시스템을 도
입하여 실행할 계획이다.

알루코는 전사적 자원관리 시스템(ERP) 구축으로 전사적인 의
사소통이 투명하게 이루어지고, 이는 생산으로 바로 연계되어,
전사적인 원가절감, 품질향상, 고객납기 준수가 용이해진다. 이
를 통해 다양한 제품을 시장 상황에 맞게 적시에 공급하며 이로

인한 수익을 극대화할 계획이다. 또한 스마트 공장의 모델을 정립함으로써 제조업 4차 산업혁명에 선도적으로 대비하고 있다.

사회공헌으로 지역사회에 환원

알루코는 회사가 위치한 지역의 인재를 우선 채용하고 지역 대학과 활발한 산학 협력활동은 하는 등 사회공헌활동도 다양하게 펼치고 있다. 박도봉 회장은 "기업이 이익만 추구해서는 안 된다는 생각으로 사회구성원의 일원으로서 사회적 책임을 통해 지속가능한 사회를 만들고자 최선과 노력을 다하고 있다"고 전했다.

알루코는 목원대학교와 베트남 하노이 인문사회대학교 학생을 대상으로 매년 1,800만 원의 장학금을 지원하고 있으며 베트남 유학생의 학비 및 국내 생활비도 지원하고 있다. 그룹 내 '한울타리 봉사단'과 '여우회'(알루코 여직원봉사모임) 등 봉사단체도 운영되고 있다. 각 봉사단은 보육원 봉사활동, 사랑의 김장나누미, 사랑의 연탄나누기, 1사 1촌 활동 등의 봉사활동을 펼치고 있으며 지역사회에서 사랑의 쌀나누기, 사랑의 자전거 기탁, 대전·충남지역 이웃돕기 성금 기탁, 서울아산병원의 '베트남 의료봉사활동' 지원, 대전지역 내 베트남 다문화가정 고향방문 지원, 학교발전기금, 어린이 바둑대회 개최, 지역프로축구단 지원, 실업야구 활성화 지원, 사랑의 집 고쳐주기 등 다양한 사회공헌활동을 진행하고 있다.

알루코는 협력업체에 대한 구매대금도 어음이 아닌 현금으로 결제하며 상생을 도모하고 있다. 박도봉 회장은 "모두가 잘 살고 더 큰 희망을 품을 수 있도록 국내 최고 알루미늄 합금소재 전문기업군인 알루코가 만들어 낸 결과물을 앞으로도 나눌 것"이라고 밝혔다.

회장

신정택

세운철강

학력
대구 대륜고등학교
동아대학교 경영학과
동아대학교 경영대학원 석사
동아대학교 명예경영학 박사
부산대학교 명예경영학 박사

경력

1978	㈜세운철강 설립, 대표이사 역임
2003	㈜세운철강 회장
2003	한국자유총연맹 부산시지회 회장 역임
2006	주한스리랑카 명예영사
2008	㈜에어부산 대표이사 역임
2011	아시아기업경영학회 이사장
2012	부산상공회의소 회장 역임/한국자유총연맹 부총재 역임
2012	부산글로벌포럼 공동대표
2013	㈔대한력비협회 회장 역임/한국해양구조협회 총재 역임
2015	부산사회복지공동모금회 회장
2016	법무부 법사랑위원 전국연합회 회장

상훈

1995	제32회 무역의 날 천만 불 수출의 탑
1997	제24회 상공의 날 산업포장(경영자 부문)
2001	제9회 부산광역시 산업평화상 금상(기업인 부문)
2002	제36회 조세의 날 철탑산업훈장/법무부장관 표창장
2005	통일부장관 표창장
2006	제2회 자랑스런 연맹인상(개인 부문)
2008	2008년 한국의 존경받는 CEO 대상
2009	2009년 부산시민산업대상/캄보디아 모하 세네이붓(국가재건) 훈장
2010	2010년 대한민국 사회책임경영대상 최고경영자 부문/무역진흥상
2011	Presidential Champion Award Gold Award(Barack Obama)
2012	제33회 사민의 날 기념식 자랑스러운 시민상 대상
2013	2013년 대한민국 창조경제리더 선정 – 윤리경영 부문/GLOBAL 경영자 대상
2015	2015년 법무부 범죄예방 한마음대회 국민훈장 모란장

창조 경제를 넘어 세계 경제를 이끌어나갈 리더

고객을 최우선으로 생각하는 경영철학과 통찰력을 바탕으로 한 과감한 투자 그리고 노사화합의 문화를 이룬 세운철강은 열정과 고객중심의 경영을 지속해 매출 1조 원 달성을 목표로 노력하고 있다. 나아가 세계 최고의 철강 가공센터 구축을 통해 국가산업 발전과 국가경쟁력 향상에 기여한다는 큰 비전을 향해 오늘도 달리고 있다.

세운철강의 기업적인 노력과 더불어 신정택 회장은 최고경영자로서 자신 스스로를 다잡는 다짐도 잊지 않았다. 특히 그는 조직이 성장하고 커질수록 조직이 관료화되거나 일 처리가 정형화되는 등 조직 안에서 나타나는 여러 가지 부작용을 경계해야 한다고 힘주어 말했다. 특히 직원들의 창의력과 생산성을 저하하는 원인이 되는 조직의 관료화나 작업의 정형화를 철저히 경계할 것을 다짐했다.

"성공적인 신제품의 개발은 조직원들의 효율적이고 열린 사고에서 아이디어를 얻는 경우가 많습니다. 세운철강 또한 기업 활동이나 업무 프로세스, 조직구조와 관련하여 새로운 아이디어를 중시하여, 더 효율적이고 창의적으로 조직구조를 개편하거나 업

세운철강은 세계 최고의 철강 가공센터 구축을 통해
국가산업 발전과 국가경쟁력 향상에 기여한다는 비전을 향해 달리고 있다.

무 프로세스를 개선할 수 있도록 조직의 분위기를 조성하고 문화
로 정착시키겠습니다."

이를 위해 신정택 회장은 새로운 아이디어를 가감 없이 받아
들이고 경영자 혼자만의 비전이 아닌 임직원이 감성적으로 공감
하는 경영비전을 제시하도록 노력하겠다고 말했다.

"국가 경제발전과 신규고용창출, 사회공헌활동 등 창조적인
미래경영환경 개척에 힘써 온 경영인과 기업을 선정하는 자리에
부족한 제가 함께 할 수 있게 돼 매우 영광인 동시에 무한한 책임
감도 함께 느낍니다. 창조경제란, 가치를 창조하고 일자리를 창

출하며 성장 동력을 이끌어줌으로써 경제를 부흥시키고 풍요로움 삶을 만드는 것이라 생각합니다. 미력하나마 우리나라 경제발전을 위해 창조적인 미래 경영환경 개척에 힘쓰겠습니다."

1970년대 모두가 경공업에 집중할 때 특유의 통찰력과 노력을 바탕으로 국내 중공업의 성장 신화를 일궈낸 ㈜세운철강 기존의 틀을 깨는 발상의 전환과 창의적이고 감성적인 경영철학을 통해 새로운 미래를 이끌어갈 세운철강의 행보가 더욱 기대되는 까닭이다.

변화의 흐름을 꿰뚫어보는 세운철강의 통찰력

1978년 부산에서 신정택 회장이 창업한 세운철강은 부산에 본사를 둔 향토기업으로 부산, 창원, 울산, 포항지역에서 자동차, 가전, 발전설비, 조선 등의 산업군에 포스코(POSCO)의 냉연철강 제품을 공급하는 국내 최대의 포스코 가공센터를 운영하고 있다. 주요 매출처는 현대자동차, LG전자, 르노삼성자동차, 한국GM, 세아에삽, 두산중공업, 고려용접봉 등으로 매출처 70% 이상이 대기업으로 구성돼 매출구조가 탄탄한 내실 있는 기업이다.

지역별로 특화된 설비와 품질관리로 경쟁 우위를 확보하고, 4

세운철강은 지역별로 특화된 설비와 품질관리로 경쟁 우위를 확보하고,
4개 공장에 연간 150만 톤의 가공설비를 보유하고 있다.

개 공장에 연간 150만 톤의 가공설비를 보유해 회사의 성장 잠
재력 또한 높이 평가되고 있다. 2015년에는 연간 78만 톤 이상
의 냉연철강제품을 가공, 판매하며 6,600억 원의 연 매출을 기록
중인 ㈜세운철강은 매출 1조 원 달성의 목표를 앞당기기 위해 전
직원이 매진하고 있다.

현대를 살아가는 사람들에게 꼭 필요한 자동차, 가전제품, 발
전설비 등 이들 산업에서 빼놓을 수 없는 것 중의 하나가 바로 철
강이다. 변화의 흐름을 꿰뚫어 보는 신정택 회장의 탁월한 통찰
력으로 오늘날의 ㈜세운철강이 있을 수 있었다. 세운철강 설립

당시 국내 산업은 신발, 가발 등 경공업이 경제 성장을 견인할 때였지만, 신정택 회장은 경공업 위주의 산업은 성장에 한계가 있을 것이고 곧 자동차, 가전, 기계, 조선 등의 산업이 미래의 경제 성장을 이끌 것이라 직감했던 것이다. 이를 대비해 세운철강은 설비투자에 지속적으로 집중했고, 그 결과 철강 수요산업이 발전하면서 성장의 기틀을 마련할 수 있었다.

세운철강은 1978년 설립 당시에는 철강재의 유통 판매를 했지만, 고객이 원하는 제품을 가공 생산하기 위해 1989년 김해공장, 1994년 창원공장, 1996년 울산공장, 2011년 포항공장을 설립했다. 2002년에는 중국 동북부지역 대련시에 현지법인 대련세운강판유한공사를 설립했고, 2007년에는 말레이시아 현지 공장을 설립하고, 2011년에는 김해공장을 부산공장으로 확장이전했다. 그리고 2015년에는 중국 연태시에 현지법인 연태세운강판유한공사를 설립하는 등 지속적인 설비투자를 해왔다.

또한 업무 전산화를 감행하고 생산성 향상을 위한 기술개발에 끊임없이 투자함으로써 업계 리딩 컴퍼니로 성장할 수 있는 기반을 마련했다. 신정택 회장은 지난 1995년 외부기관의 경영진단을 통해 디지털 경영에 과감하게 투자하겠다고 결정했다. 공장별로 제품인식 바코드를 설치하고 국내외 사업장 간 전용회선에 의

세운철강은 1978년 설립 당시 철강재의 유통 판매를 했지만, 고객이 원하는
제품을 가공 생산하기 위해 김해공장, 창원공장, 울산공장, 포항공장을 설립했다.

한 ERP 시스템을 구축, IBM AS400 메인 서버 8대 도입 등 기업

경영의 합리적인 시스템을 구축한 이후로 지속적인 전산시스템

보강을 통해 회사의 주요 경영정책 결정에 신속한 의사결정 시스

템을 확보할 수 있게 됐고, 이는 업무 효율성으로 연결됐다. 이

로써 세운철강의 전산시스템은 고객의 발주에서부터 가공, 납품

에 이르기까지 모든 정보를 빠르고 정확하게 제공한다.

또한 세운철강은 고객의 다양한 요구에 적극 대응하기 위해

새로운 가공설비 개발과 설비투자 확대와 생산성 향상으로 가격

경쟁력확보 및 철저한 가공품질관리로 품질경쟁력을 확보해 자

동차, 가전, 발전설비 등 우리 경제의 성장을 주도하고 있는 탄탄한 전방산업의 발전과 함께 성장하고 있다. 이를 위해 먼저 고객사의 산업별 특성에 맞는 제품 공급을 위해 공장별로 특화된 가동을 해왔고, 물류비용을 절감하면서 고객에게는 적시 공급할 수 있는 JIT(Just In Time) 개념의 직납체제를 이뤄내 고객 만족을 일궈 왔다.

1996년에는 조선사업에 필수적으로 소요되는 용접봉 제조에 필요한 용접봉 피막 소재 가공기술을 특화해 차별화를 이뤄냈으며, 생산성을 획기적으로 향상할 수 있는 설비 제작에 착수해 2007년에는 오실레이터 제작에 성공하기도 했다. 이뿐 아니라 중국 대련공장의 경우에는 대규모의 건축용 칼라강판을 생산 공급할 수 있도록 특화하고 또한 중국 연태공장은 냉연철강 임가공 설비를 갖추고, 중국 내수시장은 물론 유럽과 중남미지역 수출의 기점으로 활용하고 있다.

하지만 세운철강은 여기에서 멈추지 않고, 최고의 품질관리에 노력하고 있다 가공 품질은 공정뿐만 아니라 제품의 포장, 보관, 운송, 납부 등 모든 과정에서 철저히 관리돼야 하기 때문에 더욱 관심을 기울여야 한다. 이에 세운철강은 가공품질 기술력을 인정하는 LG-QA9001 품질관리인증서, 영국 NQA ISO9001 품질

인증서를 획득함으로써 가공기술은 물론 완벽한 포장과 보관을 거쳐 안전한 납품까지 모든 과정에서 품질관리에 만전을 기하고 있다.

‘신뢰’와 ‘믿음’이 고객과 직원 만족으로 싹트다

㈜세운철강은 1978년 창업 이후 부산, 창원, 울산, 포항지역에 공장을 설립하고 POSCO의 냉연철강을 가공, 절단해 가전제품을 비롯한 자동차, 가전, 발전설비, 조선 등의 산업에 공급해 왔다. 그뿐만 아니라 관련 산업의 성장에 발맞춰 지속적인 투자를 한 결과 가공설비를 가장 많이 갖춘 국내 최대의 포스코 가공센터로 발돋움했다. 즉 포스코에서 생산하는 철강을 고객사가 원하는 규격으로 절단해 원하는 시간과 장소에 맞춰 공급하며 냉연강판, 용융아연도강판, 전기아연도강판, 열간아연도강판, 산세강판 등 고품질 냉연철판 가공판매를 하고 있는 것이다.

특히 최대 포스코 냉연코일센터로 경쟁우위를 확보함으로써 회사의 성장 잠재력도 높이 평가되고 있다. 2015년엔 연간 78만 톤 이상의 냉연철강제품을 가공, 판매해 연 매출 6,600억 원에 이르며, 국내 냉연철강 가공센터 중 34년 만에 1,000만 톤 매출

세운철강은 **POSCO**의 냉연철강을 가공, 절단해 가전제품을 비롯한
자동차, 가전, 발전설비, 조선 등의 산업에 공급하고 있다.

달성이라는 전무후무한 기록을 세우기도 했다.

　이러한 세운철강의 성장은 한 사람 한 사람이 회사의 주인이
라는 의식과 더불어 신정택 회장의 고객 최우선주의 경영철학이
있었기에 가능했던 일이다.

　"비즈니스는 자기 위주여서는 안 됩니다. 남을 배려하는 마음
을 우선시해야 하죠. 거래는 그러한 마음과 마음이 일치될 때 비
로소 이뤄지기 때문입니다. 우리 회사의 입장만 내세우기보다 고
객의 요구와 만족을 가장 먼저 배려하자는 마음을 항상 가슴에
품고 있습니다. 또한 그러한 마음이 사업 성공의 핵심이라고 생
각합니다."

경기 호황이나 불황에 따라 냉연철강제품의 물량수급이나 가격 변동이 심해도
세운철강은 항상 안정된 물량과 가격으로 거래하고 있다.

특히 그는 특유의 친화력을 바탕으로 언제나 고객의 요구를
긍정적으로 수용했을 뿐만 아니라, 경기 호황이나 불황에 따라
냉연철강제품의 물량수급이나 가격 변동이 아무리 심해도 세운
철강의 거래처는 항상 안정된 물량과 가격으로 거래할 수 있다는
점을 보여줌으로써 믿음과 신뢰의 경영을 실천해왔다. 현재 세운
철강의 고객 60% 이상이 20~30년 이상 된 장기 거래처라는 것
은 오로지 이익만 내세우는 일반적인 사고에서 벗어나 고객과 동
반 성장하고자 하는 세운철강의 경영철학을 잘 보여주는 결과라

할 수 있다. 고객최우선주의와 더불어 신정택 회장이 직원들에게 강조하는 덕목은 '열정'과 '주인의식'이다.

"맡은 직분에 책임감을 갖고 끝까지 최선을 다하라 독려합니다. 중도에 포기하는 것은 있을 수 없는 일이며, 열정과 주인의식을 갖고 일한다면 회사나 직원 모두에게 좋은 결과로 돌아올 것이라 믿어 의심치 않습니다."

그는 열정적 인재상을 요구하는 한편, 노사화합의 조직문화 구축에 힘쓰고 있다. 철저한 성과 배분과 임직원들의 건의사항을 경영에 반영하는 일은 직접 챙기고 있으며, 학자금지원과 주택자금지원 등 다양한 복지제도를 직원들을 위해 운영하고 있다. 그리고 매년 창립기념일 즈음에 3년 이상 근속자와 장기 근속자를 대상으로 해외여행을 실시하고 있으며, 2008년 회사 창립 30주년에는 전 직원이 일본 규슈지역으로 단체관광을 떠나기도 했다.

그뿐만 아니라 세운철강은 설립 이후 지금까지 단 한 번도 경영상의 이유로 직원 구조조정을 단행한 적이 없으며, 오히려 2012년에는 선도적으로 정년을 60세로 연장해 직원들의 호응을 얻었다. 그래서인지 직원과 회사 간의 믿음과 신뢰가 남다르다.

주변과 나누는 진정한 경영인의 자화상

신정택 회장이 경영자로서 주목받는 또 다른 이유는 기업의 사회적 역할을 적극 실천한다는 점이다. 그는 지난 2006년부터 2012년까지 6년간 부산지역 상공인들에게 공로를 인정받아 부산상공회의소 회장을 연임했다. 부산상공회의소 회장직을 역임하면서 보여준 지역개발사업들이 지역사회에서 큰 공감을 얻었기에 가능했던 일일 터였다.

그는 부산상공계의 큰 숙원인 공장용지 부족사태를 해결하고자 관계기관에 지속적인 건의와 협조요청을 했고, 결국 부산 강서구 일원에 가시적인 성과를 거뒀다. 이와 더불어 지역 항공사로 주목받는 에어부산을 설립하는 등 지역 경제 발전에 큰 발자취를 남기고 있다.

신정택 회장은 지역 상공인의 금융지원과 비즈니스 네트워킹 강화에도 힘썼다. 부산은행과 부산상공인을 위한 금융지원 협약을 체결해 매년 500억 원 규모의 부산상공인 특별협약대출을 지역 상공인에게 지원할 수 있게 했으며, VIP 재외한상기업인과 지역 기업인들과의 비즈니스 네트워킹 조찬간담회를 열어 미국 LA 한인상공회의소, 중국 청도한인상공회의소, 베트남 호치민한인

상공인연합회, 홍콩 한인상공회의소, 일본 효고한국상공회의소 등 5개 재외동포 한인상공단체와 비즈니스 네트워킹 합동협약을 체결하기도 했다. 또 부산의 성장을 견인할 동남권 신국제공항 건설, 부산항 북항재개발사업을 국책사업으로 추진하기 위해 전방위적 활동을 추진한 바도 있다.

신정택 회장은 "우리 회사도 중요하지만, 지역 상공인들을 위해 봉사할 수 있는 일이 없을지 늘 생각한다"며 "부산에 본사를 둔 기업으로써 지역사회에 이바지할 수 있어서 오히려 큰 영광"이라는 말로 부산상공회의소 회장직 수행에 대한 앞으로의 포부를 다졌다.

신정택 회장은 비단 지역사회뿐 아니라 기업인으로서 사회적 지원과 역할을 다하기 위해 다양한 활동을 하고 있다. 특히 그는 기업의 다양한 사회적 책임 가운데서도 인재양성과 교육을 최우선의 가치로 생각하고 있다. 다양한 교육 지원에 관심과 투자를 아끼지 않는 것은 그의 이런 신념에서 비롯된 것이다.

기업과 학교의 결연을 통해 사회적 공헌을 실천하는 'UP 스쿨 운동'에 주도적 구실을 하고 있고, 기업인들의 경험과 도전정신을 청소년들과 함께 공유하기 위해 지역의 기업인을 주축으로 하는 'CEO 경제교수단'을 구성해 직접 학생들과 만나기도 했다.

체육·문화 분야에도 각별한 관심을 보이는 신정택 회장은 한국 문화예술위원회, 부산국제영화제, 부산문화도시네트워크 등 각종 사회단체에 발전기금을 지원하고, 대한체육협회 럭비협회장에 취임하여 체육·문화 활동의 활성화에도 이바지했으며, 현재는 부산사회복지공동모금회(사랑의열매) 회장으로서 어려운 이웃에게 희망을 주기 위한 기부문화 확산에 힘쓰고 있다.

이 때문에 그는 부산지역사회 발전과 한국경제 발전에 기여한 공로를 인정받아 2001년 제36회 조세의 날 철탑산업훈장 수상, 2002년 법무부 장관 표창장 수상, 2005년 통일부 장관 표창장 수상, 2006년 제2회 자랑스러운 연맹인상 개인 부문 수상, 2008년 지식경제부 후원 한국의 존경받는 CEO 대상 수상과 부산광역시 교육청이 주관하는 제1회 UP 스쿨, 교육 메세나 탑을 수상하기도 했다.

이처럼 사회에서 얻는 이익을 다양한 사회공헌활동으로 지역에 되돌려 주기 위해 고민하고 노력하는 신정택 회장. 그가 많은 기업인의 전범이자 존경받는 기업인으로 평가받는 것은 어찌 보면 당연한 결과가 아닐까.

> 비즈니스는 자기 위주여서는 안 됩니다.
> 남을 배려하는 마음을 우선시해야 하죠.
> 거래는 그러한 마음과 마음이 일치될 때
> 비로소 이뤄집니다.

오경수

제주특별자치도개발공사

학력
1975   제주제일고등학교 졸업
1982   고려대학교 경영학과 졸업
2007   고려대학교 경영대학원 국제경영전공 석사
2010   서울대학교 AMP 최고경영자과정 수료
2014   고려대학교 정보보호대학원 정보보호정책학과 박사과정 수료

경력
1981   삼성물산 전략기획실
1986   삼성그룹 회장 비서실
1994   삼성물산 기획실 정보전략팀장
1995   삼성그룹 미주본사(뉴욕) 정보총괄 부장
2000   ㈜e—삼성 시큐아이닷컴 대표이사
2004   한국정보보호산업협회 회장
2005   ㈜롯데정보통신, 현대정보기술 대표이사
2010   한국소프트웨어산업협회 회장
2011   대통령직속국가정보화 전략위원
2012   한국정보처리학회 회장
2015   고려대학교 정보보호대학원 겸임교수

상훈
2010   제23회 정보문화의달 대한민국 동탑산업훈장

제주특별자치도개발공사
JEJU PROVINCE DEVELOPMENT CO.

올해 4월 취임 1년을 맞은 제주특별자치도개발공사 오경수 사장은 김치론부터 비행기론까지 다양한 '체감형' 경영이론을 접목한 '열린 혁신'으로 공사의 글로벌 창의기업 도약을 주도하며 모범적인 리더로 주목받고 있다.

그는 20년을 한결같은 품질로 대한민국 먹는 샘물 시장의 왕좌를 굳건히 지키고 있는 제주삼다수를 비롯해 감귤가공과 음료사업, 도민들의 주거복지 향상을 위한 주택·개발사업 등 '제주의 자원으로 가치를 창출'할 수 있는 분야에 열린 혁신을 더해 새로운 비전을 제시하고 있다.

두드림(Do Dream), JPDC!

2017년 4월 제주개발공사 제10대 사장으로 취임한 오경수 사장은 취임 한 달 만에 '2020 슬로건'과 '2017년 경영방침'을 선포하며 '오경수식' 혁신경영의 신호탄을 쏘아 올렸다.

제주개발공사는 '제주의 성장 발전을 이끄는 글로벌 창의기업'이라는 공사 비전 달성을 위해 '2020 슬로건'인 '두드림(Do Dream), JPDC!'를 선포했다. '두드림(Do Dream)'은 '열심히 두드려 장벽을 깨뜨리고(변화와 혁신하고), 꿈을 실현하자'는 뜻을 담고 있다.

CEO 메시지

오경수 사장은 취임 한 달 만에 '2020 슬로건'과 '2017년 경영방침'을 선포하며 '오경수식' 혁신경영의 신호탄을 쏘아 올렸다.

조직역량과 공사 성과를 두 배로 달성하자는 의미의 '두 더블(Do Double)'과 최고의 품질로 모두가 만족할 때까지 공사인들 모두 최선을 다하겠다는 꿈과 의지의 표현인 '두 제로(Do Zero-Defect)'도 함축하고 있다.

2017년 경영방침은 '해피 이노베이션(Happy Innovation)'. 치열하게 전개되고 있는 시장 상황 속에서도 공사인 모두 한마음 한뜻으로 행복하게 업무에 전력을 다하고, 도전을 즐기자는 의지다.

국내·외 생수시장이 치열하게 전개되는 상황에서 그 어느 때보다 제주삼다수의 가치가 우선시돼야 한다는 데 방점을 찍고, 품질관련 이슈 대응방안을 집중 토론하는 '품질혁신회의'와 삼다수의 시장 리더십을 공고히 하기 위한 전략을 집중 논의하는 '영업전략회의'를 신설해 매월 운영 중이다.

2018년 오 사장의 혁신경영은 한층 더 구체화된다. 올해 제주개발공사는 경영전략에 '품질'과 '고객'에 방점을 찍고, 공사 최초 매출액 3,000억 원 시대 달성을 위한 중점 추진과제들을 본격 추진하고 있다.

'품질은 완벽하게, 고객은 행복하게'라는 2018년 경영 슬로건은 신규 생산설비 구축, 행복주택 등 개발사업 추진 등 사업범위와 규모가 확대됨에 따라 '품질'과 '고객'을 경영활동의 최우선 가치로 삼겠다는 의지를 담았다.

경영에 감성을 더하다

제주개발공사는 현장과 소통 경영을 통한 행복한 조직문화 조성에도 앞장서고 있다. 오 사장은 취임 직후부터 최근까지 삼다수 생산공장과 감귤가공공장, 영업 현지 사무소, 탐라영재관, 탐라하우스, 아라·김녕 행복주택 지구, 용암해수단지 등을 직접 찾

제주개발공사는 2017년부터 직원들의 가족을 초청하는
오픈 파티 형식으로 신규 직원 임용식을 색다르게 진행하고 있다.

아 직원들과 도민들의 애로사항과 개선사항을 청취했다.

직원들을 위한 다양한 소통프로그램이 운영되면서 조직 결속

력도 높이고 있다. 신임 CEO가 취임한 지 얼마 지나지 않아 직

원들에게 한 통의 편지가 도착했다. 사장이 직접 작성한 'CEO의

월요 희망편지'였다.

매월 2~3차례 직원들과 소통하는 방법의 하나로 택한 오 사

장의 반짝 아이디어였는데, 첫 편지에서는 취임식과 함께 공사인

이 된 그의 감회부터 시작해 '멀리 가려면 함께 가라'는 격언을 곁

들이며 회사 분위기를 타파하려고 노력했다.

지난해 시작한 월요 희망편지는 지금까지 권위를 내려놓고 직원들과 허심탄회하게 소통하겠다는 CEO 약속의 징표가 되어 주고 있다. 이 외에도 직장 선배, 인생의 선배로서 공사인들과 교감하고 소통하기 위해 CEO가 직접 강사로 나서 특강을 실시하는가 하면, 신입사원을 비롯해 간부사원, 특히 여성사원들을 대상으로는 'JPDC 여성인재 아카데미'도 정기적으로 마련되고 있다.

제주개발공사는 2017년부터 신규 직원 임용식을 색다르게 진행하고 있다. 바로 직원들의 가족을 초청해 오픈 파티 형식으로 진행하고 있는 것. 가족친화기업문화 조성을 위해 마련된 '패밀리데이'는 수습기간을 마치고 정식 직원이 된 신규 직원들의 가족을 초청해 임용식을 열고, 공사의 입장에서 귀한 인재로 잘 키워준 가족들에게 감사의 마음을 전하기 위해 마련하고 있다.

직원들의 생일과 결혼기념일에 축하전화는 물론 승진과 보직직원에 대한 액자선물과 직원의 배우자에게 감사의 편지도 보내는 등 다양한 감성경영 사례는 공사의 업무효율을 끌어올리는 데 한몫을 하고 있다.

이와 함께 지난해 말에는 공사 창립 이래 처음으로 도내·외

협력사들과 상생과 동반성장을 위한 의지를 다지는 '2017 두드림 JPDC 파트너스데이'가 열려 화제를 모았다.

공사가 협력을 맺고 있는 파트너사들과의 소통을 통한 협력체계를 구축하고, 서로 '윈윈(Win Win)'하는 상생방안을 논의하기 위해 공사 창립 이래 최초로 마련된 것이다. 공사와 협력사들은 서로를 중요 파트너로 삼아 상생협력과 동반성장이라는 목표를 달성하기 위해 최선을 다하겠다는 의미로 '동반·상생헌장'을 선포했다.

| 속도 붙은 '열린 혁신'

제주개발공사는 지난해 말 정부의 공공부문 열린 혁신 의지에 적극 동참하고 대내·외 공감대 형성 및 추진 동력 확보를 위한 'JPDC 열린혁신 추진단'도 발대했다.

2017년을 마무리하며 열린 'JPDC 열린혁신 성과공유대회'에서는 실패를 교훈 삼아 변화와 혁신을 다짐했다. 임직원들은 공사에서 추진한 다양한 열린혁신 사례와 아이디어는 물론 공사의 주요 현안 및 이슈 해결을 위한 TF 활동 우수사례 등을 공유했다.

특히 제주개발공사는 언제 찾아올지 모르는 위기상황을 능동적으로 대처함으로써 재도약의 밑거름으로 삼기 위해 우수사례뿐 아니라 업무추진 과정에서 직접 경험하고 절감했던 실패사례를 발표하고 공유해 눈길을 끌었다.

올해는 'JPDC 열린 혁신 위원회'를 발족해 본격 운영에 들어가며 한층 가속도가 붙고 있다. 각 사업 분야별 전문위원과 시민사회단체 및 유관기관 관계자 등 외부위원 17명으로 구성된 위원회는 공사의 열린 혁신 추진전략과 실행과제를 검토하고 보완하는 역할을 수행하고 있다.

그리고 제주개발공사는 '도민과 함께하는 JPDC 열린혁신 아이디어 공모전'을 통해 혁신과제를 발굴하기도 했다. 도민들의 아이디어는 공사 경영에 반영하고 앞으로 사업 추진과정에서도 도민들이 참여할 수 있는 방안도 지속적으로 마련할 방침이다.

제주삼다수 출시 20년, 리더십 강화의 핵심은 품질 1위

출시 후 돌풍을 일으키며 시장을 석권한 브랜드, 지역 자원을 활용해 산업화시키고 이를 통해 다시 지역사회에 순이익의 절반을 환원한 브랜드, 국민 브랜드를 넘어 글로벌 브랜드로 힘찬 도

제주도민의 생명수에서 탄생한 제주삼다수는 이제 국민 생수로 발돋움했으며, 먹는 샘물 산업발전과 국민들의 물 건강에 대한 가치를 최우선으로 하고 있다.

약을 준비하고 있는 브랜드. 바로 '제주삼다수' 이야기다.

1998년 3월 5일 출시한 제주개발공사의 제주삼다수는 20년이 지난 지금까지 줄곧 시장점유율 1위, 고객만족도 1위, 브랜드파워 1위로 제주도를 넘어 명실상부한 우리나라를 대표하는 브랜드, 국민 브랜드로 성장해 나가고 있다.

제주도민의 생명수에서 탄생한 제주삼다수는 이제 국민 생수로 발돋움했으며, 먹는 샘물 산업발전과 국민들의 물 건강에 대한 가치를 최우선으로 1년 365일 품질 고도화에 집중하고 있다. 출시 20해째를 맞은 올해 '제주 삼다수'는 브랜드를 넘어 세계인의 물, 세계인의 먹는 샘물 브랜드로 성장할 비전을 세우고 있다.

제주개발공사는 삼다수가 20년 동안 소비자들로부터 사랑받는 원동력은 품질이며, 향후 시장 리더십 강화의 핵심 역시 품질이라고 강조하고 있다. 출시 해부터 지금까지 지속적으로 시장을 장악하고 선도하고 있는 입장에서 이제 더 이상 경쟁 브랜드들과의 점유율 싸움이 아니라 브랜드 자신이 경쟁자라는 것이다. 이에 따라 삼다수는 올해 '품질우선주의'를 최우선의 경영전략으로 삼고 있다.

제주개발공사는 투수성이 좋은 제주지역의 토양 특성을 감안해 원수에 대한 수질오염 방지와 잠재오염원을 원천적으로 차단하기 위해 취수원 주변 토지를 매입해 관리하고 있다. 2002년 12월 시작한 토지매입사업을 통해 공사에서는 2017년 말 현재까지 29만 3,477㎡(약 8만 9,000평)의 사유지 등을 매입했다. 축구장 넓이의 42배에 달하는 면적이다. 공사에서는 2018년 32만 6,000여㎡의 사유지를 추가로 매입할 방침이다. 취수원 주변지역에 분포하고 있는 공유지까지 감안할 때 사실상 취수원 주변 대부분의 토지에 대해 관리하는 셈이다. 공사는 앞으로도 지속적으로 지하수 함양지역을 중심으로 사유지를 적극 매입해 관리해 나갈 방침이다.

제주개발공사는 삼다수 취수원 주변에 대한 실시간 감시 체계를 운영하며 매 1시간 주기로 수위와 수질데이터를 관측·수집하고, 이를 지속 모니터링하고 있다. 현재 제1취수원과 제2취수원 주변 14개 지점에 실시간 지하수 자동관측망이 운영 중이다. 국내 검사의 경우 법적으로 1년 2회 검사가 의무이지만, 검사 횟수를 늘려 최고의 품질을 고집하며, 매일·매월·분기별 수질검사도 진행하고 있다.

이와 함께 잠재오염원에 대한 조사도 병행하고 있다. 잠재오염원이란 지하수 오염의 원인이 되는 유해물질을 생산, 저장, 취급, 운반, 가공 및 처리함으로써 지하수를 오염시킬 우려가 있는 시설이나 장치, 구조물, 장소 등을 의미한다. 취수원 주변지역 잠재오염원에 대한 주기적인 조사를 통해 수질에 미칠 수 있는 영향성을 예측하고, 취수원 보호대책 수립 시 기초자료로 활용하고 있다.

스마트팩토리로 고도화… 글로벌 시장 공략

제주개발공사에서는 명실상부 대한민국 명품 생수로 자리잡은 삼다수의 가치를 스마트팩토리로 더욱 고도화한다는 방침이다.

삼다수는 품질과 프리미엄 디자인 패키지로 글로벌 시장 공략에도 재시동을 걸고 있다.

현재 제주시 조천읍 교래리 제주삼다수 공장 내에 추가로 구축되고 있는 L5 신규 설비는 0.5리터 전용으로, 시간당 7만 6,000병을 생산하는 초고속 생산설비다. 무인 운반장치를 이용한 부자재 이송 시스템을 비롯해 라인모니터링시스템(LDS) 등 스마트팩토리 기반으로 구축 중이다.

L5가 본격 가동되면 생산현장에서 사용되는 원·부자재를 보관창고에서 생산설비까지 자동(무인)으로 공급되며, 생산현장에서 생성되는 모든 설비의 생산 지표를 데이터화해 실시간 모니터링이 가능해진다. 제주개발공사는 4월 중 신규 생산라인에 대한 모든 기반 시설을 마무리하고, 5월 초 시제품을 생산한다는 방침이다.

삼다수는 품질과 프리미엄 디자인 패키지로 글로벌 시장 공략에도 재시동을 건다. 제주개발공사는 과거의 경험을 교훈 삼아 2018년 야심찬 도전에 나서는 것이다.

올해 프리미엄 패키지 디자인 개발을 통해 탄생한 가칭 '제주워터'를 통해 프리미엄 유통사 개발에 박차를 가하고 있으며, 1국가 1브랜드 운영 방침 속에서 동일 수원지에 대한 이슈도 사전에 잠재운다.

특히 에비앙과 피지워터 등 글로벌 경쟁사들의 프리미엄 워터와 경쟁하기 위해 현지 유통사와 함께 프리미엄급으로 맞대결에 나선다. 제주 물의 가치, 제주의 가치를 무기로 세계 물 시장에서도 제주삼다수가 대표브랜드로 자리매김하겠다는 것이다.

제주도개발공사는 지난해 공사제품에 대한 도외 위탁 판매 업체로 광동제약과 LG생활건강의 자회사인 '코카콜라음료'와 계약을 체결했다. 두 업체는 지난해 말부터 4년간 제주삼다수와 감귤주스 등 개발공사에서 생산·공급하는 제품의 제주 이외 지역 위탁판매를 담당하게 된다.

광동제약은 소매용 제품군, 코카콜라음료는 비소매·업소용 제품 사업군을 맡는다. 소매용 제품 사업군은 슈퍼마켓, 조합마트, 온라인, 편의점 등이다. 비소매·업소용 제품 사업군은 식당,

호텔, 패스트푸드점 등이 해당한다. 지금까지 삼다수 도외 위탁판매는 계속해서 1개 업체(농심, 광동제약)가 맡아 왔다. 이번부터 소매용 제품 사업군과 비소매·업소용 제품 사업군으로 이원화한 것이다.

비소매·업소용 제품 사업군은 한 마디로 새로운 시장이다. 음식점, 호텔, 프랜차이즈 등 특수시장에 적극적으로 대응하자는 전략이 깔려 있다. 게다가 호텔 판매망을 뚫음으로써 향후 프리미엄시장 공략의 발판을 놨다는 의미도 있다.

미래의 신성장 동력 사업 박차

제주개발공사는 지난해 '도민의 복지증진과 지역사회 발전에 기여한다'는 공사의 설립 목적에 맞도록 사업을 추진하고 비전 달성을 위한 제도적 기반 마련과 함께 추진 동력을 확보했다.

수권자본금 증액과 공사의 사업범위를 확대·조정하는 내용을 골자로 하는 제주특별자치도개발공사 설치 조례가 개정된 것이다.

조례 개정으로 공사의 수권자본금은 기존 500억 원에서 5,000억 원으로 상향 조정됐다. 수권자본금은 증자할 수 있는 최대자본금을 말한다. 그동안 공사 안팎에서는 주택과 개발사업 등 공사에서 신규 사업을 추진할 경우 현물 출자를 위한 수권자본금 증액의 필요성이 지속적으로 제기되어 왔다.

제주개발공사는 개발사업 본격화를 위한 제도적 기반도 마련했다. 신성장 동력 사업인 개발사업의 원활한 추진과 수자원 및 물산업 연구, 품질연구 등 연구기능 확대를 위해 조직을 재정비했다.

개발사업 분야 전문가 출신 상임이사를 신규 채용하는가 하면, 개발사업 관련 자격증을 소지한 전문인력을 해당 분야에 대거 포진시켰다. 또한 품질연구본부 운영을 통해 전사 차원의 품질 연구와 개선, 관리 기능 강화, 수자원 및 물산업 연구센터의 기능을 담당하도록 했다.

올해 제주삼다수 출시 20주년을 맞는 올해, 사업 경쟁력 강화와 함께 공사의 지속 성장 기반을 마련하기 위해 최근 대대적인 조직 개편을 단행했다.

제주자원의 성장가치를 발굴하고 전담조직 운영을 통한 경쟁력 강화를 위해 감귤사업본부와 미래혁신팀, 물산업연구팀, 수자원연구팀, 서울영업팀을 신설했다. 특히 도민체감형 사회공헌 활동을 강화하기 위해 전담부서인 사회공헌팀을 새롭게 꾸렸다.

또한 토목사업팀과 주거복지팀을 신설해 개발사업 실행기능을 강화하는 한편, 생산현장의 안전과 소통 강화를 위해 안전환경팀과 생산지원팀도 신설했다.

제주개발공사는 핵심역량을 집중하고 있는 분야에는 외부 자문단까지 수혈하며 고도화하고 있다. 지난해 제주의 지하수와 물 산업 관련 연구개발사업을 자문할 '품질연구본부 연구자문위원회', 공사에서 추진하는 개발사업의 방향과 운영방안 등에 대한 자문역할을 수행할 '개발사업본부 자문위원회', 경영환경 변화에 따른 공사의 새로운 사업기회 및 성장전략 모색을 통한 지속성장 경영체계를 마련을 위해 전문가 그룹으로 구성된 'JPDC 미래전략 자문위원회'를 출범하고 운영에 들어갔다. 더불어 지난해 제주아라행복주택을 비롯해 함덕행복주택 공사를 착공하며 행복주택사업을 본격화하고 있는 제주개발공사는 2018년에도 도민 주거 안정을 위한 맞춤형 공공 임대주택 공급사업을 확대한다.

일자리 창출로 제주경제 버팀목 제 역할

제주지역 고용창출과 경제 발전의 견인차 역할을 하고 있는 제주개발공사는 지난해 정부의 최우선 국정과제인 '일자리 창출'

에 대한 우수사례로 선정됐다. 오 사장은 지난해 6월 제주개발공사에 일자리창출 및 처우개선 위원회를 출범시키고 제주도와 정부의 일자리 창출 및 일자리 질 개선을 위한 정책에 발맞춰 나가고 있다.

제주개발공사의 제주 미래 비전 실현을 위한 공적인 역할과 함께 제주의 청정 자원 보존을 통한 공존의 가치를 극대화하기 위한 방안으로 새로운 일자리를 지속적으로 창출하고 있다.

1년 365일 연중 24시간 먹는 샘물 공장을 운영하는 제주개발공사는 지난해 3조 2교대 근무 형태를 4조 3교대로 개편했다. 이번 시스템 개편으로 생산현장 직원 1인당 연간 근로시간은 연평균 240시간가량 줄어 일과 가정이 양립할 수 있는 직장 분위기를 조성하는 한편, 줄어든 근로시간만큼 절감된 초과근무수당으로 신규 인력을 채용하는 재원으로 활용하고 있다.

또한 제주개발공사에서는 대규모 공개채용을 진행하며 채용 과정의 투명성과 공정성을 확보하기 위하여 특별채용제도를 폐지하는 한편 면접 전형 절차를 강화하기 위하여 블라인드 테스트를 도입하여 운영하는 등 프로세스도 지속 개선해 나가고 있다.

특히 제주개발공사는 지난해 6월 모든 비정규직을 정규직으로 전환시켰다. 또한 상시·지속적 업무에 정규직 고용을 정착시키기 위하여 2016년부터 모든 신규 직원은 정규직으로만 채용하고 있다. 2015년까지 기간제근로자와 무기계약직의 비율이 전체 인력의 20~25%를 차지하고 있었던 점을 감안하면 파격적인 행보가 아닐 수 없다.

이와 더불어 제주개발공사는 제주도 내 공공기관 중 처음으로 제주형 생활임금제를 시행하고 있다. 제주형 생활임금제는 최저임금 대비 130% 수준의 임금을 지급하여 전국 최고 수준으로 지급하고 있다. 소득이 향상되면 소비가 늘어나고, 이를 통해 경제가 활성화되면 다시 소득 향상으로 이어지는 경제 선순환에 기여하고 있는 것이다.

직접적인 일자리 창출뿐만 아니라 제주지역 청년 창업·취업 준비생들을 위한 다양한 활동도 벌이고 있다. 2015년 첫 공모를 시작한 'JPDC 창의사업 아이디어 공모전'은 단순히 공모작을 선정하여 상금을 지급하는 일반적인 공모전과 달리 창업 컨설팅 지원을 통해 실제 창업이 이루어지도록 지원한다.

또한 타 지역에 비해 취업 정보가 부족하고, 면접 노하우를 배울 수 있는 기회가 적은 제주 지역 대학생들을 위해 'JPDC 취업 전략 아카데미'를 운영하는 한편 국제적 마인드와 경쟁력을 갖춘 지역 인재 육성을 위하여 대학생 해외 인턴십 사업도 2006년부터 현재까지 지속적으로 추진해 나가고 있다.

순이익의 절반을 사회로 환원

2017년 기준 공사의 누적 당기순이익 4,600여 억 원 가운데 제주도 출자배당금 1,840억 원, 사회공헌사업(기부금) 270억 원 등 절반에 달하는 금액이 도민을 위해 쓰였다.

공사의 사회공헌심의위원회에서는 환경과 사회, 인재육성, 복지향상을 목표로 각종 사업에 아낌없는 지원을 펼치고 있다. 지역사회 공헌도를 높이고 소외·취약계층에 대한 활동을 강화하기 위해 지난 2005년 구성된 제주삼다수봉사대는 13년째 활동을 이어오며 나눔의 씨앗을 퍼트리고 있다.

도내 각종 단체를 비롯해 다양한 행사에도 후원과 협찬을 아끼지 않으며 공동의 가치 확산에도 나서고 있다. 또한 도민 주거복지 향상을 위한 주택매입임대사업, 글로벌 인재육성 기반인 삼다수재단 장학사업, 탐라영재관과 탐라하우스 운영 등 도민 행복사회를 조성하기 위한 노력도 꾸준히 전개하고 있다.

특히 제주를 넘어 대한민국의 물 산업을 이끌고 있는 공사에서는 자연과 인간이 공존하는 친환경 섬 제주를 위해 제주 물에

더 나은 내일을 위한
패러다임을 제시하다!

매경출판㈜ 생각정거장

매일경제신문사 | 생각정거장

미술사를 뒤흔든 가짜 그림 이야기
위작의 미술사

최연욱 지음 / 16,000원

관점을 바꾸면 전체적인 내용을 쉽고 명확하게 이해할 수 있다. 우리가 가짜 그림을 통해 미술사를 살펴봐야 할 이유다. 미켈란젤로, 반 고흐, 피카소 등 거장의 작품 역시 모작과 위작을 통해 탄생했다. 불법과 합법, 모방과 창조를 넘나들며 발전한 미술사, '가짜'를 통해 '진짜'를 더 폭넓게 이해하는 길을 만나보자.

그림 속 속살에 매혹되다
나쁜그림

유경희 지음 / 16,000원

예술가의 환상을 자극한 치명적인 여성들의 비밀! 삶과 죽음, 욕망과 광기, 사랑과 배신, 신화와 역사에 담긴 여성들의 이야기.

서로를 안아주는 따스한 위로와 공감
그림 같은 여자 그림 보는 남자

유경희 지음 / 13,500원

힘겨운 시간, 예술과 예술가, 그리고 그림이 당신에게 말을 걸어오다.

흔들리는 삶을 바로 세우는
5,000년 탈무드의 지혜

1% 유대인의 생각훈련

심정섭 지음 / 15,000원

페이스북, 구글의 창업자들 뒤에는 탈무
드식 생각과 질문이 있었다!

일상 속 스마트한 선택을 위한

알고리즘 라이프

알리 알모사위 지음 / 16,000원

쇼핑부터 비즈니스까지, 일상생활 속 상황을
통해 알고리즘을 이해하고 '컴퓨팅 사고력'
을 키운다! 구글 부사장 빈트 서프 추천도서.

엄마 나 영어 책 읽고 싶어요!

10살 영어자립!
그 비밀의 30분

정아 지음 / 13,800원

아이 스스로 영어를 즐기게 되는 학습법! '국내'
에서만, 하루 30분으로 영어 마스터하기.

아이의 생각을 열어주는

엄마 질문공부

장성애 지음 / 14,000원

어른과 아이는 생각하는 방식이 다르
다. 판단하지 말고 물어라! 아이의 인
성과 창의력을 길러주는 질문교육.

HARVARD MUST READS SERIES
하버드 머스트 리드 시리즈

피터 드러커 외 지음 / 총 6권 / 80,000원 / 낱권 구매 가능

'기본으로 돌아가 최고를 만드는' 하버드 머스트 리드 시리즈. 〈하버드 비즈니스 리뷰(HBR)〉에서 꼭 읽어야 할 대가들의 글을 주제별로 10개씩 엄선한 컬렉션. 인적자원관리, 변화관리, 리더십, 자기경영, 경영전략이라는 5가지 주제의 경영학 이론, 사례와 그 핵심을 담았다.

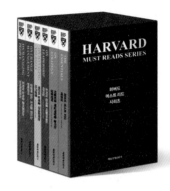

| 경쟁력 있는 조직을 만드는 변화관리 |

| 조직의 능력을 끌어올리는 인적자원관리 |

| 조직의 성과를 이끌어내는 리더십 |

| 개인의 능력을 극대화하는 자기경영 |

| 차별화로 핵심역량을 높이는 경영전략 |

| 하버드 머스트 리드 에센셜 |

제주개발공사는 '도민과의 소통, 지역사회 상생·협력을 통한
사회적 가치 창출'을 비전으로 사회공헌사업 발전전략을 마련하고 있다.

대한 보전과 관리기반 구축 연구에도 박차를 가하고 있다. 또한
공사에서는 폭염과 가뭄으로 도민들이 힘들어 할 때마다 삼다수
를 통한 긴급 식수지원 활동을 펼치며 '가뭄 속 단비'가 되어 주고
있다.

지난해 10월 제주개발공사는 지역사회 공헌을 위해 제주도 대
표 공기업과 연구기관이 협력 모델을 구축해 이목을 집중시켰다.
제주연구원과 '도민체감형 사회공헌사업 발굴·추진을 위한 업무
협약'을 맺고, 협약에 따른 후속조치로 사회공헌 사업 발굴에 나
선 것이다.

이를 바탕으로 제주개발공사는 최근 중장기 사회공헌사업 발

전전략을 마련하고, 최근 신설된 사회공헌팀을 주축으로 본격 추진에 나서고 있다. '도민과의 소통, 지역사회 상생·협력을 통한 사회적 가치 창출'을 비전으로 '나누고, 느끼며, 더불어 살아가는 JPDC'라는 슬로건을 내건 제주개발공사는 사회공헌 체계 혁신, 業 연계 전략적 공익사업 확대, 일자리 창출 및 사회적 경제 활성화, 상생·협력 맞춤형 사업전개, 지역밀착형 사회공헌 확대, 사회공헌 조직문화 확산 등 6대 전략과제를 본격화한다.

66

'도민과의 소통, 지역사회와의 상생을 통한
사회적 가치 창출'을 비전으로
'나누고, 느끼며, 더불어 살아가는 JPDC'라는
슬로건과 함께한다.

99

회장

오석송

메타바이오메드

경력

1987 ~ 1990   ㈜한국슈어프러덕트 대표이사
1990 ~   ㈜메타바이오메드 대표이사
2004 ~ 2006   ㈔중소기업신지식인협회장
2005 ~ 2011   ㈔오창과학산업단지 관리공단 이사장
2008 ~ 2016   한국무역협회 한빛회 회장
2010 ~   한국무역협회 서비스분과위원회 위원장
2009 ~ 2013   ㈔글로벌 최고경영자클럽 회장
2009 ~ 2012   기업호민관(옴부즈만)
2010 ~   코스닥협회 고문
2010 ~   한국무역협회 부회장
2012 ~   중소기업진흥공단 비상임이사
2012 ~   한국기술교육대학교 재단이사
2013 ~ 2015   산업통상자원부 자체평가위원회 위원
2013   오송첨단의료산업진흥재단 첨단의료기기개발지원센터
               첨단의료기기개발전략위원회 위원
2013 ~   캄보디아 해외민간대사
2014 ~   오송첨단의료산업진흥재단 비상임이사
2015 ~   충북창조경제협의회 위원

상훈

1999   중소기업분야 신지식인 선정(중소기업청)
1999   제1회 충북 우수중소기업인상
1999   산/학/연 공동기술 개발상(국무총리상)
2000   충북과학기술발명왕 대상
2004   충북중소기업대상 기술대상
2006   기술혁신대전 산업포장
2006   모범중소기업인 선정
2007   한국정밀산업기술대회 중소기업청장상(산업자원부)
2008   2008년 기업경영자 대상
2008   한국무역협회 올해의 무역인상
2014   최우수경영대상(글로벌경영 부분)
2015   대통령 표창
2016   삼천만 불 수출의 탑

세계에서 인정받는 첨단 의료 전문기업 메타바이오메드

세계 1위 기업, 전 세계 7개 회사만이 생산 가능한
생분해성봉합사 제품 기술을 보유한 티바이오메드는 글로벌 기업들과 경쟁하고 있다.

메타바이오메드 사명(社名)앞에는 항상 붙어 다니는 수식어가
있다. 근관충전재 세계 1위 기업, 전 세계 7개 회사만이 생산 가
능한 생분해성봉합사 제품 기술을 보유한 회사! 불과 법인 설립
19년의 짧은 기업역사를 갖고 있는 중소기업이지만 당당하게 세
계 시장에서 글로벌 기업들과 경쟁하며, 자신만의 영역을 확고히
구축하고 있는 기업이다.

메타바이오메드가 세계 시장에서 인정받을 수 있었던 가장 큰

요인은 기술력이 곧 경쟁력이라는 확신을 갖고 1999년 기술연구소 설립을 통해 지속적인 R&D 투자와, 사업 초기부터 한정된 국내시장에서 탈피하여 해외 시장을 공략하기 위한 과감하고 공격적인 해외마케팅 전개로 해외시장 개척의 결과다.

또한 의료용 소재 연구 개발부터 생산, 마케팅까지 전 부분을 자체적으로 수행하는 기업이다. 중소기업으로서 전 과정을 자체적으로 수행하는 것이 매우 어려운 일이지만 제품기술력과 가격 경쟁력 확보가 세계 글로벌 기업들과의 경쟁에서 우위요소를 확보할 수 있는 유일한 방법이라는 확신을 가지고, 적극적이고 끈기 있게 추진해온 결과다.

메타바이오메드는 치과용 치료소재 기업에서 출발하여 생분해성 봉합원사, 골수복제, 생체재료 등 사업 영역의 다각화를 통해 첨단 의료 전문기업으로 성장하였으며, 매년 2~3개의 꾸준한 신제품 출시를 통해 시장 지배력을 더욱 확장해 나가고 있다.

이렇듯 메타바이오메드는 도전정신과 개척정신의 DNA를 바탕으로 끊임없는 제품개발 노력과 적극적인 해외 마케팅 활동 전개로 의료 소재 및 기기 시장의 강자로 자리매김 하였으며, 글로벌 경영을 통한 세계적인 기업으로 성장하고 있다.

지속적인 R&D 투자와 끊임없는 해외 시장 개척

메타바이오메드는 매출액 대비 10% 이상을 R&D 비용으로 투자하고 있다.
2018년 개소한 Beauty R&D 센터 기술연구소.

메타바이오메드는 1999년 기술연구소 설립 이후 현재까지 매년 매출액 대비 10%를 R&D 비용으로 투자하여 신기술 개발 및 제품 개발에 역량을 집중하고 있으며, 전체 직원 수의 20%를 연구 인력으로 구성하여 대학(서울대 전북대 등 7개대), 연구기관(한국과학기술원 세라믹기술원 등 6곳), 병원(서울대병원 세브란스병원 충북대병원 등 6개 병원) 등 19곳과 산학연 연구체계를 구축해 제품 개발에 나서고 있다.

이러한 과정에서 1999년 산학연 국무총리 표창을 받았으며, 기술력과 연구개발 능력을 인정받아 총 130억 원의 사업비에 이르는 23개의 국책과제를 수행하였고 국내외 특허등록 33건 출원 18건의 기술 개발 실적과 실용실안 3건, 의장, 상표 등록 29건을 보유하는 괄목할 만한 성장을 지속하고 있다.

또한 2000년 기술경쟁력 우수기업 선정, 2002년 산업자원부 부품소재 사업자로 선정되기도 하였으며, 2004년 과학기술부로부터 우수기술연구소 선정, 2005년 중소기업청 수출유망중소기업 선정, 2006년 대한민국기술혁신대전 산업포장수상, 20015년 월드클래스300 기업 선정, 2017년 삼천만 불 수출의 탑 수상 등 명실 공히 기술 선도 기업의 위상을 갖추고 있다.

치과 의료기기 제품 분야에서도 2003년 E&Q Plus을 필두로 하여 E&Q Master, 근관충전재가 세계일류 상품으로 선정되어 품질의 우수성과 해외 시장에서의 제품 경쟁력을 인정받고 있다.

이외에도 치과 치료소재 제품과 골수복재 제품은 국내뿐만 아니라 미국 FDA, 유럽 CE마크 인증을 받아 안전, 건강, 환경, 소비자보호와 관련한 모든 요구사항과 지침을 만족시키는 제품으로 인정받아 세계 시장에서의 당당히 경쟁하는 발판을 만들었다.

특히 치과용 치료소재와 생분해성 봉합원사 중심의 사업 구조

메타바이오메드는 해외에서도 위상이 높다. 2000년 포두메타 중국현지법인.

에서 탈피하여 사업 영역의 다각화를 추진하기 위하여 개발한 골수복제 제품은 FDA, CE마크 인증을 시점으로 메타바이오메드의 위상을 해외에 더욱 알리게 되는 계기가 되었다.

메타바이오메드에서 생산하는 골수복재는 인체 뼈와 가장 유사한 형태를 가진 산호를 기반으로 해서 만든 제품으로 인체 내부의 혈액 등 영양성분의 흐름을 원활하게 해주는 특징을 가지고 있으며, 생체 적합성이 뛰어난 제품이다.

현재 골 재생 및 뼈와 뼈, 뼈와 임플란트 사이의 빈 공간을 채워주는 정형외과용 골시멘트 제품은 대부분 수입에 의존하고 있는 상황에서 NTCem (Orthopedic Bone Cement) 골 시멘트를 개발, 생산함으로써 수입대체 효과는 물론 국내 바이오 기술 향상에 크게 기여하는 계기가 되었으며, 메타바이오메드 기술력의 우수성을 다시 한 번 입증하였다.

해외시장 개척을 위한 적극적인 해외 마케팅 전개

메타바이오메드는 전 세계 100여 개국 250여 개의 판매망을 통한 글로벌 네트워크 구축을 통해 전체 매출액의 95%를 해외에서 창출하는 글로벌 기업으로서의 면모를 갖추고 있다.

또한 메타바이오메드는 근관충전재의 생산을 전량 베트남과 캄보디아로 해외 이전하여 생산하고 있으며, 세계 최대의 근관충전재 생산 시설을 갖춰 해외 시장에서의 가격경쟁력을 통한 차별적인 경쟁력을 획득함으로써 세계 시장 1위의 위치를 유지하고 있다. 그리고 2008년 미국 법인 설립으로 미주, 유럽 선진 시장 확대와 독일, 중국, 일본, 캄보디아, 베트남 현지법인 설립으로 해외 시장 점유율을 높이는 데 집중하고 있다.

이외에도 공격적인 해외마케팅 전개를 위하여 매년 30여 개의 국내외 전시회에 15년간 꾸준히 참여하여 새로운 시장개척과

메타바이오메드는 공격적인 해외마케팅으로
매년 30여 개의 국내외 전시회에 15년간 꾸준히 참여하고 있다.

영업망 확보, 브랜드 파워를 높이기 위한 활동을 펼치고 있으며,
현재는 아프리카, 남미 등 개발도상국의 새로운 시장 개척을 위
하여 마케팅 역량을 집중하고 있다.

글로벌 바이오 그룹으로 성장하는 메타바이오의 미래

메타바이오메드는 치과 재료 및 기기, 봉합사 중점 사업에서
생체재료 영역으로 사업 Paradigm의 확장을 통해 생명공학 분야
의 글로벌 기업으로 성장하고 있다.

경막외카테타 시장을 겨냥하여 개발된 초소형내시경 iDOL-PHIN은 1mm X 1mm 의 카메라 센서를 이용한 세계 최소형 카메라를 이용하여 다방면에 적용이 가능한 마이크로 내시경으로 초소형 카메라 적용과 동시에 일회용으로 사용하게 되어 있어서 다양한 의료 분야에 적용할 수 있고, 감염에 대한 우려도 없앤 제품으로, 최소침습 수술의 일종인 "내시경적 경막외 신경 성형술"에 사용되는 Epiduroscopic Catheter로서 카메라일체형 경막외 카테타로는 세계 최초로 개발된 제품이며 매년 10% 이상 성장하며 2020년 450억 불 이상으로 예상되는 세계시장에서 경쟁할 수 있는 제품으로 발전시킨다는 계획이다.

또한 생체흡수, 생체적합 재질과 Micro injection molding 기술을 이용한 미세성형기술을 적용하여 단절된 혈관을 이어주는 혈관문합기 제품을 개발 중이다. 이는 혈관탄력성 유지를 통한 응용분야까지 확대시킬 예정이며, 세계특허 보유기술로 발전시킨다는 구상을 가지고 진행 중이다.

그리고 성형을 위한 부직포, 성형사 원천기술, 피부 재생용 필러 등 다양한 생체 재료 제품 개발과 초음파 수술기 개발을 통해 의료 소재 전문 기업에서 생명공학 바이오 그룹으로 도약한다는 계획이다.

오석송 회장의 경영이념 "Envision the Future"

　지금도 현장과 세계 시장을 직접 발로 뛰는 오석송 회장(吳碩松, 65)은 1980년대 외국계 치과재료 업체인 한국슈어프로덕트의 관리이사 재직을 계기로 시작하여 약 27년 동안 의료 산업에 몸담아 오면서 수많은 기술과 제품 개발을 선도해 왔다.

　오석송 회장은 "Envision the Future"라는 경영이념을 바탕으로 인류의 건강한 삶과 행복을 추구하는 미래지향적이고 가치지향적인 경영을 통해 최고 품질의 제품을 생산하여, 가장 합리적인 가격으로 제공하고 직원과 고객, 주주를 만족시킬 수 있는 서비스 경영을 통해 인류의 건강한 삶과 행복에 기여하는 일을 하고 있다는 가치관 경영을 중요시하고 있다.

　이러한 품질, 가격, 서비스 가치경영은 임직원들에게 제품과 기술에 대한 자부심을 갖게 하고, 업무에 대한 집중도 및 만족도를 높여주는 계기가 되며, 활기찬 조직 문화 형성으로 고객에게 진정한 가치를 제공해 줄 수 있는 역량 강화로 이어지고 있다. 또한 이러한 가치를 실현하기 위해 최고를 추구하는 창의와 혁신, 미래를 예측할 수 있는 통찰력과 변화에 과감히 도전하는 열정이 있어야 한다고 생각한다. 사업을 하다 보면 위기에 몰리고 어려움에 빠질 때가 있다.

신규 사업에 대한 성공요인은 도전의식, 기회추구에 대한 적극성과 결단력, 끈기, 집중력이라고 말하며 이 가운데 도전의식을 가장 중요하게 생각한다.

"포기하지 말고 끝까지 버텨라"라는 오석송 회장의 긍정의 힘이 현재의 메타바이오메드를 만든 원동력이며, 근원이다.

기관차형 인재 양성

개인의 발전과 성장이 곧 회사의 성장이라고 생각하는 오석송 회장은 직원 개개인이 맡은 직무에 대한 자신감을 갖고 행동에 대한 책임과 함께 자긍심을 가지고 기관차형 인재가 되는 것이 무엇보다도 중요하다는 것이다.

객차는 스스로 움직이지 못하며 상대방의 힘을 200% 쓰게 만들지만, 기관차는 스스로 움직이며 다른 객차를 끌어주는 것처럼 스스로의 가치를 기관차같은 인재가 되자는 것이다.

또한 오석송 회장은 개발, 생산, 영업도 모두 사람이 하는 것이며 조직은 사람의 집합체라는 경영철학을 바탕으로 직원들이 즐겁게 일할 수 있는 환경조성과 개개인의 성장을 위한 교육에

오석송 회장은 조직은 사람의 집합체라는 경영철학을 바탕으로
직원들이 즐겁게 일할 수 있는 환경과 성장을 위한 교육에 중점을 두고 있다.

가장 중점을 두고 있다.

직원들의 교육에 대한 투자를 최우선적으로 지원하며, 매월
사내교육 실시와, 수시로 외부 강사를 초빙하여 직원교육을 실시
하며, 업무 관련 교육뿐만 아니라 직원 본인이 필요하다고 느끼
는 분야에 대한 교육도 적극 지원하며, 직원 1인당 연간 80시간
이상의 교육을 이수하도록 하고 있다

오석송 회장은 본인 스스로도 굉장히 많은 독서를 하는 것으
로도 유명하지만 직원들에게 책 선물을 자주한다. 본인이 읽은
책 중에서 직원들과 같이 공유하고 싶은 책이나, 한번은 꼭 정독
하여야 할 책이 나오면 수시로 서적을 구입하여 직원들에게 나누

어 준다.

또 직원들을 위한 서비스 경영을 통해 활기차고 생동감 있는 조직 형성을 위해 골프, 산악, 당구, 탁구, 볼링, 축구, 야구동호 회 등 동호회 활동을 장려하고 적극 지원하는 것은 물론 사내에 골프연습장, 당구대, 탁구대, 헬스장, 카페 등을 마련하여 즐거 움이 충만한 조직을 만들어 가고 있다 .

이와 더불어 오석송 회장은 직원들에게 "웃는 얼굴은 1류 인 생, 찡그린 얼굴은 3류 인생"이라는 말을 직원들에게 자주 한다. 항상 웃는 인상인 오석송 회장도 긍정적인 사고와 밝은 인상이 즐거운 회사 분위기를 만드는 데 무엇보다 중요하다는 것임을 강 조하며, 아침에 직원들 간에 손을 부딪치며 인사하는 문화도 정 착시키고 있다.

나눔과 봉사의 삶을 실천하는 오석송 회장

오석송 회장은 직원과 고객에 대한 서비스뿐만 아니라 사회 곳곳 어려움을 겪고 있는 이웃들과 지역 사회의 발전에 보탬이 되는 감동 경영을 실현하는 데도 노력하고 있다.

연말에 일회성 봉사활동에 머무르는 것을 지양하기 위해 분기별로 직원들과 가족까지 동반하는 자발적 참여로 복지 시설을 방문하여 봉사하는 활동과 연말 김장을 담아 생활환경이 어려운 이웃에게 전달하는 봉사를 매년 지속적으로 실시하고 있다.

또한 기업의 사회적 책임과 지역 발전의 보탬이 되는 기업의 역할을 수행하기 위하여 지역 내 고등학교 학생들을 위한 후원을 하고 있으며, 특히 공군사관학교에 5년간 1억 원의 장학금 후원을 통해 강군 양성과 우수한 인재 양성을 위한 투자에 적극 동참하고 있다.

그리고 봉사활동은 국내에 한정하지 않고 국가와 인종의 차별을 두지 않고 해외에서도 적극 추진하고 있다. 생산 공장이 있는 캄보디아의 낙후된 교육시설을 보고 교육 환경 개선을 위한 사업으로 캄보디아 제이오덤 마을의 도로 공사와 학교를 설립하여 학습 활동을 지원하여 캄보디아 국왕으로부터 감사장을 받기도 하였다.

2030 VISION을 통해 끊임없는 변화 추구

메타바이오메드는 2030년 회사의 비전과 성장 로드맵을 완성하여 끊임없는 노력과 성장을 추구하고자 노력하며 강한 변화를

메타바이오메드는 회사의 비전과 성장 로드맵을 중심으로 끊임없이 노력하면서 강한 변화를 주도하고 있다.

주도하고 있다.

생분해성봉합사 기술을 기반으로 한 성형사 개발 및 아름다움을 통한 인류의 행복을 실현시켜 주기 위한 제품 개발을 위해 2018년 1월에 단독 기술연구소인 Meta Beauty R&D Center를 완공하여 기술개발에 집중하기 위한 토대를 구축하는 등 메타바이오메드의 경영이념인 Envision the Future, Diamond Quality, Gold Service, Silver Price에 기반한 기술경영과 바이오. 의료분야의 소재 및 고령화 사회에 대비한 진단·측정기기 부문의 미래 수요 창출을 통해 고객에게 도움을 주고 고객이 감동하는 최고의 제품을 만드는 글로벌 리더로 성장하기 위해 변화에 대한 적극적인 수용과 환경 변화에 대한 적응력을 높일 수 있는 체질 변화를 하고 있다.

오석송 회장도 최근 "직원들의 생각과 태도도 변화에 대한 수용 노력이 커져가고 있다"면서 적극적이고 혁신적인 생각과 태도, 변화에 대한 빠른 적응력, 일에 대한 자긍심을 통해 메타 100년 비전 달성이 빨라질 것이라고 생각하고 있다.

회장

오세영

LVMC Holdings

경력

1990   코오롱상사 근무
1990   Turbo Trading Co., Ltd 설립(베트남)
1993   Turbo Trading Co., Ltd 설립(한국)
1997   Kolao Devloping Co., Ltd 설립
2000   Kolao Preschool 설립
2001   Kolao Auction Co., Ltd 설립
2002   Kolao Export and Import Co., Ltd 설립/Kolao A/S Center 개장
2003   'T-2' 오토바이/자동차 전시장 개장 및 공장 설립
2004   Kolao Farm Co., Ltd 설립
2005   Kolao China Co., Ltd 설립
2006   Kolao Cambodia Co., Ltd 설립
2007   Bnaking Business License 취득(라오스)
2007   Glovia Co., Ltd 물류운송회사 설립(태국 방콕)
2008   Indochina Bank 영업 개시/K-Plaza 전자매장 개장
2010   라오스 최대 자동차 전문매장 Auto City 개장
2011   Lao Country Club 개장
2013   Myanmar Showroom 개장/Savannakhet Showroom(HD/KIA/DAEHAN) 개장

상훈

2000   대한민국 산업자원부 장관상
2003   라오스 국무총리 수여 최고 기업인상
2003   한국 경제인협회 World Wide CEO 45인 선정
2004   라오스 국무총리 수여 최고 기업상/대한민국 국무총리상
2006   서울신문 대한민국 경영혁신 대상
2008   라오스 대통령 수여 경제 발전 훈장/라오스 대통령 수여 노동 훈장
2009   라오스 국방부 장관 수여 용맹 훈장
2010   한국인을 빛낸 창조 경영인 32인에 선정
2012   대한민국 창업기업인상/라오스 국무총리 수여 2012년 최고 우수 기업상
2016   제15차 세계한상대회 대회장
2017   한국경영학회 경영학자 선정 대한민국 한상경영대상

라오스 1등 기업 '자랑스러운 한상' LVMC Holdings

LVMC Holdings는 1997년 라오스에서 설립된 한상(韓商) 기업으로
자동차 · 오토바이 생산 및 제조, 은행 등 금융업을 기반으로 빠르게 성장하고 있다.

LVMC Holdings는 1997년 라오스에서 설립된 한상(韓商) 기업
으로 자동차·오토바이 생산 및 제조, 은행 등 금융업을 기반으로
빠르게 성장하고 있다. 지금은 언론, 건설, 물류, 리조트 및 가구
판매 등 다양한 계열사를 거느리며 규모 면에서 라오스 내 민간
기업 중 1위를 차지하고 있다. 뿐만 아니라 라오스에서의 성공
을 기반으로 인근 국가 및 전 세계로 사업영역을 확대해 나가고
있다.

LVMC Holdings의 주력사업인 자동차 판매는 2015년 기준 승용차 77%, 승합차 75%, 트럭 95% 등 라오스 내에서 압도적인 시장점유율을 기록하고 있다. 2003년 라오스인들의 체형에 맞도록 자체 개발한 'KOLAO' 오토바이는 합리적 가격과 검증된 품질로 일본 브랜드가 주를 이루던 라오스 오토바이 시장에서 약 40%에 이르는 시장 점유율을 기록하고 있다.

2009년에는 계열사 인도차이나 은행을 설립하고 철저한 현지화 전략으로 설립 4년 만에 자산, 수신, 여신 부문에서 민간은행 1위로 올라섰다. 이후 지속적인 성장을 거듭하며 라오스 내 금융시장을 선도하고 있다. 또한 라오스 최초 할부금융서비스를 도입함으로써 LVMC Holdings의 자동차 판매 사업부와 시너지 효과를 내고 있다.

라오스 전체 자동차 시장점유율 2위를 달성

LVMC Holdings는 2010년 한상 기업 최초로 한국거래소 유가증권시장에 상장했으며 2013년에는 자체 브랜드인 '대한 모터스'로 트럭을 생산하기 시작해 3년 만에 라오스 전체 자동차 시장점유율 2위를 달성했다.

LVMC Holdings는 라오스 최초 24시간 애프터서비스(A/S) 서비스를 도입하는 등
과감한 서비스 정책을 통해 고객 불편함을 최소화했다.

　　이러한 LVMC Holdings의 성공에는 라오스 시장 내에서 탄탄
하게 구축한 밸류체인이 있었다. 지난 20여 년간 LVMC Hold-
ings가 사업을 영위하며 확보한 전국적 영업망은 올해 1분기 기
준 370개를 돌파했다. 이러한 전국적인 영업망을 통해 라오스 내
모든 고객과 소통할 수 있었고 고객들이 차량을 구매할 때 인도
차이나 은행 및 자체 할부 금융을 이용하도록 유도함으로써 보다
편리한 구매가 이루어질 수 있는 시스템을 마련했다. 또한 라오
스 최초 24시간 애프터서비스(A/S) 서비스를 도입하는 등 과감한

LVMC Holdings는 2013년 자체 브랜드인 '대한 모터스'로 트럭을 생산하기 시작해
3년 만에 라오스 전체 자동차 시장점유율 2위를 달성했다.

서비스 정책을 통해 고객 불편함을 최소화했다. 재구매와 대차서

비스도 시행해 LVMC Holdings가 판매한 차량에 대해서는 합리

적인 가격으로 중고차 매매가 가능케 했고 신차로 교환 시 다양

한 혜택을 제공했다. 그 결과 고객 만족은 물론, 브랜드 가치를

상승시키는 효과까지 낳았다. LVMC Holdings의 이러한 재구매

및 대차서비스는 중고차 시장이 활성화되지 않았던 라오스에서

중고차 시장을 확대하며 LVMC Holdings의 신성장 동력으로 부

상하고 있다.

LVMC Holdings는 라오스 내 1위 기업에 머무르지 않고 인

도차이나 반도로 사업영역을 확대해 왔다. 그 핵심은 자체 브랜드인 대한 모터스다. LVMC Holdings는 인도차이나 반도 내 국가별 주요 소비층들의 소비문화, 구매능력, 매입패턴 등을 면밀히 파악하고 철저한 시장분석을 실시해 고객이 원하는 맞춤형 차량을 개발했고 2013년 '대한'이라는 브랜드로 시장에 첫 선을 보였다.

대한 모터스 트럭은 엔진과 트랜스미션은 글로벌 제품을 사용하며 품질을 확보하고 기타 주요 부품은 자체 개발함으로써 고객이 원하는 품질과 가격을 동시에 만족시켰다. 이렇게 개발된 대한 모터스의 트럭은 출시 3년 만에 라오스 트럭시장에서 72%의 점유율을 기록했다. 뿐만 아니라 일본 브랜드가 독식하던 픽업트럭 시장에서도 10%가 넘는 시장점유율을 달성했다. 올해 8월에는 신형 픽업트럭 3개 모델을 추가해 시장점유율을 더욱 확대할 예정이다. 연간 약 7만 대의 베트남 트럭시장에서 3분기 중 생산 및 판매를 시작할 계획이다.

LVMC Holdings는 대륙별 주요 생산거점을 만들고 이를 기반으로 인근 국가로 사업 영역을 확장하는 전략을 추진하고 있다. 라오스의 사바나켓 공장.

아세안 전체 시장으로의 확대 전략

LVMC Holdings는 이제까지 인도차이나 반도 내 성공에 멈추지 않고 아세안 전체 시장으로의 확대 전략을 통해 또 다른 성장 국면을 맞이하고 있다. 하나의 비전, 하나의 정체성, 하나의 공동체를 모토로 지난해 12월 31일 공식 출범한 아세안 경제 공동체는 인구 6억 3,000만 명(세계 3위), 국내총생산(GDP) 2조 7,000억 달러(세계 7위)의 거대 단일 시장 및 단일 생산기지다. 이미 라오스를 비롯해 미얀마, 베트남, 캄보디아 등 아세안 주요 핵심국가들에서 사업을 20년 이상 영위해 온 LVMC Holdings는 축적된 시장 노하우 및 비즈니스 경험을 바탕으로 아세안 경제통합에 따른 기업성장 가능성에 큰 기대를 걸고 있다.

특히 전체 부품 중 40% 이상이 아세안 역내 부품으로 만들어진 제품은 아세안 10개국에 무관세로 수출되는 점을 감안해, 현재 생산 기반이 마련된 라오스, 베트남을 거점으로 아세안 시장을 공략할 수 있는 제품의 연구개발 및 생산에 박차를 가하고 있다.

LVMC Holdings는 안정적으로 지속성장하는 영속기업으로서의 발판을 마련하기 위해 수립된 전략들을 이행해 나가고 있다. 대륙별 주요 생산거점을 만들고 이를 기반으로 인근 국가로 사업 영역을 확장하는 전략을 추진할 계획이며 이러한 글로벌 사업 추진을 위해 첫 번째로 인구 2억 명인 파키스탄을 북아프리카와 중동시장의 핵심 국가로 선정했다. 자체 생산공장을 확보하고 있으며 기존 파키스탄 내 트럭 시장의 약 50% 시장점유율을 차지했던 현지 파트너사와 합작법인을 설립, 자체브랜드인 대한 트럭의 독점 공급 계약을 체결했다. 현지 소비자의 요구사항을 적극 반영해 개발한 제품을 오는 8월부터 본격적으로 출시 및 판매할 예정이다.

파키스탄에서의 사업 성공을 시작으로 현지 파트너사가 기존 비즈니스를 영위하던 북아프리카 및 중동 시장까지 본격 진출함으로써 LVMC Holdings의 제품 개발 능력 및 생산 기술과 현지 파트너의 시장에 대한 이해도가 만나 시너지 효과를 낼 수 있을 것으로 기대된다.

LVMC Holdings 사업 성공의 핵심에는 베트남을 시작으로 지난 26년간 해외에서 사업을 확장해 온 창업자 오세영 회장이 있다. 아세안 시장을 기반으로 글로벌화에 성공한 1세대 창업자로서 그의 성공방식은 비단 한국인뿐 아니라 전 세계에 진출해 있는 재외동포들에게 연구사례가 되고 있다.

재외동포와 연계한 글로벌 네트워크

오 회장은 재외동포재단, 매경미디어그룹 등이 2016년 9월 27부터 사흘간 제주에서 개최된 '제15차 세계한상대회'에서 역대 최연소 한상 대회장으로서 행사를 총괄했다. 그는 재외동포와 연계한 글로벌 네트워크가 대한민국의 선진국 진입에 큰 역할을 할 것이라고 확신하고 있다.

오 회장은 "우리나라의 지리적 여건과 제한된 국토 및 열악한

베트남 대한 자동차 판매 전경

캄보디아의 KR모터스 쇼룸

지하자원 등을 고려했을 때 독자적인 국가경쟁력을 확보하기 위해선 현재 750만 명에 달하는 재외동포의 수가 우리 인구의 25% 수준인 1,250만 명까지 늘어나야 한다"며 "재외동포들 간의 네트워크 형성뿐 아니라 대한민국 내 기업들과 전 세계 재외동포들 간 네트워크를 형성함으로써 글로벌 시장에서 교류하고 경쟁한다면 대한민국의 성장 동력으로써 큰 자산이 될 것"이라고 말했다. 그는 이어 "대한민국은 대학 진학률이 80%를 넘어설 정도로 우수한 고급인력이 많기 때문에 성공한 재외동포를 롤모델 삼아 세계로 나가는 기회를 제공한다면 미래의 국가 경쟁력은 한층 강화될 것"이라고 말했다.

LVMC Holdings의 글로벌 성공전략

- 다른 모든 사람이 하고 있는 것을 찾아내어 그것과 다르게 하라.
- 시대 흐름을 읽고 국가발전과 함께하라.
- 준법 경영을 반드시 실천하고, 정부관련 이권사업에 개입하지 말라.
- 장기적 관점에서 사업을 영위하고 브랜드 관리로 기업가치를 높여라.
- 고객만족에 저해되는 일과는 절대 타협하지 말라.
- 자신 없으면 하지 말고 시작하면 1등 하라.
- 현지 중소상인에게 피해를 주는 사업을 삼가라.
- 미래를 공유함으로써 평범한 사람들이 비범한 일을 하게 하라.
- 이익의 사회환원을 무조건 실천하라.
- 경쟁력과 영속성은 현지화에 달려 있다.

66

대한민국 내 기업들과
전 세계 재외동포들 간
네트워크를 형성하는 일은
대한민국의 큰 성장 동력이 될 것이다.

99

회장

오원석

코리아에프티

학력
1971   경기고등학교 졸업
1975   서울대학교 기계공학과 졸업

경력
1974   현대양행(現 두산중공업) 입사
1982   대우조선공업 부서장
1987   ㈜코리아에어텍 부사장
1996   ㈜코리아에프티 대표이사

상훈
2004   제31회 상공의날 표창
2009   제2회 범죄피해자 인권의날 표창
2009   세계일류상품 및 세계일류기업 인증
2010   관세청장상
2010   글로벌 경영대상
2011   글로벌 경영대상
2011   제48회 무역의날 5,000만 불 수출의 탑
2012   제9회 자동차의날 동탑산업훈장 수훈
2012   글로벌경영대상
2012   제49회 무역의날 7,000만 불 수출의 탑
2014   글로벌 전문 후보기업 지정서 수여
2014   춘계학술대회 글로벌경영대상
2014   제51회 무역의날 1억 불 수출의 탑
2014   제51회 무역의날 산업통상자원부 장관 표창
2015   2015 한국자동차산업 경영대상
2016   제50회 납세자의 날 기획재정부 표창

코리아에프티주식회사

친환경 자동차부품 전문기업, 코리아에프티

코리아에프티(오원석 회장)는 자동차 연료계통의 친환경 부품인 '카본 캐니스터'와 부품 경량화를 통한 연비효율 증가에 효과적인 '플라스틱 필러넥', 그리고 국내 유일의 차량용 차양 장치 등 차량 내부 인테리어 부품을 생산하는 친환경 자동차부품 전문기업이다.

특히 국내 5개 완성차 업체뿐 아니라 GM글로벌, 르노-닛산, 폭스바겐, 볼보, 스코다 등 해외 완성차 업체까지 안정적인 매출처 보유하며 글로벌 강소기업의 면모를 확인시켜 준다.

특히 2007년 미국발 글로벌 경제위기, 2010년 그리스의 구제 금융지원에서 촉발된 유럽발 글로벌 경제 침체 등 최악의 위기 상황 속에서도 2007년 매출액 917억 원에서 2017년 3,400억 원 이상을 올리는 중견기업으로 꾸준히 성장을 지속해 왔다.

이처럼 글로벌경제가 어려운 가운데에도 탁월한 경영성과를 올릴 수 있었던 것은 해외 생산기지 구축, 끊임없는 기술개발, 글로벌 완성차업체로의 매출처 다각화 덕분이다.

코리아에프티는 국내 자동차 시장의 크기와 한계를 명확히 파악한 몇 안 되는 중소자동차 부품기업이다. 오원석 회장은 글로

폴란드법인을 방문한 오원석 회장이 관계자들과 함께 진지한 토론을 벌이고 있다.

벌 경영만이 회사의 성장을 가져다줄 수 있는 방안이라는 판단
하에 2003년 자동차 신흥시장인 중국을 시작으로 2006년 인도,
2007년 유럽시장의 전진기지인 폴란드 그리고 최근 슬로바키아
에 생산기지를 구축하였다.

과감하게 시도한 글로벌 진출은 크게 성공하여 해외법인의 매
출은 해마다 증가하고 있다. 중국과 인도법인은 지속적인 매출과
수익성 확대로 안정화 단계에 진입하였으며, 후발주자인 폴란드
법인은 2015년부터 유럽 신차물량 증대로 인해 큰 폭의 매출성
장을 이어나가고 있다.

이로써 2011년에는 국내법인과 해외법인의 매출이 50대 50 수준을 기록했으며, 2012년부터는 해외법인 매출이 국내매출을 넘어섰고 향후에는 그 격차가 점점 더 벌어질 예정이다. 적극적인 해외 생산기지 구축은 글로벌 경제위기 상황에서도 연 매출 400억 원에 불과한 중소기업을 3,400억 원 이상 올리는 중견기업으로 성장할 수 있었던 배경이다.

성장의 원동력, 끊임없는 기술개발

끊임없는 기술개발도 코리아에프티가 국내 대표적인 친환경 자동차 부품기업으로 성장할 수 있었던 원동력이었다. 오원석 회장은 항상 직원들에게 "우리 회사는 일반 제조업체가 아닌 자동차부품 개발의 엔지니어링 회사다"라고 강조하고 연구개발에 아낌없는 투자를 했다.

1996년 회사 설립 초기부터 부설 연구소를 설립해 운영하면서 관리직 총수의 1/3 이상에 해당하는 연구개발 인력을 채용하고 매출의 10% 이상을 매년 R&D에 투자해 중소기업에서 보유하기 힘든 고가의 첨단 연구 설비도 갖췄다. 현재 지적재산권 96건을 보유 중으로 해외 및 국내특허만 70건에 달하고 있다.

코리아에프티는 회사 설립 초기부터 부설 연구소를 설립해 운영하면서
연구개발 인력을 채용하고 매출의 10% 이상을 매년 R&D에 투자하고 있다.

코리아에프티는 기술개발 실력을 인정받아 '블랙박스 기업'이
라는 자랑스러운 훈장도 갖고 있다. 블랙박스 기업이란 제품에
대하여 설계부터 개발, 검증까지 모두 담당할 수 있는 기업을 말
한다. 블랙박스 기업은 고객 요구품질을 만족할 수 있는 부품을
설계해야 하고 품질 만족 여부를 검증하기 위한 많은 시험설비를
보유해야 할 뿐만 아니라 품질을 보증해야 하기 때문에 높은 기
술력이 요구된다. 따라서 블랙박스 기업은 완성차업체의 신차개
발단계부터 참여할 수 있다.

반면 대부분의 중소자동차부품사는 '화이트박스 기업'으로 완성차업체에서 제품을 설계해 도면을 대여해 주면 그 도면을 기준으로 단순히 생산만 할 수 있다. 또한 코리아에프티는 친환경 관련제품과 차량 경량화를 통한 에너지 절감형 제품을 개발한다는 원칙을 사업 초창기부터 수립했다. 당시 국내에서는 환경에 대한 관심이 낮았지만, 북미지역과 유럽 국가들은 환경법규를 강화하는 추세였기 때문이다.

코리아에프티가 이룩한 대표적인 성과가 바로 카본캐니스터 국산화, 플라스틱필러넥 개발이다. 먼저 카본캐니스터는 자동차 연료 탱크 내에서 발생하는 증발 가스를 활성탄으로 흡착해 엔진 작동 시 엔진으로 환원시켜 연소시킴으로써 증발가스가 외부에 유출되지 않도록 하는 자동차부품이다. 흔히 주유소에서 아지랑이처럼 피어오르는 것을 볼 수 있는데, 이것이 바로 가솔린이 증발해 나오는 증발가스(VAPOR GAS)이다. 증발가스는 광화학스모그의 원인이 되는 공해물질로서 각국마다 법규로 증발가스 유출을 규제하고 있다. 이에 따라 카본캐니스터는 각국의 환경규제는 물론 각 자동차사마다 요구하는 사양을 모두 갖춰야 하는 등 진입장벽이 매우 높은 제품이다.

코리아에프티가 국산화에 성공하기 전까지는 전량 수입에 의

존할 수밖에 없었다. 그러
나 코리아에프티가 카본캐
니스터 국산화에 성공함으
로써 6억 달러의 수입대체
효과를 가져왔고 국내시장
(점유율 79%) 1위를 차지했
다. 또한 환경규제가 무척
까다로운 미국, 유럽시장
에 파고들어 세계시장 점

플라스틱 필러넥
연료 주입구로부터 연료탱크까지 연료를
안전하게 이송하기 위한 유로 역할
부품으로서 기존 스틸 구조의 단점을
보완하여 경량화를 통한 연비 개선에
효과적인 친환경 자동차 부품

유율 4위(9%)를 기록했고 글로벌 자동차 시장의 새로운 트렌드인
하이브리드 자동차에 적용할 수 있는 가열방식 하이브리드 캐니
스터를 개발해 국내특허를 취득했다. 현재 미국과 중국에도 특허
를 출원 중이며 기술력을 인정받아 2011년 현대자동차그룹으로
부터 선행개발 최우수기업으로 선정되기도 했다.

플라스틱 필러넥은 자동차에 연료 주입 시, 주유구에서 연료
탱크까지 연료를 이송시키기 위한 유로관으로써, 최근 10여 년
의 연구 끝에 플라스틱 필러넥의 기존소재에 나노클레이를 첨가
한 신제품을 개발했다. 기존 소재 대비 증발가스 차단성이 12배
이상 우수하고 스틸 및 다층구조 대비 각각 0.7kg, 0.3kg의 경량

화 효과를 통해 연비효율
과 가격 경쟁력이 우수한
제품이다. 소재부터 제조
공법까지 다른 기업이 범
접할 수 없는 진입장벽을
구축함으로써 국내 유일의
플라스틱 필러넥 업체로
확고한 입지를 다지며 기
술혁신을 통한 선진 수준

카본 캐니스터
연료탱크 내에서 발생되는 증발가스를
활성탄으로 흡착하여 엔진작동 시
엔진으로 환원시켜 연소되도록 하는
장치로서 대기오염을 방지하는
친환경 자동차 부품

의 친환경 체제를 조성하는 데 이바지하고 있다.

코리아에프티를 대표하는 또 다른 제품은 의장부품 및 차양장
치이다. 최근 차량의 고급화 전략에 따라 갈수록 그 중요성이 높
아지고 있는 의장부품(Interior Parts)은 기능과 편의성뿐만 아니라
제품 외관에 디자인 감각을 더해 소비자의 구매욕구와 기호를 만
족시켰다.

자동 차양장치(Auto Sunshade)는 태양광선을 차단하여 탑승객의
편의성과 안락함을 더하는 부품으로 운전자의 프라이버시 보호
및 야간 운전의 안전성 확보를 돕는다. 얼마 전만 해도 국내 기업
이 생산하지 못해 대부분 고가의 수입품에 의존했지만 코리아에

프티가 2009년부터 본격적으로 우수한 성능과 가격경쟁력을 겸비한 자동 차양장치를 국내 최초로 개발하면서 국내 완성차 업체에 부품을 공급하고 있다. 현재 그랜저(TG)를 시작으로 K7, 아슬란, 제네시스까지 확대 공급하고 있다.

첨단화 시대에 발맞춘 새로운 성장동력 확보

첨단화 시대에 발맞춘 새로운 성장동력 확보에도 성공했다. 코리아에프티는 지금까지 추진하던 연료계통 부품 사업에서 벗어나 점점 첨단화되어 가는 자동차 산업에 발맞춰 무인 자동차 등 차세대 스마트 카에 공통적으로 들어갈 수 있는 머신러닝 기반의 ADAS 소프트웨어 알고리즘을 개발에 성공했다. 이 소프트웨어는 어떠한 악천후 상황에서도 보행자를 감지할 수 있는 신기술로 평가받는다. 그동안 해왔던 하드웨어 개발에서 한 단계 더 나아가 소프트웨어 개발이 필요하다는 판단에 따라 연구개발에 착수, 테스트용 센서 칩 검증작업을 거치면서 이는 코리아에프티 성장의 또 다른 성장동력이 될 것으로 기대를 모으고 있다.

이러한 성과들을 발판 삼아 코리아에프티는 2007년부터 해외 글로벌자동차사의 수주에 적극 나서기 시작했다. 그 결과 2007

오원석 회장이 제9회 자동차의 날 기념행사에서
당사 제품에 대한 설명을 하고 있는 모습이다.

년, GM글로벌과 캐니스터 공급업체 선정, 2012년, 르노글로
벌에 당사 카본 캐니스터 및 플라스틱필러넥을 공급계약 체결,
2014년 르노 닛산과 플라스틱 필러넥 공급계약 체결, 2015년에
는 폭스바겐 및 스코다, 그리고 북경기차(BAIC)의 Interior Parts
공급업체로 선정, 2016년에는 VOLVO 및 GM 글로벌과 카본 캐
니스터 공급업체로 선정, 최근 2017년에는 VOLVO, 동풍르노,
르노닛산 등의 카본캐니스터 공급업체로 선정되면서 지속적인
시장 확대를 이뤄내고 있다.

코리아에프티는 해외 시장에 통하는 세계 일류의 기술력을 바탕으로 2012년 투명 경영과 지속 가능한 성장성을 인정받으며 코스닥 상장에 성공했다. 같은 해 5월 자동차의 날 행사에서 오원석 회장은 동탑산업훈장을 수훈하였고, 2014년 무역의 날에는 1억 불 수출의 탑 및 산업통상자원부 표창을 수상하는 등 쾌거를 거두었다.

항상 탄탄대로를 달려온 것만 같은 코리아에프티도 몇 차례의 위기가 있었다. 카본 캐니스터 부품의 국산화에 성공하면서 순항일로에 있던 1990년, 코리아에프티에 첫 위기가 찾아왔다. 당시 매출 1,000억 원이 넘던 중견업체가 카본 캐니스터의 카피제품을 시장에 내놓은 것이다. 매출 60억 원에 불과한 코리아에프티는 중견업체의 저가 물량공세에 휘말려 매출 절반이 감소했고 심각한 위기에 봉착했다.

하지만 오원석 회장은 제품 가격을 낮추어 현실과 타협하는 대신, 고집스럽게 품질로 승부수를 띄웠다. 위기 상황을 정면돌파하기로 결정한 배경에는 "품질 좋은 제품만이 시장에서 살아남을 수 있다"는 확고한 그의 지론 때문이었다. 결국 경쟁사는 제품 출시 3년 만에 대형 품질사고가 터졌고, 뚝심 있게 품질력으로 승부한 코리아에프티에 국내 완성차 업체들은 앞다투어 납품을 요청하게 되었다.

두 번째 위기가 찾아온 건 대기업도 줄줄이 도산하던 IMF 외환위기 때였다. 국내에서 자금 유치가 어렵던 1999년, 이태리 토리노 상공회의소 초청으로 오원석 회장은 대한민국 자동차 부품 산업의 성장과 코리아에프티의 미래에 대해 강연했다. 마침 이 자리에 참석했던 이탈리아의 자동차 부품 대기업 ERGOM사 회장 Francesco Cimminelli는 큰 감명을 받았고, 외환위기를 맞아 어려움을 겪고 있던 코리아에프티에 전격 자금을 지원하기로 결정했다.

해외자금 유치에 성공한 코리아에프티는 이 자금을 연구개발과 생산시설 확충에 고스란히 투자하였고, 탄탄한 성장기반을 구축하게 되었다. 그 결과 현재 세계시장에서 유수의 자동차 부품 사들과 어깨를 나란히 하며 경쟁하는 글로벌 기업으로 도약하게 되었다.

'사람이 곧 경쟁력이다'

이 같은 코리아에프티의 기술력과 성과는 모두 '사람'에게서 나온다. 1996년 설립한 이래 오원석 회장은 줄곧 '사람이 곧 경쟁력이다'라고 강조해 왔다. 그리고 '논어(論語)'에 나오는 '학이시습 품격고양(學而時習 品格高揚)'을 경영철학으로 삼아 왔다.

학이시습(學而時習)은 논어 맨 첫머리에 나오는 말로서, 듣고, 보고, 알고, 깨닫고, 느끼고 한 것을 기회 있을 때마다 실제로 실행해 보고 실험해 본다는 뜻이다. 직접 몸으로 실천해 봐야 배우고 듣고 느낀 것이 올바른 내 지식으로 체화될 수 있다는 것이다. 코리아에프티의 경우 외국에서 전량 수입하던 제품을 자체개발을 통해 생산하고 있기에 외부에서 기술을 습득하거나 배우는 게 불가능했다. 따라서 회사에 필요한 인재를 내부교육을 통해 인재를 양성함으로써 코리아에프티의 모든 직원은 회사 선배로부터 습득한 기술과 지식, 정보를 반복하여 실행해 보고 연습함으로써 자기 지식을 늘려 왔다.

또한 품격고양(品格高揚)은 이렇게 모든 직원이 서로에게서 좋은 점을 흡수하고 나쁜 점을 개선해 나갈 때, 사람의 품격뿐 아니라 제품의 품격도 동시에 향상되고 발전할 수 있다는 것을 뜻한다.

오원석 회장은 직원들과 함께 호흡하는 스킨십 경영으로 전문성을 갖춘 글로벌 인재양성과 노사가 공존공영(共存共榮)하는 기업문화 조성을 강도 높게 추구하고 있다. 특히 중소기업으로서

코리아에프티 오원석 대표는 범죄피해자들에 대한 다각도의 지원을 통해 조기 회복과 자립 등을 돕고 있다. 범죄피해자들을 위한 사회적 기업인 '무지개공방' 모습.

유능한 인재를 모으기 어렵자 오원석 회장은 "대학을 졸업한 유능한 인재가 찾아오기만을 무작정 기다리지 말고 차라리 우리가 교육을 통해 유능한 인재를 양성하자"며 인식의 변화를 이끌었다.

이를 위해 고졸 사원을 적극 채용하고 직원들이 자신의 능력을 맘껏 펼칠 수 있도록 생산직에서 관리직으로의 이동이 가능하게 했다. 관리직 전환 이후에는 실적만으로 인사평가를 실시해 모든 직원에게 공평한 기회를 제공하는 인사시스템을 구축했다.

현재 팀장의 약 30%는 고졸 출신이며, 임원으로 승진한 직원도 배출했다.

또한 직원들의 이직률을 낮추고 만족도를 높이고자 복리후생에도 힘쓰고 있다. 모든 직원에게 글로벌마인드를 높이기 위해 임직원 대상의 영어교육 프로그램을 실시하고 있으며, 가족친화 경영개선안을 만들어 근로자의 직무만족도를 높이는 데 노력하고 있다. 그 결과 2009년에는 고용노동부장관으로부터 노사상생실천기업 인증서를 받는 등 선진 기업문화를 만들어 나가고 있다.

한편 코리아에프티는 중견기업으로서 사회공헌활동에도 적극 나서고 있다. 오원석 회장은 범죄 피해자의 인권을 보호하고 고통을 치유하기 위해 평택·안성범죄피해자지원센터 설립에 동참해 현재 이사장으로 재직 중이다. 지원센터는 범죄피해자 발생 시 전문상담 및 자립, 의료지원, 법률지원, 재정적 지원, 신변보호 등 다각적인 측면에서 지원이 효율적으로 이루어질 수 있도록 원스톱 지원시스템을 구축하고 있으며, 90여 명의 전문위원과 150명의 무지개서포터를 보유하고 있다.

66

‘사람이 곧 경쟁력이다’를
경영철학으로 삼아 온
코리아에프티의 기술력과 성과는
모두 ‘사람’에게서 나온다.

99

사장

유향열

한국남동발전

학력

1976   공주사대부고
1984   서울시립대학교 행정학과 학사
1999   헬싱키경제대학원 UM–MBA
2002   연세대학교 국제경영대학원 CEO과정 수료

경력

2008 ~ 2009   한국전력공사 아주사업처 사업운영팀장
2009 ~ 2012   한국전력공사 충남본부 당진지사장
2012 ~ 2013   한국전력공사 해외사업운영처장
2013 ~ 2015   한국전력공사 필리핀일리한 현지법인장
2015 ~ 2017   한국전력공사 해외부사장
2018 ~   한국남동발전 사장

국내 발전공기업의 리더 '한국남동발전'

한국남동발전은 정부의 전력산업구조개편정책에 따라 2001년 4월 2일 한국전력공사에서 발전 부문이 분리되어 출범한 발전 전문 회사다. 지난 2014년 경남 진주시로 옮긴 본사와 함께 삼천포발전본부, 영흥발전본부, 분당발전본부, 여수발전본부, 영동에코발전본부 등 5개의 발전본부로 구성되어 있다. 종업원은 2017년 말 기준 2,349명이다.

남동발전은 지난 2014년 영흥본부 6호기 상업개시와 2016년 340MW급 여수1호기의 상업운전을 통해 국내 화력발전사 최초로 시설용량 1만MW 시대를 열었다. 또한 혁신활동과 끊임없는 노력을 통해 흑자경영의 토대를 구축하고 있다. 특히 지난해 연료비상승, 노후화력발전기 가동중단 등 대내외적 여건의 어려움 속에서도 고강도 자구노력 끝에 매출 5조 4천억 원, 당기순이익 1,300억 원을 달성해 안정적인 수익구조를 유지하고 있다.

또한 현장 경쟁력이 떨어지지 않도록 업무 프로세스를 최적화하고 시스템화함으로써 지난 2014년 이후 매년 최저 부채비율 달성이라는 성과를 거두었다. 이는 경영자정보시스템 기반 아래 재무성과 창출을 위한 고강도 자구노력이 있었기에 가능했으며,

베트남 **MOU** 체결 장면. 유향열 사장은 문재인 대통령의 베트남 방문 당시
경제사절단으로 동행해 협약을 체결하기도 했다.

이 같은 노력들을 통해 남동발전은 시장에서 성공적인 공기업 혁
신모델로 자리매김했다.

발전회사 리더로서 남동발전의 면모는 곳곳에서 나타난다. 발
전회사의 핵심 경쟁력은 외국에서 수입하는 발전연료인 유연탄
의 조달단가를 최저 수준으로 낮추는 것에 있다. 이런 측면에서
남동발전은 세계적인 경쟁력을 갖추었다. 이 회사는 e-SMART
Fuel Center를 통한 글로벌 네트워크 활용 시스템적 연료조달로
2014년 이후 매년 시황대비 최대 절감기록을 갱신하고 있다. 지
난해에는 시황대비 약 6.5%를 절감함으로써 국내 최고 수준의

연료조달 역량을 뽐내고 있다.

발전설비 신뢰도 역시 국내 최고수준을 유지하고 있다. 석탄화력발전의 경우 복합설비 대비 가동시간이 많고, 설비가 복잡해 고장발생확률이 높지만, 남동발전은 2016년부터 시행 중인 고장방지 특별대책을 시행하고 있다. 그 결과 지난해 발전기 1대당 고장 정지시간이 1.1시간으로 창사 이래 최고실적의 고장예방 실적을 달성했다. 이는 국내 발전 5사 중 최저수준으로 비계획손실률 7년 연속 개선, 피크기간 고장정지율 82%개선, 고장 정지시간 6년 연속 개선 등의 성과를 거뒀다.

이 같은 성과를 인정받아 남동발전은 지난해까지 3년 연속 정부혁신 우수기관에 선정되어 대통령 표창을 수상했고, 지난해 한국 아이디어 경영대상 공기업 부문 대상에 선정되기도 했다.

'석탄화력발전의 위기'구원투수 유향열 사장

지난 3월 한국남동발전의 CEO로 부임한 유향열 사장은 약 35년간 전력산업분야에서 다양한 직무를 수행하면서 많은 경험과 전문성을 쌓은 전력분야 전문가다. 한국전력에서 전북지사부지사장, 충남본부 당진지사장, 해외사업운영처장, 필리핀현지법인

慶 第7代 柳向烈 社長 就任 祝
2018. 2. 13(화) KOEN 한국남동발전

한국남동발전의 **CEO**로 부임한 유향열 사장은
한전에서 해외부사장을 역임한 전력분야 해외사업의 전문가로 손꼽힌다.

장 등을 거쳐 해외부사장을 역임했는데, 그는 한전재직시절 해외
사업에 대한 탁월한 식견과 안목으로 다수의 해외사업을 성공적
으로 이끈 경험이 있다.

실례로 한전의 브랜드가 세계시장에 잘 알려지지 않은 시점인
지난 1996년 필리핀 최대 규모인 일리한 1,200MW 복합화력 국
제입찰사업에 참가하여 프랑스 EDF, 일본 미쓰비시 등 세계 유
수의 경쟁자들을 물리치고 당당히 수주하여 KOPCO 브랜드가
치를 전세계에 드높이는 쾌거와 더불어 해외사업의 선구자적 역
할을 하였다. 지난 2003년부터 2007년까지 한전 필리핀현지법인
사업개발본부장 역임 당시 '200MW Cebu 석탄화력 건설, 운영

사업'을 성공적으로 개발했고, 이 사업은 현재 한국전력 해외사업의 'Cash Cow' 역할을 하고 있다.

지난 2012년에는 한전 해외사업운영처장으로서 한전의 전 세계 화력발전, 신재생에너지 및 송배전사업을 총괄해 '나이지리아 액빈발전소 O&M사업', '요르단 풍력사업' 등 굵직한 해외사업의 수주를 선두에서 이끌었다. 이러한 업적들을 바탕으로 지난 2015년 한국전력 해외부사장으로 부임해 한전의 화력발전사업, 원자력사업, 신재생에너지와 에너지신사업을 총괄했으며, 2016년 UAE 원자력 투자사업 수주를 성공시켜 향후 60년간 약 50조원의 매출과 상당한 수익을 창출할 수 있는 기반을 구축했다.

그의 이력에서 보이듯 유향열 사장은 한전재직시절 해외사업에 대한 탁월한 식견과 안목으로 다수의 해외사업을 성공적으로 이끌었다.

이 같은 화려한 경력과 전문성으로 인해 업계에서는 유향열 사장이 위기 속 남동발전을 구해낼 구원투수로서 적임자라고 평가하고 있다. 현재 국내 발전산업의 패러다임은 정부의 에너지3020 정책과 친환경 에너지정책에 따라 LNG가스발전과 신재생에너지로 급속하게 전환하고 있다.

에너지정책의 변화는 전원의 90%가량이 석탄화력발전으로 구성된 남동발전에 위기로 다가오고 있다. 실제 제8차 전력수급계획에 따라 남동발전의 삼천포 1, 2호기와 3, 4호기에 대한 폐지가 예상되고, 최근 봄철 가중되는 미세먼지로 인해 올해 3월부터 6월 말까지 삼천포 1, 2호기와 영동 2호기를 가동 중단하고 있다.

전례 없는 석탄화력발전의 위기 속에서 남동발전은 외부 환경 변화에 따른 충격을 최소화하고 지속가능한 기업으로서 면모를 갖추어야 하는 중대한 기로에 서 있다. 따라서 유향열 사장은 현재 남동발전이 처한 위기를 극복하고, 새로운 미래 먹거리 창출에 기여할 수 있는 적임자로 기대를 받고 있다.

이 같은 환경적 변화에 발 빠르게 대응하고 적응의 필요성을 절실히 느낀 유 사장은 지난 3월 취임일성으로 신재생·신사업에 대한 투자와 함께 해외사업에 대한 투자를 대폭 확대할 것임을 밝혔다.

그는 당시 General Electric Company의 전 회장 잭 웰치(Jack Welch)는 "Change or Die" 즉 "변화하지 않으면 죽는다"는 말을 인용하며, 대내외적 경영환경 변화에 얼마나 발 빠르게 변화해 왔는가를 깊게 반성해 보아야 할 시점이라고 밝혔다.

이는 그동안 성과에 안주하는 것이 아닌 에너지정책과 전력산업 패러다임의 급속한 변화에 능동적이면서도 적극적으로 대응

유향열 사장은 특유의 형님 리더십으로 가득한 조직, 직원 간 끈끈한 유대를 강조한다.

해 나가겠다는 의지를 나타낸 것이다. 이에 유향열 사장은 조직과 인력규모를 확대하고, 사업을 제대로 검토 및 수행할 수 있는 조직의 역량을 키우겠다는 구상을 현실화해 나가고 있다.

또한 그는 특유의 먼저 다가가는 친근한 리더십으로 사랑 가득한 조직, 직원 간 끈끈한 유대를 강조한다. 그는 한전 재직 시절부터 격의 없고 부드러운 성품으로 부하직원들에게 두터운 신망을 얻은 것은 이 같은 특유의 리더십이 작용했기 때문이다.

실제 그는 남동발전 CEO로서 직원들에게 늘 사랑이 넘치는 조직을 만들어갈 것을 당부한다. 함께 근무하는 동료들을 사랑으로 잘 보듬어주고, 담당하는 업무를 사랑하며, 가족을 사랑하는 조직으로 거듭나서 아침에 일어나면 같이 근무하는 동료가 보고 싶어서 빨리 출근하고 싶은 일터를 조성하자고 격려한다. 이는 CEO 취임 이후 유향열 사장의 행보에서도 잘 나타나는데, 취임 즉시 전 사업소를 순회하면서 직접 직원들을 만나 직원들과의 소통을 이어 왔다. 또한 직원과의 점심 간담회를 통해 수시로 구성원들의 목소리를 경청하고자 노력하고 있다.

이는 즐겁게 일하는 조직 속에서 만든 단단한 팀워크와 결속력으로 전력산업의 패러다임 변화에 마주한 위기를 이겨내겠다는 의지가 반영된 것이다.

남동발전과 유향열 사장, 에너지전환의 선봉에 서다

남동발전은 유향열 사장 취임 후 글로벌 에너지 패러다임의 변화에 대비해 다가올 미래를 발빠르게 준비하고 있다. 그동안 석탄발전사업을 핵심사업으로 남동발전은 안정적인 Cash Cow를 가져갔으나 지금은 정부의 에너지정책으로 인해 더 이상 석탄화력발전을 통한 지속적인 경영성과를 기대하기 어려운 상황이다.

이에 유향열 사장은 에너지 전환 시대를 수동적으로 받아들이는 것이 아닌 에너지 전환 시대를 선두에서 과감하게 이끌어 가는 역할을 자처하고 있다.

남동발전은 정부가 환경급전에 대한 정책을 구체화하기 전에 남동발전 자체적으로 환경배출 기준을 강화해 나갈 계획으로 이를 위해 환경설비개선 시기를 앞당기고, 환경설비에 대한 R&D 투자도 적극적으로 시행할 계획이다. 오는 2020년 폐지가 예정된 발전설비에 대해서는 대체설비를 확충할 수 있도록 다각도로 노력 중이다.

그는 또 신재생·신사업에 대한 투자확대를 통해 에너지전환을 이끌어가겠다는 구상이다. 이에 남동발전은 '2025 KOEN 신재생에너지 발전비중 20%' 달성을 목표로 신재생에너지사업을 추진 중에 있다.

실제 남동발전은 지난해 탐라해상풍력발전단지를 성공적으로 준공함으로써 대규모 해상풍력 선점기반을 구축했다. 이 같은 성공적인 사업추진 경험을 바탕으로 유향열 사장은 완도, 신안 등 서남해안 해상풍력 3GW 개발 프로젝트를 추진하고 있으며, 지난달 22일에는 문재인 대통령의 베트남 방문 당시 경제사절단으로 동행해 베트남 전력공사와 에너지저장장치를 연계한 3MW급

해상풍력발전 실증단지 조성을 위한 협약을 체결하기도 했다. 이는 좁은 국토의 한계로 인해 자칫 신재생에너지사업 확대에 대한 어려움이 예상되는 부분을 해외로 눈을 돌림으로써 극적으로 해결책을 찾았다는 업계평가를 얻고 있다.

이외에도 남동발전은 지난 2015년 국내 최초로 풍력발전 연계 ESS 설비(영흥풍력단지)를 도입한 이래, 2016년에 풍력을 연계한 ESS 보급을 확대하고, 지난 2018년 3월에는 국내 최초 석탄회 처리장에 설치된 태양광발전설비와 연계한 ESS를 준공하는 등 ESS 보급 확산의 선두주자로 자리 잡았다.

남동발전은 특정 단위지역에서 전력생산과 소비가 함께 이루어지도록 신재생 분산전원 및 ESS로 구성된 마이크로그리드 사업을 추진 중이다. 도서 지역 유류 발전기를 신재생설비로 대체하는 계통 독립형 마이크로그리드 사업인 에너지자립섬 조성사업(조도, 거문도, 추자도)에는 국내 발전사 중 유일하게 참여하고 있다.

계통연계형 마이크로그리드 사업으로는 창원 두산엔진 공장을 모델사업장으로 하는 산업단지 마이크로그리드 사업을 이미 준공했고, 대구 테크노폴리스 신도시 마이크로그리드 사업을 본격 추진해 나갈 계획이다.

삼천포 태양광단지 ESS 설비준공식. 남동발전은
국내 최초로 풍력발전 연계 ESS 설비를 도입한 이래 선두주자로 자리 잡았다.

신재생 분산전원으로 구성되는 마이크로그리드 사업은 대용량 집중발전 방식에서 탈피하는 미래지향 전력사업이다. 대용량 발전소 건설 및 송전선로 확충에 따른 사회적 합의비용과 시간을 절감하고 송전손실을 줄여 친환경 에너지자립을 지향하는 내용이다.

또한 지자체와 공공기관 협업을 통한 대용량 수상태양광사업을 선점하기 위해 전북도와 군산시의 협업을 통해 군산 수상태양광사업을 착공할 계획이다. 또한 농어촌공사와의 협업을 통해 전라남도 고흥군의 고흥호 수상태양광 사업에도 본격 돌입하겠다는 계획이다.

유향열 사장은 이처럼 신재생에너지 기반의 수익공유형 마이크로그리드, 조류발전 등의 미래성장 비즈니스 모델을 발굴함으로써 신산업 New 비즈니스 개발을 통한 미래전력산업의 나아갈 길이라고 확신하고 있다.

▌유향열호, 해외시장 개척으로 에너지영토 확장 나선다

남동발전은 전문성이 녹아 있는 신재생에너지사업 외에도 유향열 사장 특유의 전문성을 활용한 해외발전사업 개발에 적극 나서고 있다.

남동발전은 현재 인도네시아 SPC 설립으로 인도네시아 전력시장 진출을 위한 교두보를 마련했고, 해외사업 확장을 위한 베트남 전략국가 추가선정 및 사업 개발역량에 집중하기 위한 단단한 파트너십을 구축했다.

또한 칠레 태양광 사업개발과 중남미 신재생에너지 시장기반을 최근 조성했으며, 해외신재생 사업의 신속하고 안정적인 추진을 위한 기반을 구축해 나가고 있다.

이 같은 성과들은 해외 전력사업 분야 전문성을 지닌 유향열

남동발전은 '함께하는 사람, 따뜻한 사회'의 슬로건으로 임직원들과 함께
국내외 다양한 공헌활동을 펼치고 있다. 패럴림픽 성화봉송의 모습

사장의 노하우와 뛰어난 식견이 있었기에 가능했다는 평가다. 이
처럼 유향열 사장은 현재 진행 중인 신재생에너지사업과 해외사
업들이 남동발전과 국내 발전산업이 나아가야 할 미래라고 확신
하고 있다.

　유향열 사장과 남동발전은 여기에 공기업의 존재 이유인 사
회적 가치실현을 위해서도 앞장서고 있다. 특히 신재생에너지와
해외사업 등 신사업을 통한 양질의 일자리 창출에 적극 나서고
있다.

남동발전의 계획에 따르면 현재 추진 중인 신규사업을 성공적으로 수행할 경우 남동발전의 지속성장 동력을 확보할 뿐 아니라 2018년 한해에만 8,725개에 이르는 신규 일자리 창출이라는 성과도 얻을 것으로 기대하고 있다.

지금까지 남동발전은 석탄화력발전 중심의 사업구조로 최고의 실적을 달성해 왔다. 하지만 정부의 에너지정책과 환경이슈로 인해 결코 우호적이지 않은 경영환경 속에 놓여 있다. 이에 유향열 사장이 만들어 갈 사랑 가득하고, 탄탄한 조직력을 갖춘 Team KOEN이 선도해 나갈 에너지산업의 새로운 활로가 주목받고 있다.

66

유향열 사장이 만들어 갈
사랑 가득하고 단단한 조직력을 갖춘
KOEN이 선도할 에너지 산업의
새로운 활로가 주목받고 있다.

99

윤홍근

제너시스 BBQ그룹

경력

1995	제너시스BBQ 설립/대표이사 취임
1998 ~ 2005	㈔한국프랜차이즈 협회 회장(제1대, 제2대) 역임
1999	BBQ 1,000호점 오픈
2002 ~	제너시스BBQ 그룹 회장 취임
2003	BBQ 중국 진출(해외시장 진출 시작)
2010 ~	㈔한국외식산업협회 상임회장
2013	㈔한국말산업중앙회 회장

상훈

1999	한국 유통대상 국무총리상(1회)
2003	제30회 상공의날 동탑산업훈장 수훈
2003	한국 유통대상 국무총리상(2회)
2005	공정거래위원회 대통령상
2007	스페인 시민십자대훈장 수훈
2009	제36회 상공의날 은탑산업훈장 수훈
2009	한국능률협회주관 한국의 경영자상
2009	한국표준협회주관 창조 경영인상
2009	예술경영리더스포럼주관 마케팅 분야 대상
2009	2009 한국경제를 이끄는 CEO 大賞
2010	2010 Korea CEO Summit 창조경영대상
2011	한국마케팅관리학회 마케팅 대상
2011	㈔한국취업진로학회 주관 제1회 고용창출 선도 대상
2012	2012 윤동주 민족상
2012	제17회 한국유통대상 종합부문 대통령상 수상
2014	일자리창출 정부포상 대통령상 수상
2015	대한민국 식품대전 금탑산업훈장 수훈
2017	2017 대한민국 100대 CEO 11회 연속 선정

대한민국 원조에서 글로벌 프랜차이즈로 우뚝

제너시스 BBQ의 첫 주자이자 대표 브랜드인 BBQ는
1995년 1호점을 오픈한지 4년 만에 1,000호점을 돌파했으며
현재 1,800여 개 가맹점 망을 구축하며 국가대표 치킨 브랜드로 자리매김했다.

국내 최대 규모 프랜차이즈 그룹인 제너시스 BBQ그룹은
BBQ, 닭익는마을, 우쿠야, 올떡 등 각 업종에서 국내를 대표하는
프랜차이즈 브랜드를 통해 3,000여 개 가맹점을 운영하고 있다.

제너시스 BBQ는 1995년 창사 이후 프랜차이즈 업계의 각종
기록을 갈아치우며 비약적인 성장을 거듭하고 있다. 제너시스
BBQ의 첫 주자이자 대표 브랜드인 BBQ는 1995년 11월 1호점

을 오픈한 지 4년 만에 1,000호점(1999년 11월)을 돌파했으며 현재 1,800여 개 가맹점 망을 구축하며 국가대표 치킨 브랜드로 자리 매김했다.

'행복한 세상' 만들려고 창업한 준비된 CEO

윤홍근 제너시스 BBQ그룹 회장은 어린 시절부터 장래희망을 묻는 질문에 'CEO'라고 답했다. 윤 회장이 학교에 다니던 시절은 책과 공책, 연필 등을 보자기로 쌓아 허리에 동여매고 고무신을 신고 뛰어다니던 때였다. 그러던 어느 날 여수 시내에서 경찰 공무원을 하시던 아버지가 선물로 책가방과 운동화를 윤 회장에게 건넸다. 당시 윤 회장은 매끈한 가방과 튼튼한 운동화에 감탄하며 누가 이런 제품을 만드는지 아버지에게 물어봤다. '기업'이라는 답을 들은 그는 그 자리에서 바로 결심했다. 어른이 되면 기업을 만들어 사람들을 행복하게 해주겠노라고.

시간이 흘러 윤 회장은 미원그룹에 입사해 평범한 샐러리맨으로 사회생활을 시작했다. 직원이었지만 뜨거운 피가 끓었고 'CEO처럼 일하는 직원'이 회사생활 모토가 됐다. 최고경영자의 눈으로 없는 일도 만들어서 했고 사람들 사이에서 일벌레로 소

어린이와 여성을 타깃으로 깨끗하고 건강에도 좋은 치킨을 만들어 팔면 좋겠다는
블루오션을 찾아낸 윤 회장은 1995년 7월 잘 다니던 회사에 사표를 제출하고
1995년 BBQ 1호점 전곡점을 오픈했다.

문이 났다. 직장생활을 시작한 이후 밤 12시 이전에 귀가한 적이
없을 정도였다. 그는 지금도 신입사원을 채용할 때 "CEO처럼 일
할 준비가 되어 있는가"를 항시 묻는다. 주인의식을 가지고 임할
때 안 될 것은 없다는 것이 그의 지론이다.

　회사 생활을 하던 어느 날이었다. 윤 회장은 길을 걷던 중 담
배 연기 자욱한 허름한 통닭집에서 엄마와 아이가 통닭을 시켜먹
는 모습을 봤다. 그때 불현듯 어린이와 여성을 타깃으로 하며 깨
끗하고 건강에도 좋은 치킨을 만들어서 팔면 좋겠다는 생각이 그

의 머릿속을 스쳤다. 지금은 누구나 생각할 수 있을지도 모르지만 치킨집은 곧 호프집이었던 당시에는 획기적인 아이디어였다.

블루오션을 찾아낸 윤 회장은 1995년 7월 잘 다니던 회사에 사표를 제출하고 같은 해 9월 1일 자본금 5억 원의 BBQ 가맹 본사를 설립했다. 전셋집을 월셋집으로 옮기고 통장을 탈탈 털어 1억 원을 마련했지만 나머지 4억 원이 문제였다. 지인과 선후배를 찾아다니며 십시일반 투자를 받았다. 그를 믿고 당시 집 한 채에 해당하는 큰 돈을 선뜻 투자해준 지인들을 생각하며 윤 회장은 악착같이 일했다. 사무실에 야전침대를 갖다 놓고 밤낮으로 일했다. 시간과 비용을 절약하기 위해 라면으로 끼니를 때우기 일쑤였다. 무엇보다도 어린이와 여성이 좋아하는 깨끗하고 건강한 치킨을 만들기 위해 가장 큰 공을 들였다. 사업을 시작한 이후 하루도 닭을 먹지 않은 날이 없고 최상의 치킨 맛을 내기 위해 생닭을 먹기까지 했다.

'상생은 기본' 가맹점주가 아닌 패밀리

프랜차이즈 사업 특성상 가맹점과의 상생은 필수다. BBQ는 '가맹점이 살아야 본사가 산다'를 경영이념으로 추구하고 있다.

제너시스 **BBQ**는 감사의 마음을 전하고 상생의 가치를 나누기 위해
10년 이상 패밀리(가맹점주) 자녀들에게 장학금을 수여하고 있다.

가맹점주라는 말도 사용하지 않고 '패밀리'라고 칭하며 상생의 가
치를 실천하고 있다.

가장 대표적인 상생제도가 가맹점주 자녀 학자금 지원이다.
10년 이상 패밀리 자녀들에게 장학금을 지급하고 있는데 현재까
지 지급한 장학금 액수만 총 17억 7,000여 만 원에 이른다. 장학
금 수여제도는 10년을 이어온 BBQ만의 전통으로 사회 구성원으
로 성장한 패밀리 자녀들이 편지나 메일을 통해 취업 및 결혼, 유
학 소식 등을 전해 올 때 윤 회장은 기업가로서 가장 큰 보람을

BBQ는 '가맹점이 살아야 본사가 산다'를 경영이념으로 가맹점주라는 말 대신 '패밀리'라고 칭하며 상생의 가치를 실천하고 있다. 윤홍근 회장의 패밀리 세족식 모습.

느낀다고 한다.

지난해 연말 BBQ는 패밀리들에게 감사의 마음을 전하고 상생의 가치를 나누기 위해 전국 1,400여 패밀리 매장을 방문해 새해맞이 홍삼선물세트와 연하장을 증정하는 행사를 진행했다.

또한 BBQ는 패밀리가 '동' 위원, 본사 담당자가 '행' 위원이 되어 본사 정책과 관련된 모든 것을 논의하고 토론하는 '동행위원회'를 발족했다. 동행위원회를 통해 본사와 패밀리 간 상생 및 동반성장을 실천하기 위함이다.

윤 회장은 그룹 임직원들에게 3가지를 약속한다. 첫째, 동종업계보다 임금을 두 배 높게 주는 것이다. 타 기업들은 기업 이익을 위해 직원들에게 희생을 강요하는 반면 BBQ그룹은 기업 이익을 직원들에게 돌려줌으로써 직원들의 사기를 올려준다. 둘째, 헌신한 직원을 위한 노후보장, 셋째, 사택을 지어 집 장만 걱정을 없애주는 것이다. 제너시스 BBQ 성장의 가장 큰 동력은 인재다. 그렇기 때문에 그들을 위해 뭐든 해주고 싶다는 것이 윤 회장의 바람이다.

뚝심으로 AI 사태 극복

2005년 치킨업계에 심각한 위기가 발생했다. 2003년부터 간헐적으로 발생하던 조류독감이(AI)이 우리나라를 강타한 것이다. AI는 당시에 조류독감이라 불리면서 닭이나 오리에게 발생하는 독감이 사람에게 옮겨 사망할 수 있다는 우려로까지 확산됐다. 결국 닭고기와 오리고기 소비 심리가 급속도로 위축되기에 이르렀다. BBQ를 비롯한 치킨업계 매출이 급감하면서 당시 외식산업협회장을 맡았던 윤 회장의 고민은 커졌다. 그는 고민했다. "국내에서 조류독감 피해 사례는 전무한데 왜 사람들은 조류독감에 민감할까." 문제는 '독감'이란 단어에서 풀렸다. 정식명칭인 AI(Avian Influenza) 혹은 Bird Flu 대신 국내에서는 조류독감으로 통용되고 있었다. 독감이란 단어 때문에 국민들은 누구나 걸릴 수 있는 무시무시한 병이라 인식하게 된 것이다. 방법은 한 가지였다. 정식명칭을 가져오는 것이었다.

농림부, 국립수의과학검역원, 대학교수 등을 차례로 방문하여 조류독감을 AI로 변경해야 하는 당위성을 설명했다. 하지만 3년 넘게 전국적으로 불려온 이름을 바꾸는 것은 쉽지 않았다. 윤 회장은 거의 매일 언론사로 출근해 업계의 어려움을 전하고 정식명칭인 AI를 알리기 위해 힘썼다. 몇 달간의 노력 끝에 전 언론이 일제히 조류독감 표기를 AI로 바꿔줬다. 뒤이어 정부와 학계에서도 공식명칭을 AI로 인정했다. 며칠 지나지 않아 닭고기 소비도 점차 늘어나 소고기 판매량을 능가했다는 보도가 들려오며 치킨 업계는 다시 살아나게 됐다.

원가보단 맛과 건강… 세상에 없던 올리브유 치킨

BBQ는 2005년 '세상에서 가장 맛있고 건강한 치킨'을 고객들에게 선보이겠다는 목표에 따라 전 세계 최초로 엑스트라 버진 올리브유를 원료로 한 BBQ 올리브유를 도입해 전 치킨 메뉴를 올리브유로 조리하고 있다. 올리브유는 엑스트라 버진(Extra Virgin), 퓨어(Pure), 포마세(Pomase) 등 세 가지로 나뉜다. 그중 BBQ가 사용하고 있는 엑스트라 버진 올리브유는 세계 최고 등급인 스페인산 올리브유로 맛과 향, 지방구조 측면에서 다른 식용기름보다 월등한 품질을 자랑한다.

일반적인 올리브유는 발연점이 낮아 튀길 때 쉽게 타거나 검게 변해 튀김유로 사용되지 않는다. 하지만 BBQ의 자체 R&D 기관인 세계식문화과학기술원(중앙연구소)은 올리브유 공급회사인 롯데푸드와 손잡고 오랜 기간 연구를 진행했다. 그 결과 물리적 방식의 여과 및 원심분리 기술을 적용해 과육 찌꺼기를 걸러 냄으로써 튀김 온도에 적합해진 올리브 오일을 발명해 특허를 취득한 바 있다.

실제 BBQ 올리브유는 타 치킨 업체에서 사용하고 있는 대두유, 옥수수유, 카놀라유, 해바라기유 등과 원가가 4~5배 이상 차이 난다. 그럼에도 불구하고 엑스트라 버진 올리브유를 도입한 것은 국민 건강을 생각하는 제너시스 BBQ그룹의 경영철학이 담겨 있는 것이다.

올리브유는 올레인산이 70% 이상 다량 함유되어 있어 항암효

과에 도움이 된다. 또 활성성분이 다량 함유되어 있어 혈행개선
에 도움이 되며 몸에 좋은 콜레스테롤은 높이고 나쁜 콜레스테롤
은 줄여준다.

국가대표 치킨, 해외에서도 통하다

2003년 BBQ는 큰 결단을 내렸다. 국내 외식프랜차이즈를 한
단계 발전시키고자 중국 진출을 강행했다. 여러 시행착오 끝에
현재 중국, 미국, 인도네시아, 베트남 등 전 세계 57개국과 마스
터프랜차이즈 계약을 체결했으며 전 세계 30여 개국에 진출해
350여 개 매장을 보유한 글로벌 외식프랜차이즈가 되었다.

BBQ는 글로벌 시장 진출 시 마스터프랜차이즈 형태로 진출
한다. 제너시스 BBQ가 지향하는 마스터프랜차이즈 방식이란 글
로벌 프랜차이즈 브랜드들이 공통적으로 적용하고 있는 최신 해
외진출 방식으로 현지 상황에 대해 잘 알고 있고 경쟁력 있는 기
업에게 상표 사용 독점권을 부여하고 사업 노하우를 전수하여 사
업의 성공 가능성을 높이는 방식이다. 경우에 따라서는 직영 형
태로 진출해 플래그십스토어 역할을 하기도 한다. BBQ는 글로
벌 진출 시 'Kobalization(Korea+Globalization)'을 추구, BBQ 고유

BBQ는 2017년 3월 미국 프랜차이즈의 본고장이자 세계 경제의 심장부인
뉴욕 맨해튼에 맨해튼 32번가점을 오픈했다.

의 한국적인 콘셉트를 유지하되 국가별로 차별화된 전략을 구사
하고 있다.

　BBQ는 2017년 3월 미국 프랜차이즈의 본고장이자 세계 경제
의 심장부인 뉴욕 맨해튼에 맨해튼 32번가점을 오픈했다. 22년
간 축적된 프랜차이즈 시스템과 노하우를 전부 담아 직영점 형태
로 진출했다. 이 매장은 K푸드의 우수성 및 선진화된 대한민국
외식문화를 뉴요커 및 전 세계 관광객들에게 널리 알리는 글로벌
플래그십스토어가 되고 있다. 최근에 오픈한 호주 매장도 좋은

뉴욕 맨해튼 32번가점 그랜드오픈식에서
제너시스 **BBQ** 그룹 윤홍근 회장이 인사말을 하고 있다.

성과를 보이고 있다. 호주를 포함한 이란 등 국제공항에 진출한

매장들이 BBQ를 세계에 알리는 윈도숍으로서의 역할을 해주고

있다. 햄버거와 커피처럼 일반적인 매장에서 제공하는 음식에 비

해 차별화가 가능하고 바쁜 고객들을 고려한 Grab&Go 형태 모

델로 쇼케이스를 활용한 빠른 서빙이 특징이다.

특히 호주는 시드니 국제공항의 주요 비행편이 아시아 지역

편 항공기가 많다. 일평균 약 70여 대의 항공기가 뜬다. 그래서

BBQ는 호주를 찾는 아시아인들(1위는 중국인)을 메인 타깃으로

메뉴를 선보이고 있다. 평균 매출은 약 600만 원대이며 최고 매출 800만 원대를 기록하기도 했다.

호주 공항도 한국 본사가 직접 진출한 것이 아닌, 전 세계 공항에 입점할 수 있는 권한이 있는 기업과 프랜차이즈 계약을 통해 진출했다. 홍콩과 기타 아시아 국가 공항에서도 오픈을 준비 중이다. 2018년 3월 대만 타이베이 패밀리마트 반농점에 '숍인숍' 형태로 진출했으며, 앞으로도 대만 패밀리마트 매장 3,000여 곳 중 주요 매장에 '숍인숍' 형태로 지속적으로 들어갈 계획이다.

베풀 줄 아는 따뜻한 기업⋯ 목표는 세계 1위

올해 1월 2일, BBQ는 여의도에서 오전 6시부터 8시까지 새해 첫 출근길에 나선 직장인 1,500여 명에게 따뜻한 닭곰탕을 나누어 주는 캠페인을 실시했다.

'힘내세요, 2018년 BBQ가 응원합니다' 캠페인은 직장인들의 2018년의 시작을 격려하고 응원하기 위해 제너시스 비비큐 그룹 임직원 50여 명이 참여해 응원의 메시지와 함께 BBQ 프리미엄 카페에서 판매하는 동일한 품질의 닭곰탕을 테이크아웃 잔에 담아 나누어 주었다.

이외에도 BBQ는 릴레이 형식으로 지역아동센터 및 노인복지관 등에 치킨을 지원하는 치킨릴레이 나눔 행사를 매주 활발히 진행하고 있다. 치킨릴레이는 패밀리에서 재능기부 및 봉사활동 형식으로 매장 인근 지역아동센터, 노인복지관, 장애인복지관 등에 치킨을 조리해 나누어 주며 본사에서는 일부 원부재료를 지원한다.

윤홍근 회장의 비전은 뚜렷하다. 2025년까지 전 세계 5만 개 가맹점을 성공적으로 오픈해 맥도날드를 추월하는 세계 최대 최고 프랜차이즈 기업으로 성장하는 것이다. 윤 회장은 말하는 대로 이루어진다는 '시크릿 법칙'과 어떤 기대나 강력한 믿음을 가지면 실제로 이루어진다는 '피그말리온 효과'를 믿는다. 지난 20년간 위기도, 실패도 종종 있었지만 항상 위기는 기회가 되었고, 실패는 다시 일어서는 밑바탕이 되었다. '맥도날드를 뛰어넘는 세계 최대 최고 프랜차이즈 기업'이란 목표에 대해 누군가는 허황된 꿈이라고 할지 모르지만 오늘도 제너시스 BBQ 그룹은 전세계 5만 개 매장 개설이라는 구체적인 목표를 달성하고자 부지런히 전진하고 있다.

66

윤 회장은 말하는 대로 이루어진다는
'시크릿 법칙'과 어떤 기대나
강력한 믿음을 가지면 실제로 이루어진다는
'피그말리온 효과'를 믿는다.

99

이동재

알파

학력

1996   중앙대학교 경영대학원 중소기업 경영자과정 수료

경력

1971   알파문구사 설립
1987   ㈜알파문구센터 법인 전환 대표이사
1992   전국문구협동조합 이사
1997   알파 전국 체인점 협회 회장
1998   남원고 장학재단 이사
2015 ~ ㈜알파 대표이사
2015 ~ 한국문구공업협동조합 이사장
2016   중소기업중앙회 부회장

상훈

2000   한국능률협회 프랜차이즈 우수업체 선정
2001   한국 프랜차이즈대상 우수브랜드상
2002   산업자원부 장관상
2004   우수납세자 국세청장상
2009   제36회 상공의날 산업포장 수훈
2013   세종대왕 나눔 대상 서울특별시장상
2015   제18회 한국유통대상 산업자원부장관상
2017   대한민국 글로벌리더 4년 연속
2017   신제품 경진대회 중소기업청장상(M POSGY)

문구 편의 Shop-
Alpha

#쓰고 #읽고 #메모 생활화

문구 편의 **SHOP**

젊은 알파
- 멀티 업무 역량 강화
- 시스템 중심 효율화
- 글로벌 동행 본격화
- 창조 아이디어 개발

**新문구
가치 창출**
- 신문화 문구 상품 개발
- 체인점 동반 성장 구축
- 매장 컨셉 리모델링
- 부가 가치 상품 개발

**고객 중심
서비스**
- 가심비 상품 개발
- 차별화 균일가 정
- 온오프라인 통

'문구 가치 혁신'으로 미래 성장 동력 창출!

"문구는 인간이 만든 최고의 작품이며, 인간의 꿈을 실현하는 도구"로서 미래를 꿈꾸는 모든 이들에게 가치 중심 문화, 교육의 매개체 역할과 삶의 이정표를 만들어 가는 희망의 원동력으로 작용해 왔다. 또한 읽고, 쓰고, 말하고 하는 과정에서도 문구는 리더들의 소양 함양과 창의력을 발휘하는 충실한 매개체로서 그 역할을 다해 왔다. 이처럼 문구는 초기 지식정보 활동의 단순한 도구에서 벗어나, 세상의 올바른 이치를 깨우치고 미래의 가치를 만들어 가는 지식 기반산업으로 발전을 거듭해 왔다. 따라서 문구를 잘 활용하는 사람은 지식산업 사회의 리더가 되고 또한 봉사와 희생을 실천하는 진정한 지식인으로 거듭나는 것이다. 이 진리를 누구보다도 열정적으로 리드해온 이가 바로 ㈜알파 이동재 회장이다.

이동재 회장은 문구의 미래 가치를 조망해볼 때, '도구'적인 측면에서는 '언어표현의 완성체'가 될 것이고, '산업'적인 측면에서는 사회지식의 기반으로 자리 잡을 것이며, '생활'적인 면에서는 라이프스테이션을 완성해 나가는 기폭제가 될 것이고, '개발'적인 면에서는 자신의 완성도를 높여 나가는 가치 있는 매개체가 될 것이라고 힘주어 말한다. 즉, 과거 학습 위주의 '연필'은 진화 과정을 거쳐 IT 기기를 컨트롤하는 '스마트 펜'으로 변모해 첨단 산업의 초석이 되었다. 또한 쓰고, 읽고, 메모하는 문구의 기능은 산업의 발달과 함께 그 변화 과정을 거쳐 '스마트폰'이라는 첨단 문구를 만들어 내게 되었다.

이처럼 문구는 산업의 격동기 소용돌이에서도 변화와 혁신을 통해 가치를 만들어 가며 사회 깊숙이 뿌리를 내려오고 있다.

문구의 역사 '문구아트박물관' 개관

문구는 사람의 마음을 움직이는 중심에 서서 세상을 변화시켜 나가는 지혜의 도구로서 그 역할을 다해 오고 있다. 지금 우리가 쓰고 있는 문구류들은 어떻게 보면 인간 문명과 기술의 발전의 상징이라 할 수 있다. 몇 십만 년 전 우리의 선조들은 열심히 나뭇가지나 돌로 바위를 긁었다. 조금 더 발전해서 먹물, 잉크 등을 붓이나 펜촉과 자신의 손에 묻혀 가며 한 글자 한 글자 적기 시작했다.

조금 더 편리하게 필기구를 들고 다니고 싶어서 잉크를 저장해서 쓰는 필기구를 개발하였고, 만년필이 최초였다. 잉크를 채

지금 우리가 쓰고 있는 문구류들은 어떻게 보면 인간 문명과
기술의 발전의 상징이라 할 수 있다. 문구아트박물관의 모습.

워 넣는 것도 번거로웠다. 그래서 개발된 것이 지금의 볼펜이었
다. 지금의 볼펜 한 자루가 만들어지기까지 수많은 사람들의 노
력과 기술이 들어간 것이었다.

 '어디에 적느냐' 하는 것도 중요한 문제였다. 기와, 돌, 비단,
양피지 등에 기록하던 인류는 식물을 이용해서 종이를 발명하
고 나서야 비로소 그 답을 찾았다. 그 후 목재 펄프, 화학적 처
리, 기계적 생산을 통해 인류는 더 저렴하고 질 좋은 종이를 만들
었다. 어떻게 정리해서 보관하느냐의 일차적인 문제는 호환이었

다. 다양한 곳에서 종이를 생산하고 있었기에 대량생산과 효율적인 관리를 위해 규격을 통일하는 것은 중요한 문제였다. 여러 규격의 경합 끝에 가장 널리 쓰이게 된 것이 A4, B5로 대표되는 독일이 제안한 A판형, B판형이다.

이렇게 규격화된 종이를 펀치나 클립을 통해 쉽게 분류, 보관한다. 여기에 더해 현대에 들어 새롭게 등장한 문구류도 있다. 수정액, 수정테이프, 형광펜은 이 세상에 나타난 지 반 세기도 되지 않은, 기나긴 문구의 역사에서 정말 신생아인 문구들이다. 즉, 형광펜으로 줄치면서 공부한다는 것은 인류 역사에서 불과 반세기도 되지 않은 행위인 것이다. 이러한 문구들은 새로운 수요와 인구의 행동을 창출했다고 볼 수 있다.

정말 기나긴 발전과정을 거쳐 온 문구는 최근 IT시대가 열리면서 많은 변화를 겪었다. 정보를 수집, 작성, 저장, 처리, 관리하는 모든 것을 컴퓨터와 인터넷을 통해 가능해졌기 때문이다.

최근 한국 문구에서 가장 눈에 띄게 변화와 성장을 하고 있는 분야는 고급 펜이다. 바로 만년필이다. 불편하고 무겁고 기능성이 떨어지는 몇 세대 전의 필기구의 매출이 최근 몇 년 사이에 눈부시게 오르고 있다. 구세대들은 과거의 추억을 떠올리며 만년필을 잡았고, 신세대들은 오히려 신선하다며 만년필을 소비하고

유성, 수성, 중성을 거쳐 저점도 유성볼펜, 마찰열을 이용한 지울 수 있는 펜,
IT기기와 연동된 필기구 등 더 진화한 문구류들이 끊임없이 나오고 있다.

있다. 즉, 소비형 문구에서 소장형 문구로 그 성격이 변화되면
서 문구가 살아남고 있는 것이다. 국산문구사 중에는 몇 년 사이
153 볼펜의 고급화와 만년필 및 잉크 사업으로 진출을 선언한 모
나미가 이러한 트렌드를 잘 읽고 있다고 보면 된다.

　컴퓨터가 문구로 하는 인간의 활동의 대부분을 대체하기는 하
지만 완전히 대체하는 것은 아니다. 책상에서 열심히 공부하는
학생, IT가 제대로 보급되지 않는 지역의 사람, 보안 때문에 디지

털보다 아날로그를 선호하는 사람 등 아직도 문구를 필요로 하는 사람들은 세상에 있다. 이런 사람들에게 문구는 여전히 필요하다. 일단 아직까지는 문구류가 가격경쟁력이 있는 것이다. 또한 고기능성 그리고 신문구들도 등장한다. 유성, 수성, 중성을 거쳐 등장한 저점도 유성볼펜, 마찰열을 이용한 지울 수 있는 펜, IT기기와 연동된 필기구, 샤프심이 잘 부러지지 않는 샤프 등 문구회사들은 더 진화한 문구류들은 끊임없이 내놓고 있다. 그리고 이 중 일부는 대세로 자리 잡았다. 가령 '제트스트림' 같은 경우는 저점도 유성볼펜의 대명사로 한국, 일본에서 압도적으로 많이 팔리고 있다.

지금까지 수많은 문구류를 써 왔고 앞으로도 그럴 것이다. 지금도 새로운 문구류가 나오면 일단 사서 써 본다. 거기에는 뭐라 말로 설명할 수 없는 설렘이 있다. 현대인들은 기본적으로 의무 교육을 받고 더 나아가 평생을 공부해야 된다. 또한 인간의 작업 방식에서 문구를 배제하는 것은 불가능할 것이라고 보기 때문이다.

국내 최초로 문구프랜차이즈 도입

이동재 회장이 이룩한 가장 큰 업적 중의 하나는 무엇보다 문구프랜차이즈 도입으로 문구 산업의 패러다임을 견고하게 구축한 것에 있다고 할 수 있다. 이 회장은 1971년 남대문에 알파 본점을 설립하고, 1987년 국내 최초로 문구프랜차이즈를 도입했다. 그리고 알파는 현재 전국 750여 개의 가맹점을 보유한 대한민국 대표 문구프랜차이즈 기업으로서 7만 여 품목의 다양한 상품을 온·오프라인 시장에 유통하며 국내 최대의 문구생활 종합유통 프랜차이즈로 성장해 왔다.

사실 이 회장이 문구프랜차이즈를 도입할 당시만 해도 시장상황은 하루가 다르게 변화하고 있었다. 대형할인점의 등장으로 완구점이 문을 닫았고, 대형서점의 등장으로 작은 서점들이 문을 닫는 등 문구업계 역시 불확실성에 노출되어 있었던 것이다. 이 회장은 "문구점이라 해서 결코 안정적이라고 장담할 수 없고, 언제 사양 산업으로 내리막길을 걷게 될지 알 수 없다고 판단, 생존을 위한 차별화 전략으로 '문구프랜차이즈'를 도입했다"고 설명했다.

프랜차이즈 도입 초창기에는 알파가 구축해 온 신뢰 하나만으

알파는 문구점이라 해서 결코 안정적이라고 장담할 수 없다고 판단하고,
생존을 위한 차별화 전략으로 '문구프랜차이즈'를 도입했다.

로도 살아남을 수 있었다. 제품에 이상이 있을 때 영수증만 있으
면 전액 현금으로 환불해 주었고, 주문한 상품을 빠른 시간 안에
받아 볼 수 있도록 직접 발로 뛰며 배송을 해줬기 때문이다. 하
지만 그마저도 눈에 띄게 변화하는 시장 상황 속에서 더 이상의
버팀목이 되어 주진 못했다. 이 회장은 이번엔 '시장통합' 전략을
세워 '문구에서부터 전산, IT, 생활용품, 식음료를 망라하는 '문
구편의숍' 모델을 구축하며 정면승부를 띄웠다. 문구프랜차이즈
에 이어 문구와 오피스, 그리고 생활영역을 하나로 연결하는 새

로운 모델숍을 제시한 것이다. 또 모든 프랜차이즈 매장에 '포스
(POS)'를 도입하며 시스템의 혁신도 꾀했다. 소비자 대응력을 높
일 수 있도록 포스시스템을 기반으로 전국의 체인점과 본사 간의
네트워크를 연결시켜 가격의 오차를 줄이고 운영의 투명성을 증
대시킨 것이다.

이러한 '창조적 변화와 혁신'은 수년간 대한민국을 대표하는
문구 산업의 대명사로 알파를 장수하게 하는 원동력이 됐다. 이
회장은 "어떠한 환경 속에서도 문구가 롱런할 수 있도록 문구 산
업의 체질개선에 힘썼다"라며 "그것이 국내 문구 산업을 위해 알
파가 해나가야 할 중요한 사명이라고 생각했다"고 설명했다.

젊은 알파! 新문구 가치 창출! 최고의 고객서비스!

이 회장은 '문구편의숍'을 모토로 미래에 대한 가치추구와 인
재양성, 효율적 관리 등을 기반으로 내실 다지기에 주력하며 외
형을 키워 왔다. 오프라인 매장을 기반으로 외환 위기가 한창이
던 1999년, 매장을 이용하기 어려운 고객들의 라이프 사이클을
고려해 온라인 쇼핑몰 '알파몰(www.alpha.co.kr)'을 오픈했다. 또
한 B2B, MRO 시스템을 도입해 전반적인 문구유통의 혁신을 꾀

했다. 문구업계 최대 물류인프라를 구축해 당일 및 익일 배송 체제를 확립한 것도 그가 이룩한 괄목할 만한 성과다. 온라인 주문과 관련, 가맹점주의 매출 향상도 고려했다. 알파몰에 '관리 체인점'으로 등록하면 주문 상품에 대한 권역배송을 함으로써 여기서 발생하는 실질적인 수익을 체인점에 배분하는 상생구조를 정립한 것이다. 덕분에 고객은 가맹점이 문을 열고 있는 오전 8시부터 오후 8시까지 가까운 가맹점을 통한 배달 서비스를 지원받을 수 있게 됐다. 또 세미나, 워크숍 등 한꺼번에 대량 주문이 필요한 상황에도 물품을 행사장까지 안전하고 편리하게 배송받는 서

비스를 지원받게 됐다. 이 밖에도 이 회장은 최근 소비자의 다양한 수요접근에 부합하도록 업계 최초로 모바일서비스를 구축, 스마트 쇼핑을 가능하게 했다.

이와 더불어 알파는 경쟁력 제고를 위해 자체브랜드 개발에 주력해 왔다. 3,000여 가지에 이르는 PB 상품 라인업을 구축하는 성과를 이룩해 냈다. 품질과 디자인이 우수한 제품을 고객에게 저렴하게 제공하기 위해 상품개발에도 적극적으로 나섰으며, 그 결과 대표적인 PB 상품으로는 점착메모지인 M-POSGY(엠포스지)와 M-TAPE, 전문 미술용품 Artmate(아트메이트), 럭셔리 브랜드 NeCe(네쎄), 기념 선물 세트인 다람하우스, 몸이 사랑하는 물 알파水 등 다채로운 브랜드 상품이 출시됐다. 특히 점착메모지 'M-POSGY'는 글로벌 시장을 겨냥해 출시한 야심작으로 우수한 품질과 디자인을 인정받아 2013년(중소기업청장상), 2014년(산업통상자원부장관상), 2015년(중소기업청장상) 2017년(중소기업청장상) 4년 연속 신제품경진대회 수상의 영예를 안기도 했다.

또한 M-POSGY는 2017년 한국산업진흥원에서 선정한 '서울시 우수중소기업상품'으로 선정되어 '우수상품 인증마크'와 '혁신상품'으로 소비자에게 선보이고 있다. 현재 알파는 매월 15개가량의 제품을 선보이고 있는데, 이러한 PB상품 개발은 영세한 국

알파는 획기적인 상품을 개발하기 위한 지원을 확대하고, 해외시장 개척에도 박차를 가하고 있다. 그 일환으로 베트남, 중국, 홍콩, 일본, 대만, 터키 등 해외 전시 홍보에 적극적으로 참여하고 있다.

내 문구제조사업자에게는 생산 기회를 제공해 안정된 수급과 자금회전률을 높여 준다는 점에서 높이 평가받고 있다.

이렇듯 이 회장은 제조와 유통이 유기적으로 결합된 독특한 경영전략을 통해 문구 산업 전반에 걸쳐 긍정적인 영향을 미치고 있다. 또 이러한 막강한 브랜드 파워를 토대로 해외시장 진출에도 박차를 가할 계획이다. 현재 알파는 베트남, 미얀마, 몽골과 아프리카 등에 제품을 수출하고 있으며 점차 그 지역을 확대해 나갈 예정이다.

문구업의 미래 선두 주자, 알파

이동재 회장은 안으로는 알파의 내실을 다지고 밖으로는 문구인의 권익 향상을 위해 공헌해 왔다. 1992년 전국문구협동조합 이사를 시작으로, 2010년부터 2014년까지 한국 문구업계를 대변하는 ㈔한국문구인연합회 이사장으로서 문구 전문 월간지《문구STYLE》발행을 통해 최신 문구시장 동향 등 문구 산업을 홍보하는 데 앞장서 왔다. 국내 문구소매점, 문구유통업체, 문구도매업체, 문구생산업체를 비롯한 관공서, 학교, 기업 등에 매월 10,000부 무상배포되고 있는《문구STYLE》은 문구 업계 최고의 대변지로 평가받고 있다.

또한 2015년부터는 한국문구공업협동조합 이사장으로 선출되어 문구 산업의 전반적인 발전을 위해 국내외를 넘나들며 열정을 쏟아내고 있다. 알파는 획기적인 상품을 개발하기 위한 지원을 확대하고, 해외시장 개척에도 박차를 가하고 있다. 그 일환으로 베트남, 중국, 홍콩, 일본, 대만, 터키 등 해외 전시 홍보에 적극적으로 참여하고 있다.

문구의 가치 창출, 변화와 혁신의 품질 향상, 글로벌 문구시장 확대, 문구인 사회적 책임과 역할, 생산유통 화합 발전에 중점을 두고 문구인으로서의 사회적 책임과 역할을 다해 나가고 있다.

또한, 문구시장 변화와 혁신을 위하여, 첫째, 문구 정찰가 생산·판매, 문구인 신뢰 정착. 둘째, 생산 업체별 중복상품 자제, 특정 고부가가치 브랜드 상품 개발, 셋째, 생산·유통 협의, 기존 문구점 공급 확대 방안 실천, 넷째, 홍보·마케팅, 국내·해외 주력(전시 참가), 다섯째, 생산유통 문구인 화합, 사회공헌 문구가치, 미래 지속 성장을 중점으로 추진하고 있다.

이를 위해 우선 문구인 2세를 비롯한 인재 영입으로 보다 폭넓은 시각을 갖고, 획기적인 상품을 개발하기 위한 지원을 확대하고, 해외시장 개척에도 박차를 가할 계획이다. 그 일환으로 베트남, 중국, 홍콩, 일본, 대만, 터키 등에서 열리는 전시회에 참관하여 세계 문구 시장 흐름을 포착해 글로벌 경쟁력을 갖출 수 있는 문구 산업을 육성하겠다는 전략이다.

또한 중소기업중앙회 부회장으로서의 책임과 역할에도 남다른 미래 전략을 갖고 있다. 격변하는 글로벌 무한경쟁 시대에 중소기업이 능동적으로 대처해 나갈 수 있도록 제조사를 중심으로 유통사가 힘을 더해 중소기업의 자생력을 키우는 데 총력을 기울이고 있으며, 중소기업이 글로벌 경쟁력을 갖출 수 있도록 내수와 수출 판로 개척에 정부와 중소기업의 가교 역할을 충실히 이행하고 있다.

사회 공헌 실천의 '연필장학재단'

이 회장은 "나눔의 실천은 인류가 발전하는 것이다"라고 늘 강조한다. 이 회장의 나눔 정신은 알파의 역사 속에서도 고스란히 녹아 있다. 현재의 알파를 있게 한 남대문 알파 본점은 70년대 남대문 주변 상인들에게 수돗물과 화장실 개방을 시작으로 상생의 정도를 걸어 왔다. 10여 년 전부터는 본점 내에 '알파갤러리'를 오픈해 어려운 환경 속에 작품활동을 하는 신진작가들에게 무료 전시 기회를 제공하고, 매장을 방문하는 고객에게 무료 관람의 기회를 제공하고 있다.

2006년 설립한 '연필장학재단'은 그가 일궈낸 사회공헌활동의 집약체다. 자신의 몸을 깎아 더 나은 미래를 열어 주는 연필의 희생과 봉사 정신을 담는다는 취지로 연필장학재단 초기에는 직원들이 점심 한 끼를 줄이고 후원금을 마련하는 것으로 출발했다. 현재는 체인점, 협력체, 고객들이 보탠 작은 정성을 모아 중고등학생을 대상으로 년 간 3억 원가량의 장학금을 지원하고 있다. 2007년부터는 지원 대상을 확대해 외국인 유학생들에게도 장학

2006년 설립한 '연필장학재단'은 체인점, 협력체, 고객들이 보탠 작은 정성을 모아 중고등학생을 대상으로 년 간 3억 원 가량의 장학금을 지원하고 있다.

금의 기회를 제공하고 있다. 현재까지 600여 명이 지원을 받은 상황으로, 앞으로 10만 회원 모집을 목표로 하고 있다.

문구인의 지식함양과 창업 비전 등을 교육하는 '문구유통사관학교'도 알파가 실천하는 또 다른 사회 나눔 활동이다. 알파가족 사원과 가맹점, 창업 희망자를 대상으로 경영과 경제 지식, 마케팅 영업전략, 창업의 기본요건 등을 교육한다. 문구유통사관학교를 통해 알파는 매년 우수인력을 배출하고 있는데, 경영이론뿐만 아니라 실제 문구프랜차이즈 경영에 필요한 실질적인 현장교육을 제공해 인기가 높다.

이동재 회장은 이처럼 다채로운 사회 나눔 활동을 지속하고 있으며, 그러한 공로를 인정받아 2005년 중소기업유공자 국무총리표창, 2006년 대통령표창, 2009년 산업포장훈장을 수여받았다. 하지만 이동재 회장은 이에 안주하지 않고 앞으로도 문구인으로서 더 큰 그림을 그려나갈 계획이다. 뿌리가 튼튼해야 제대로 가지를 뻗고 많은 과실을 기대해 볼 수 있는 것처럼, 생산과 유통 전반이 화합·상생하는 방안을 강구함으로써 문구산업 발전의 시너지를 배가할 계획인 것이다.

오늘날은 저성장, 저출산, 대기업과 다국적기업의 상권 영역 침범 등의 '뉴 노멀'의 시대를 맞이하여 우리 중소기업은 여러 가지 면에서 위기에 내몰리고 있다. 안간힘을 다하고 있지만 기존의 사고체계로는 더 이상 미래 가치를 만들어 내기가 쉽지 않다. 다양한 분야를 자유롭게 넘나들며 정통성을 기반으로 한 새로운 융합적인 사고(思考)를 해야 새로운 경쟁력이 생긴다. 그래야 문구인의 미래는 더욱 더 밝은 내일이 보장된다고 확신하는 바다. 따라서 알파는 문구프랜차이즈 종합유통기업으로서 알파水, 연필장학재단을 비롯하여 자체 브랜드인 M POSGY(사무), Artmate(화방, 미술) On-Offline 종합 서비스를 통해 고객 가치를 만들어 가는 미래 지향 경쟁력을 추구하고 있다.

이석구

(주) 스타벅스커피 코리아

스타벅스커피코리아

학력

1968	동성고등학교 졸업
1973	연세대 경영학과 졸업

경력

1975	삼성물산 입사
1993	삼성물산 경영관리실 이사보
1994	삼성물산 기획관리실 사업부장 이사
1995	삼성코닝 본사지원담당 사업부장 이사
1997	삼성코닝 본사기획팀 팀장 이사
1999	㈜신세계 백화점부문 지원본부장 상무
2001	㈜신세계 이마트부문 지원본부장 부사장
2002	㈜조선호텔 대표이사
2007	㈜스타벅스커피 코리아 대표이사(現)

상훈

2014	남녀고용평등 우수기업상 국무총리상
	장애인고용 신뢰 기업 트루 컴퍼니 대상
	서울 꽃으로 피다 캠페인 서울시장 유공자 표창장
	여성권익증진 여성가족부장관상
	더불어사는 사회 보건복지부장관상
	취약계층 여성 재능기부 활동 여성가족부장관 감사패
2015	일자리창출 정부포상 대통령 표창
	기업협신대상 대한상의회장상 (산업통상자원부)
2016	고용창출 우수기업 4년 연속 대통령 표창
	장애인고용촉진유공자 정부포상 대통령 표창
	대한민국 여성인재경영대상 대한상공회의소회장상 (한국여성정책연구원)
	올해의 공감경영 CEO 환경보호 부문(서비스마케팅협회)
2017	지역 창조경제 조성공로 미래창조과학부 장관 표창
	주미대한제국공사관 복원 활용 사업 후원 문화재청장 감사패
	대한민국 CEO 명예의전당 동반성장 부문(산업정책연구원)
	대한민국 리더 대상 디지털경영 부문(포춘코리아)

(주)스타벅스커피 코리아

세계 최고 커피에 한국 감성을 입히다

이석구 스타벅스코리아 대표는 2007년 취임 후 매주 평균 이틀 동안은 항상 현장을 찾아 직원들의 의견을 듣고 있다. 매장을 방문하는 이유는 딱 한 가지다. 고객이 만족하거나 불편해하는 것이 무엇인지에 대한 해답이 현장에 있는데 그런 현장의 키를 쥐고 있는 사람이 바로 임직원들이기 때문이다.

사무실에 앉아 보고만 듣고서는 절대로 현장의 분위기를 느낄 수 없다. 현장에서 직접 체험해 보고 동기를 부여해 주어야 한다. 칭찬하거나 격려할 파트너를 보게 되면 늘 소지하고 다니는 칭찬카드를 현장에서 자필로 적어 건네면서 감사를 표한다. 이게 바로 이석구 대표의 현장경영이다. 매장이 바쁘지 않을 때는 천천히 둘러보고 파트너들과 많은 이야기를 나누지만 고객이 많아 경황이 없을 때는 멀리서 눈인사만 건네고 나오는 경우도 많다. 의전이나 의례적인 대화는 원하지 않는다.

자유로운 소통을 중시하는 스타벅스의 기업문화는 사무실부터 매장까지 모든 직원들에게 자연스럽게 녹아들며 기업의 수평적인 상호기능을 가능하게 만든다. 이석구 대표의 집무실에는 의자가 없다. 사무실 곳곳에 의자를 없앤 스탠딩 테이블 공간을 만들었다. 이러한 오픈형 회의 공간은 집중도와 업무 효율성을 높이고 자유로운 소통의 기회를 제공한다. 고객과 지역사회와의 소통을 중시하는 스타벅스 매장의 문화를 사무실에도 그대로 옮겨 온 셈이다.

스타벅스는 모든 임직원을 파트너라고 부르고 임직원이 사내에서 딱딱한 직급 대신 닉네임으로 소통하는 평등한 조직 문화가 형성되어 있다. 그래서 파트너들은 이석구 대표 역시 '대표님'이란 호칭보다 이니셜을 딴 'SK'로 부르기를 더 선호한다.

사회공헌으로 책임경영

스타벅스는 창사 이후 전 세계에서 사회적 책임과 성장을 동시에 추구해 왔다. 국내에서는 업계 동반성장, 고용창출, 환경보호, 재능기부 등 다양한 활동을 통해 지역사회의 신뢰 속에서 성장해 나가기 위해 노력하고 있다. 먼저 전국 140여 연계 NGO와 지역별로 다양한 활동을 전개하고 있다. 아울러 지역사회를 위해 장애인과 노인시설을 방문해 바리스타 교육과 매장 운영지원 등 활발한 재능기부 활동을 전개하며 이들의 고용확산을 돕고 있다.

2012년부터 현재까지 장애인, 소외계층 청소년, 다문화가족

스타벅스코리아는 **2013**년부터 매년 **4**월 서울광장에서
'서울, 꽃으로 피다' 친환경 캠페인 활동을 진행하고 있다.

등이 운영하는 지역사회 낡은 카페를 재단장해 취약계층의 자립
을 돕고 바리스타 재능기부로 운영을 지원하는 재능기부 카페를
서울, 부산, 대전, 광주, 울산 등에서 총 9곳 선보였다. 대학로 커
뮤니티 스토어에서는 모든 판매품목당 300원을 적립해 대학생들
에게 4년간 장학금을 지원하고 종합적인 리더십 함량 활동을 위
한 청년인재 양성 프로그램을 운영하고 있다. 또 교육기부 국제
NGO인 JA(Junior Achievement)와 함께 청소년 진로교육 프로그램
을 전개하며 지금까지 1만 명이 넘는 청소년을 대상으로 바리스

타 진로체험의 기회를 제공하고 고등학교 졸업 후 사회진출을 돕기 위한 진로설계 안내를 돕고 있다.

스타벅스는 커피 회사의 문화적 특성을 잘 살리면서 임직원들의 자발적인 참여를 이끌어 낼 수 있는 다양한 사회공헌 및 봉사활동 프로그램을 운영해 왔다. 전 세계 스타벅스 중에서도 재능기부를 통해 지역사회의 자립지원을 돕고 더 많은 일자리 창출을 위해 노력한 사례는 최초고 협력사가 함께 참여한 것도 이례적인 일로 평가받고 있다.

회사 이름으로 진행되는 현금이나 현물 지원도 사회공헌의 한 축으로 중요하지만 스타벅스는 임직원의 개성과 성향에 맞춰 자발적으로 동참하고 보람을 찾을 수 있는 봉사의 장을 마련해 주는 것이 회사 입장에서는 더 중요하다고 판단해 독려하고 있다.

전통문화 보전에도 앞장

스타벅스는 지난 2009년 문화재청과 문화재 지킴이 협약을 맺고 우리 문화재를 보호하고 알리기 위한 다양한 활동을 전개해 오고 있다. 2009년부터 현재까지 문화재청의 덕수궁 정관헌 명사초청 행사를 후원하고 있다. 이 행사는 59명의 강연자와 2만

2017년에는 고종황제의 대한제국 선포 120주년을 기념해 주미대한제국공사관의
복원과 보존을 위한 후원 약정식을 열고 총 3억 원의 기금을 기부했다.

명 이상의 시민이 참여하며 대표적인 궁궐문화 행사로 자리매김
했다. 창경궁 여름 야간 특별관람 방문시민에게 커피 증정 봉사
활동도 전개해 오고 있다. 또 2015년과 2016년 김구 선생의 '존
심양성'과 '광복조국' 친필휘호 유물을 구매해 문화유산국민신탁
에 기부했으며 2018년에는 경주지역 고도지구육성 발전을 위한
캠페인을 전개하는 등 활발한 전통문화 보존 및 보호 활동을 진
행하고 있다.

　2015년부터는 광복절에 맞춰 광복회가 추천하는 독립유공자

자손 대학생에게 장학금을 전달하고 있다. 3년간 총 83명에게 1억 7,000여 만 원을 전달했다. 2017년에는 고종황제의 대한제국 선포 120주년을 기념해 문화재청, 국외소재문화재재단과 함께 주미대한제국공사관의 복원과 보존을 위한 후원 약정식을 열고 총 3억 원의 기금을 주미대한제국공사관 복원 및 보존사업을 위해 기부하는 등 대한제국공사관의 한국 전통정원 조성 및 공사관 보존 활동을 후원하고 있다. 복원 공사가 진행되고 있는 주미대한제국공사관은 2018년 5월 개관하여 일반인에게 공개될 예정이다.

스타벅스는 주미대한제국공사관의 역사적 의의를 알리는 등 공사관 복원 및 보존사업을 지속적으로 후원해 나가면서 문화재 보존을 위한 민관협력 우수사례를 만들어가고 있다. 이석구 대표는 "우리나라의 자주 외교를 상징하던 주미대한제국공사관 복원에 힘을 보탤 수 있어서 감회가 새롭다"고 밝혔다.

정부가 인정한 일자리 창출 우수기업

스타벅스는 연령, 성별, 학력, 장애 여부와 관계없는 채용을 통해 열린 직장을 추구하며 자체 양성한 숙련된 바리스타들이 모두 정규직으로 근무하고 있다. 1999년 7월 1호점 오픈 당시 40명의 직원을 시작으로 현재 전국 1,140여 매장에서 일하는 직원 수는 325배 이상 증가했으며 신규 매장 오픈 시 평균 10명의 고용 창출로 연결되고 있다.

또한 개인 역량강화에 맞는 다양한 교육 프로그램을 제공해 커피전문가 양성 및 차별화된 커피 문화를 선도하고 지속 성장을 위한 경쟁력을 강화하고 있다. 신입 바리스타는 입사 후 체계적인 교육과 내부 선발 과정을 거치며 부점장, 점장으로 승격하고 나중에는 매장을 총괄 관리하는 리더로 성장하게 된다. 아울러 커피전문가 양성을 위한 커피마스터 프로그램을 비롯해 커피 기기, 서비스 등 분야별 전문성 함양을 위한 다양한 교육 과정을 온라인과 오프라인으로 제공하고 있어 원하는 직원은 참여할 수 있다.

매년 선발되는 우수인원에게는 인센티브를 제공하고 글로벌 커피전문가로 성장할 수 있도록 커피 농가 및 본사 방문 등 다양한 국가의 스타벅스 파트너들과 교류할 수 있도록 지원하고 있다. 스타벅스코리아는 전 세계 스타벅스 최초로 임직원의 전문 지식 함양과 공유가 가능한 쌍방향 온라인 교육 시스템 '스타벅스 아카데미'를 오픈하고 언제 어디서나 편리하게 학습 가능하도록 모바일 애플리케이션으로도 함께 개발했다.

또한 2016년부터 등록금 전액을 지원하는 파트너 학사학위 취득 프로그램을 운영해 경제적 부담 없이 학위를 취득할 수 있도록 돕고 있다. 입학 첫 학기는 학자금 전액을 지원하며 평균 B학점 이상을 취득하는 모든 파트너에게는 다음 학기 등록금을 전액 지원한다. 2016년 2학기부터 2018년 1학기까지 383명이 입학해 학업을 이어가고 있다.

스타벅스코리아는 파트너의 다양성을 존중하는 근무환경 조성에도 앞장서고 있다. 전 세계 스타벅스 최초로 지난 2014년 여성가족부와 협약을 맺고 경력이 단절되었던 전직 스타벅스 여성 관리자들이 정규직 시간선택제 부점장으로 돌아오는 리턴맘 제도를 시작해 현재까지 113명에 달하는 리턴맘 바리스타가 재입사했다. 리턴맘 바리스타는 주5일, 하루 4시간씩 정규직 부점장으로 근무하면서 상여금, 성과금, 학자금 지원 등 다양한 복리후생 혜택과 인사제도를 적용받는다. 추후 본인이 원할 경우 하루 8시간씩 전일제 근무로의 전환기회도 제공된다. 또한 육아휴직 기간을 최대 2년까지 확대하는 등 일과 가정 양립을 위한 다양한 제도적 지원을 통해 여성가족부의 가족친화인증 기업으로서 노력을 지속해 나가고 있다.

2012년에는 커피업계 최초로 한국장애인고용공단과 '장애인 고용증진 협약'을 체결하고 매년 분기별로 장애인 파트너 신규 채용에 앞장서고 있다. 스타벅스는 장애인이 서비스직에 부적합하다는 사회적 편견을 깨고 지난 2007년부터 장애인 채용을 시작해 2012년에는 한국장애인고용공단과 고용증진 협약을 체결하고 체계적인 장애인 바리스타 양성을 위한 직업훈련에 앞장서고 있다. 장애인 채용 이후에도 직무 적응과 고용 안전을 위해서 장애 유형별 맞춤 교육 프로그램을 시행해 중증 장애인의 일자리 영역을 확대하고 직장 내 장애인식 개선 교육 등 다양한 지원활동을 진행하고 있다.

장애 유형 및 개별 습득 능력에 따른 맞춤 교육을 진행해 지적 장애인 파트너는 과정 하나하나를 꼼꼼히 익힐 수 있도록 반복학습 교육을 받는다. 청각 장애인 파트너는 음료 제조 교육을 강화해 촉각과 후각이 발달된 장점을 십분 발휘할 수 있도록 한다. 청각 장애인의 경우 우유 거품을 만들 때 고온 고압의 스팀 진동을 본인만의 촉각으로 판단해 부드러운 거품을 만들어낸다.

커피가 아닌 경험을 팔며 승승장구

스타벅스코리아는 지난 1999년 이대점 1호점 개점 이래 매년 두 자릿수 이상 성장을 거듭하며 매일 50만 명 이상의 고객들에게 '스타벅스 경험'을 제공하고 있다. 지난 18년간 한국 고객들의 요구에 귀를 기울이면서 한국 전통적인 다방 문화에 스타벅스 특유의 '제3의 공간'이라는 콘셉트를 더해 새로운 커피 문화를 이끌어 왔다.

스타벅스는 단순히 커피를 판매하는 곳이 아니라 인간적인 관계와 감성이 소통하는 경험을 함께 제공하고자 노력하고 있다. 전 세계 스타벅스 최초로 혁신적인 스마트 주문 시스템인 '사이렌 오더' 서비스를 선보이며 혁신적인 디지털 서비스를 제공하는 것을 비롯해, 다양한 현지화 전략이 조화를 이루어내고 있다. 국내 협력사와 함께 다양한 제품 현지화 노력을 지속적으로 전개해 음료와 원부재료의 자체 개발을 확대하고 있으며 친환경 경기미와 국내 특산물을 활용한 다양한 지역상생 제품을 소개하고 있다. 동시에 스타벅스는 국산우유 소비촉진 캠페인과 커피찌꺼기 재활용 자원선순환 활동을 통해 국내 농가의 지역사회 소득 증대에도 기여하고 있다.

시범 운영 중인 스타벅스 현금 없는 매장의 모습.

지난해 12월에는 국내 진출 18년간 쌓은 모든 노하우와 최상의 프리미엄 서비스를 집대성한 최대 규모 매장 '더종로점'을 오픈했다. 더종로점은 다양한 연령층과 라이프 스타일을 모두 고려한 테마공간을 통해 차별화된 서비스를 제공하며 지역 랜드마크로 자리 잡고 있다.

스타벅스코리아는 서비스 품질 유지를 위해 모든 매장을 직영으로 운영하고 있다. 40년 이상의 전문적인 로스팅 기술과 철저한 품질 관리, 그리고 자체 양성한 1만 3,000여 명의 숙련된 바리스타들의 지식과 열정이 핵심 역량이다.

IT기술 접목해 혁신 선도

혁신적인 디지털 마케팅과 모바일 기기들을 통해 고객과 소통하는 것 또한 스타벅스 경험의 핵심이 되어 가고 있다. 요즘 흔한 진동벨 시스템을 스타벅스에서는 볼 수 없다. 음료를 제공할 때는 고객과 눈을 맞추며 대화를 통해 전달한다. 일부 외국 스타벅스에서는 차별화된 경험을 제공하기 위해 음료 컵에 고객 이름을 명기해 전달하고 있으나 그간 한국에서는 고객 이름을 물어보는 것이 어색해 이런 서비스가 불가능했다.

스타벅스코리아는 이름을 호명하는 감성적인 소통을 만들어 나가기 위해 '콜 마이 네임' 서비스를 제공하고 있다. 이를 위해 몇 년 동안 판매관리시스템(POS) 개선과 주문확인 모니터 개발 등을 진행해 왔다. 이를 통해 스타벅스가 진출해 있는 전 세계 60여 개 국가 중 최초로 디지털 시스템을 통해 고객 이름을 호명하는 서비스가 되었다. 회원들이 등록한 이름을 호명해 주며 감성적인 소통 문화를 디지털에 입혔다. 인간적이고 감성적인 소통의 경험을 원하는 고객들의 모습이 반영된 결과다.

또한 IT 서비스 노하우와 기술을 집약해 2014년 전 세계 스타벅스 최초로 '사이렌오더'를 자체 개발했다. 매장 반경 2㎞ 내에서 방문 전에 주문과 결제를 할 수 있어 혼잡한 시간대에 대기시간을 줄일 수 있으며 주문 메뉴가 준비되는 진행 과정을 실시간으로 확인하고 음료가 완료되면 콜 마이 네임과 연동해 등록한 이름을 바리스타가 호명해 주는 진동벨 기능까지 갖췄다. 사이렌오더를 통한 주문은 음료뿐 아니라 매장의 실시간 재고 상황에 맞춰 음식과 병 음료, 원두까지 가능하며 다양한 개인맞춤 기능으로 이용자에게 최적화된 서비스를 제공한다. 드라이브 스루 이용 고객은 메뉴 수령방식을 매장 안과 차량으로도 구분해 주문할 수 있다.

사이렌오더는 론칭 이후 지속적으로 사용 편의성과 기능을 강화하며 빅데이터를 활용한 추천 기능을 도입하는 등 이용자 중심의 맞춤형 서비스로 진화하면서 지금까지 누적 주문자 수가 4,000만 건에 달할 정도로 뜨거운 호응을 얻고 있다.

2017
FOREIGN
COMPANY
DAY

대표

이승현

인팩코리아

경력

1986 ~ 2006 삼성전자 주식회사
기획관리본부, 일본주재원, LCD TV Project Manager(초대)

2006 ~ 2015 주식회사 제이에이이코리아(JAE Korea) 대표이사

2015 ~ 주식회사 인팩코리아(Inpaq Korea) 대표이사

現 한국외국기업협회 (Korea Foreign Company Association) 회장

現 고려대학교 경영전문대학원 Executive MBA 총교우회 회장

現 해남 땅끝마을 대한불교조계종 미황사 장학 사업
매년 10여 명의 초등학생들에게 장학금 지급

現 청소년 폭력 예방 단체(청예단) 참여

現 고려대학교 Dream Scholarship 및 KU Pride 참여

상훈

2003 Global Marketing Award 대상(삼성전자)

2016 FORCA 대상(한국외국기업협회)

2016 자랑스러운 한국인 대상(한국언론인엽합회)

IT강국 코리아 밑거름된 부품소재 강소기업

세계 최고의 휴대폰과 디지털 TV에는 인팩코리아의 주요 부품들이 사용되고 있으며 특히 GPS안테나는 세계시장 점유율 1위다.

인팩코리아는 대만 INPAQ Technology와 합작법인으로 2008 년 2월 설립된 IT 전자부품 전문기업이다. 스마트폰, 디지털TV, 자동차 등 전류가 흐르는 모든 제품에 사용되는 수동소자류와 RF안테나를 삼성전자 등 글로벌 기업에 공급하고 있다. 세계 최고의 휴대폰과 디지털 TV에는 인팩코리아의 주요 부품들이 사용되고 있으며 특히 GPS안테나는 세계시장 점유율 1위다.

INPAQ Technology는 1998년 6월에 설립됐으며 그룹 전체적으로 약 300명의 개발인력과 약 4,000명의 종업원이 있다. 대만과 중국에 생산공장을 두고 있으며 자본금 규모는 약 6,000만 달러, 매출액은 약 3억 달러다.

삼성 · LG에 납품하며 글로벌 수준 실력 쌓아

인팩코리아가 지금까지 이룬 가장 큰 성과는 세계 최고로 꼽히는 삼성전자와 LG전자에 제품을 공급하게 된 것이다. 이승현 인팩코리아 대표는 이 성과에 대해 특별한 무언가가 있지는 않다고 강조한다. 다만 오늘날까지 정직하게 열심히 최선을 다한 결과 세상이 배신하지 않았다는 것이다. 소박해 보이는 이 말은 그의 좌우명이기도 하다. 인팩코리아의 주 고객사 중 하나인 삼성전자의 경우 연간 수억 대에 달하는 휴대전화와 수천만 대에 달하는 디지털 TV를 생산하고 있다.

만약 여기에 사용되는 부품 중 어느 하나라도 품질에 이상이 생긴다면 삼성전자는 지금껏 쌓은 고객 신뢰에 큰 오점을 남기게 된다. 삼성의 까다로운 품질관리는 업계에서 유명하다. 자연스레 삼성전자에 신규로 제품을 납품하려는 협력사 역시 하루라도 빨리 삼성전자의 검증을 하루빨리 통과하는 것이 지상과제다. 인팩코리아는 처음 삼성전자 납품을 시도할 때부터 역으로 고객사에 엄격한 검증을 요청했다. 이 같은 적극적 품질경영 노력에 힘입어 10여 년 세월 동안 무리 없이 공급관계를 이어오고 있다.

인팩코리아는 이승현 대표가 태어나 처음 창업한 회사로 규모는 그리 크지 않지만 세계 최고 전자회사인 삼성전자 및 LG전자와 거래한다. 인팩코리아가 공급하는 제품의 경우 100년 넘게 미국, 유럽, 일본 등 선진국 기업들이 장악하고 있던 분야다. 소재부터 제조에 이르기까지 정밀함이 요구되며 까다로운 검증 절차를 거쳐야만 공급 가능하다. 특히 삼성전자의 경우 품질 검증이 엄격하고 그 절차도 까다롭기로 유명하다. 수십 년 전부터 시장을 선점하고 있던 기업들은 기술력과 원가경쟁력, 마케팅 능력이 탁월하다. 이들과의 경쟁을 뚫고 납품에 성사시켰다는 점에서 인팩코리아 임직원들의 장인정신을 느낄 수 있다.

인팩코리아가 삼성전자를 비롯한 세계 최고의 기업들에게 전자부품을 공급하는 것은 철저한 품질관리와 기술개발을 통해 고객이 원하는 양질의 제품을 개발함으로써 신뢰를 얻었기 때문이다. 인팩코리아의 직원들은 자신들이 생산한 부품의 토대 위에서 삼성전자 LCD TV가 세계 1등이 됐다는 점에서 큰 자부심을 느낀다. 삼성전자 TV는 세계 최강 소니를 제치고 7년 넘게 세계 1

2018 한국외국기업협회(FORCA) 신년회 사진.
인팩코리아는 삼성전자를 비롯한 세계 최고의 기업들에게 전자부품을 공급하고 있다.

위 자리를 지켜오고 있다. 2000년대 초반만 해도 삼성전자나 LG 전자의 해외 인지도는 매우 낮았다. 일본의 소니, 파나소닉, 도시바, 샤프 그리고 유럽의 필립스와 비교하면 초라할 정도였다. 그러나 1990년대 말부터 불어닥친 디지털화 바람이 오늘날 한국 산 TV가 세계 최강으로 올라설 수 있는 기회가 됐다. LCD TV 일류화를 위해 삼성전자를 중심으로 삼성그룹의 역량을 몰아준, 어찌 보면 다소 무모한 결정이 지금의 세계 1위 제품을 만드는 밑거름이 된 셈이다. 삼성전자의 디스플레이 기술은 LCD를 너머 이제 LED, QLED 등으로 진화 중이다.

최고를 꺾기 위해 모든 걸 쏟아 붓다

1999년 삼성전자 도쿄 주재원은 그룹 최고위층으로부터 일본시장에서 삼성전자 브랜드와 인지도를 높일 수 있는 방안을 강구해 보라는 지시를 받았다. 당시 삼성 일본 본사 신규 사업팀장으로 있던 이승현 대표는 액정모니터를 전자상거래로 일본시장에서 판매하는 것을 제안하였고 당시 일본 삼성 고위층

백운규 장관 및 주요국 대사 등 500명이 참석한 '외국기업의 날' 행사에서 이승현 회장이 축사하고 있다.

과 한국 본사 모니터사업 책임자의 전폭적인 지원 아래 2000년 3월 전자상거래를 통해 삼성전자 액정모니터를 일본 전국에 판매를 개시했다. 액정의 본고장이라고 자처한 일본시장에서 "삼성이 일본에 위협을 가했다"고 할 정도로 당시 TV 방송을 포함한 많은 언론에서 관심을 보였다. 덕분에 많은 일본인 사이에서 삼

성 액정 제품에 대한 인지도가 크게 높아졌다. 당시 17인치 액정 모니터 1대 값이 200만 원을 호가하였음에도 기대 이상의 성과를 거뒀다.

이승현 대표가 가장 배타적이면서 동시에 액정 본고장인 일본 시장에서 기대 이상의 성공을 거둘 수 있었던 것은 크게 세 가지 비결이 있다. 첫 번째는 모든 마케팅을 최고급화하는 전략이었다. 두 번째는 일본 본토 전역으로 24시간 이내에 상품을 배송해 주고 고객 문의에 24시간 대응할 수 있는 콜 센터를 운영한 것이었다. 마지막은 고객이 제품을 직접 체험해보고 타사 제품과 비교할 수 있도록 홈페이지와 전시장을 마련한 것이었다.

이승현 대표는 2001년 5월에 삼성전자 한국 본사로 귀임했다. 귀임 당시 미국, 일본, 한국을 중심으로 디지털 TV에 대한 논의가 무르익고 있었다. 아직까지는 부피가 큰 프로젝션 TV와 플라즈마 TV가 대세였다. 당시 액정 TV는 30인치 이상의 크기는 기술적으로 어렵다는 의견이 지배적이었으며 소니와 파나소닉 등 기존 메이저들은 액정 TV보다 평면브라운관(PDP) TV에 주력했다. 이승현 대표는 일본시장에서 쌓은 액정모니터 사업 경험을 바탕으로 액정 TV PM 조직 신설을 건의했고 2002년 초 5명의 인력으로 액정 TV PM 그룹이 만들어졌다. 개발은 액정모니터

개발인력이 겸직하는 것으로 했으며 약 1년여 후 액정 TV 개발 전담조직이 만들어지면서 사업이 본격화되기 시작했다.

여느 신사업이 그렇듯 액정 TV 역시 개발, 마케팅 등 초기비용이 많이 소요됐으며 예상치 못한 기술적인 문제가 많았다. 이러한 역경을 뚫고 삼성전자 액정 TV가 세계 1위가 될 수 있었던 요인은 크게 세 가지다. 첫 번째는 최고경영층의 미래를 보는 예지력과 시설 및 마케팅 투자에 대한 과감하고 빠른 의사결정체제였다. 액정 TV의 약점이었던 대형화를 전면에 내세우면서 고객들이 액정 TV를 직접 눈으로 보고 경험할 수 있도록 하는 일관된 광고 전략과 이를 기술적으로 뒷받침해줄 뛰어난 개발 책임자도 나머지도 중요한 요인이다. 이외도 물류체계 구축 등 여러 가지가 뒷받침됐지만 가장 결정적인 요인은 앞서 소개한 세 가지다.

이승현 대표에게 액정 TV PM 그룹장으로서 초기 2년간은 매우 힘든 시기였다. 일단 제품 완성도가 너무 떨어졌다. 또 고객들에게 상품을 알리기 위해서는 유통점에 전시를 해야 하는데 당시만 해도 미국이나 유럽시장에서 삼성의 브랜드 인지도가 낮아 대형 유통점들이 전시 공간을 쉽사리 내어주지 않았다. 액정디스플레이도 노트북 컴퓨터용이나 모니터용 소요가 많아 기술력이 요구되는 TV용 디스플레이는 우선순위에서 밀리는 상황이어서 개발이 녹록치 않았다.

'신의 한 수' 액정TV 일류화 위원회

지금은 은퇴했지만 당시 삼성전자 대표이사였던 윤종용 부회장은 액정TV 일류화 위원회 설치를 지시했고 사업 초기에 스스로 위원장이 되어 분기별 투자 현황과 핵심부품 개발 상황을 직접 점검했다. CEO가 직접 나서자 액정 TV는 서서히 전사적 프로젝트로 그 중요성이 부각됐고 광고, 판촉 등 마케팅 분야에서도 총력 지원을 받게 되면서 사업이 활기를 뛰었다. 특히 이탈리아 시장에서 점유율 30%를 돌파하면서 프랑스, 영국, 독일, 스페인 등지로 영향력이 확대되었고 마침내 미국에서도 삼성 액정 TV 판매가 본격화되기 시작했다.

특히 액정TV의 대형화를 위해 당시 세계 최초로 40인치와 29인치를 개발했는데 이 제품들은 미국 라스베이거스에서 열리는 CES 등 해외 전시회에서 큰 반향을 불러일으켰다. 당시 40인치 액정 TV 1대 가격은 2,000만 원을 호가했음에도 불구하고 고급 TV를 원하던 국내 일부 고객들 사이에서 큰 인기를 누렸다. 이는 삼성전자가 세계 TV 1위가 될 수 있던 원동력이었다.

출시 당시 40인치 액정 TV의 완성도는 매우 낮았다. 액정디스플레이 뒷면에는 백라이트(형광등)가 있어 화면을 밝게 해주는데 수명이 짧아 화면이 어두워지면서 검게 변하는 현상이 자주 나타났고 대형 디스플레이의 생산 수율이 너무 낮아 디스플레이 가격이 비쌀 수밖에 없었다.

당시 액정 디스플레이 기술은 일본 샤프가 독보적이었다. 하지만 아날로그 분야에서 독보적 존재였던 일본 전자업체들은 완벽하지 않은 상품은 출시하지 않는다는 정책을 고수했다. 반면 삼성전자는 디지털시대에 적합한 의사결정을 통해 일단 시도해보고 안 되면 보완하는 방식을 취했다. 이러한 전략의 차이는 삼성이 빠른 속도로 일본 기업들을 추격하고 추월하는 원동력이 됐다.

사회에 도움되는 기업이 진짜

이승현 대표는 지속 가능한 기업 경영이 이뤄지기 위해 우리 사회가 안정되고 안전해야 한다고 강조한다. 특히 사회적 문제인 청소년 폭력으로 인해 미래의 꿈나무들이 목숨까지 버리는 안타까운 사례가 생기는 것은 사회적으로 막대한 손실이다. 청소년들이 건강하고 바르게 성장해 대한민국의 초석이 되는데 도움이 되고자 그는 청소년 폭력 예방 단체(청예단)에 오래 전부터 동참 해오고 있으며 농촌부 초등학교 졸업생들을 대상으로도 장학금도 기부해 오고 있다. 농촌부의 경우 의외로 생활형편이 넉넉하지 못해 초등학교 졸업 후 중학교 진학 시 교복 구입에도 어려움을 겪는 사례가 많다.

이 외에도 생활이 어려운 대학생들이 아르바이트 때문에 정작 필요한 장학금을 받지 못하는 사태를 막고자 모교에서 시행하는 장학금 기부에도 동참하고 있다. 청소년과 청년뿐 아니라 노인복지시설에도 적지만 일정액을 매년 정기적으로 기부하는 등 건강하고 행복한 대한민국 건설을 위해 나눔의 삶을 실천하고 있다.

이승현 대표는 경영자로서의 가장 중요한 역할로 지속 가능한 경영체계를 구축하는 것, 구성원들이 만족한 삶을 살아갈 수 있는 터전을 만들어 주는 것을 꼽는다. 주주이익도 극대화도 중요한 우선순위다.

"정보화 및 디지털화 시대가 되면서 변화의 속도가 상상을 초월할 정도입니다. 경쟁구도도 이제는 글로벌화됐습니다. 어디서 누가 무엇을 하고 있는지 언제 어떤 경쟁자가 나타날지 생각하면 식은땀이 흐릅니다. 정신이 오싹해집니다. 기업의 경영자라면 누구나 느끼고 있을 겁니다."

구성원과 소통하는 리더

경영자 한 사람의 힘으로 지속 경영을 이루기는 불가능하다. 이러한 사실을 누구보다 잘 알고 있기 때문에 이승현 대표는 구성원 한 사람 한 사람이 주인의식을 가져야 한다고 강조한다. 흔히 리더는 방향을 제시해야 한다고 하지만 그가 생각하는 리더는 구성원들이 방향을 제시하도록 유도하고 그것이 실행되도록 뒷받침해줘야 한다. 젊고 유능한 구성원들이 자유롭게 일하는 가운데 자연스럽게 기업이 나아가야 할 방향이 손에 잡힌다는 것이다. 구성원의 적극적 참여를 이끌어내기 위한 합당한 소득분배도 이 대표가 중시하는 기업경영의 원칙이다.

경영비전을 달성하기 위해서는 무엇보다 고객에게 도움되는 제품을 개발하는 것이 가장 중요하다. 경쟁사를 추격하거나 이기는 것은 그 다음 문제다. 각 회사마다 고유의 장점이 있기 때문에 모두가 공존할 수 있는 산업생태계가 만들어져야 한다. 맹수나 동물도 자신의 생명이나 그와 직결되는 경우를 제외하고는 지나친 싸움을 하지 않는다.

인팩코리아의 지향점은 신의창신(信義創新), 이인위본(以人僞本), 주이불비(周而不比) 3개 사자성어로 요약된다. 가족이 수백

구성원 간 신의를 무엇보다 중시하는 이승현 대표가
중국 현지 책임자들을 격려하는 행사에 참여하는 모습이다.

년, 수천 년간 유지되는 것은 피로 맺어진 신의 때문이듯 아무리
훌륭한 제품이 있고 뛰어난 능력을 가지고 있어도 신뢰관계가 없
으면 사상누각에 지나지 않는다. 그렇기 때문이 이승현 대표는
구성원 간 신의를 무엇보다 중시한다. 변화하는 산업사회에 낙오
자가 되지 않기 위해서는 새로운 제품이나 새로운 방법 등을 개
발하는 것도 물론 중요하다. 이를 위해 인팩코리아는 인재육성과
교육을 강조한다.

　이승현 대표는 지나친 상대평가를 지양한다. 특히 구성원 간
능력 비교는 무의미하다고 강조한다. 누구나 장단점이 있기 때문

이다. 심지어 경영자인 이 대표 스스로도 개선할 점이 많다는 것이다. 한순간 구성원이 경영자의 생각에 못 미칠 때는 아쉽지만 스스로를 뒤돌아보면 구성원이 부족한 것이 아니라 스스로의 기준으로 구성원을 평가했음을 자각한다.

이승현 대표는 우리 민족이 앞으로 나아가야 할 분야는 정밀함과 치밀함이 요구되는 전자산업이나 바이오산업이라고 생각한다. 이미 일부 대기업들이 관련 사업을 활발히 하고 있지만 소재나 부품 등 기초기술 분야는 여전히 부족하다. 이런 분야는 시간과 인내가 필요하다. 이 대표가 젊은 직원들에게 "주변 유행을 너무 좇지 말고 기초실력을 쌓는 데 노력하라"고 강조하는 것도 이러한 이유에서다.

그는 "한국에서 활동 중인 외국계기업 대표자들은 국가관이 투철하며 한국 내에 개발 및 생산 공장, 판매 거점 등을 만들어 수출 증대에 기여하고 있을 뿐 아니라 새로운 일자리 창출에도 크게 기여하고 있다"며 "한국외국기업협회장으로서 외국기업의 한국 투자유치를 지원하고 회원사들의 권익보호에도 앞장설 것"이라고 밝혔다.

대표

이제원

코센

학력

1986   홍대부속고등학교 졸업
1993   한양대학교 상경대학 회계학과 졸업
2004   조지아텍(G.I.T) 경영대학원 수학

경력

1995 ~ 1999   ㈜LG화학 정밀화학사업본부
              카본OBU 영업 기획
1999 ~ 2002   ㈜ACN Tech 대표
              (코스닥 상장)
2004 ~ 2005   ㈜다임 구조조정 CRC 실질투자부문조합대표
              (한국주강 등 상장사 구조조정 및 M&A)
2005 ~ 2012   ㈜한중미래도시개발 대표이사
              ㈜CEV Holdings 부사장
              연변 과학기술대학교 이사
              MIU(몽고국제대학교) 이사
2012 ~   ㈜코센 대표이사

KOSSEN

강관 1세대에서 21세기 에너지사업 강자로

코센은 1974년 동신금속 주식회사로 출발했으며 1977년 김포공장에 스테인리스 파이프 생산라인을 갖추고 본격적인 사업을 시작했다.

코센은 1974년 동신금속 주식회사로 출발했으며 1977년 김포 공장에 스테인리스 파이프 생산라인을 갖추고 본격적인 사업을 시작했다. 1990년 코스닥에 상장했고 2000년에는 현재의 부안공 장으로 확장이전했으며 2013년 지금의 코센으로 사명을 변경하 였다.

새로운 사명인 코센(KOSSEN)은 'Korea Stainless Steel & Energy'의 약자로 기존 스테인리스 파이프 제조업에서 벗어나 2차

저지와 신재생에너지 중점회사로 새롭게 도약하겠다는 의지를 담고 있다.

2013년에는 업계 최초로 터키 국영버스 회사와 NGV 개조사업 계약을 체결했고 2015년에는 국내에서 두 번째로 큰 규모인 25MW급 태양광발전소를 완공하여 상업생산을 시작하였다. 2015년 말에는 진도와 해남을 연결하는 해상케이블카 건설을 위한 MOU를 체결해 현재 착공을 앞두고 있다.

스테인리스 강관 40년 한우물… 신사업으로 다각화

코센은 국내 스테인리스 강관 제조기업 1세대로서 40년이 넘는 세월 동안 국내 경제발전과 더불어 성장해왔으며 2012년 이제원 대표이사 취임 후 다양한 신사업을 전개하고 있다.

이제원 대표가 취임할 당시 DS제강(舊 코센)은 안으로는 국내 건설시장의 침체와 조선시장 불황으로 다년간 적자를 면치 못하고 있었으며 밖으로는 강관업계 경쟁 과열로 인하여 해외시장 진출은 엄두도 못 내는 진퇴양난의 상황을 맞이하고 있었다. 이는 DS제강뿐 아니라 동종업계 대부분의 기업이 마찬가지였다. 많은 업체들이 생존 싸움을 하고 있었으며 위기를 넘지 못한 기업

코센은 2013년 업계 최초로 터키 국영버스 회사와 **NGV** 개조사업 계약을 체결했고 2015년 25㎿급 태양광발전소를 완공했다.

들은 이 시기 도태됐다.

하지만 "영웅은 난세(亂世)에 태어난다"는 말이 있듯 이 대표는 위기 속에서 '선택과 집중의 묘'를 발휘하며 기회를 찾았다. 그는 지체 없이 조선사업을 정리하고 강관사업에 전력을 기울였다. 책상에 앉아 지시하기보다는 현장에 가서 직원들을 독려했고 이에 보답하듯 회사는 그해부터 곧바로 회복세에 접어들었다. 하지만 단기적인 회복은 근본적인 해결책이 될 수 없다고 판단한 이 대표는 신성장 사업을 발굴하기로 결정하였다.

신사업 진출에 가장 큰 걸림돌은 역량의 분산이었다. 신사업

개발에 총력을 기울이기 위한 특단의 방법으로 강관사업을 분리 운용할 필요성을 느낀 이 대표는 삼고초려 끝에 현재 대표이사인 박형채 부회장(前 성원파이프 대표이사)을 강관사업부 수장으로 영입했다. 스카우트 후 회사의 정체성을 명확히 하고 대표로서의 의지를 확고히 하고자 사명은 코센으로 변경하였다. 코센(KOS-SEN)으로의 사명 변경은 각자대표 체제로의 새로운 출발을 알림과 함께 회사가 나아가야 할 방향을 대외에 공표한 것으로 이후 강관사업과 신사업은 발맞춰 나가며 높은 경영성과를 이루고 있다.

1974년 동신금속 주식회사로 시작된 코센이 지난 40년 걸어온 길은 한국 스테인리스 강관 업계의 역사 그 자체다. 많은 도전과 위기 속에서도 코센은 그동안 쌓아왔던 신뢰, 임직원 간의 단합, 뛰어난 품질과 서비스를 통해 위기를 발전의 기회로 바꾸어 왔다.

이제원 대표는 지난 40년의 성과를 바탕으로 코센의 더 큰 미래를 준비하고자 스테인리스 강관사업뿐 아니라 태양광 및 NGV(Natural Gas Vehicle) 사업을 비롯한 에너지 관련 신사업에 뛰어들었고 불투명한 세계경제와 치열한 시장경쟁 속에서도 국내외에서 태양광 발전소 프로젝트와 NGV 개조사업을 비롯한 신사

이제원 대표는 지난 **40년**의 성과를 바탕으로 코센의 더 큰 미래를 준비하고자
태양광 및 에너지 관련 신사업에 뛰어들었다.

업 수주에 성공하면서 글로벌 기업으로 도약하기 위한 첫걸음을
내딛었다.

이후 전라남도 고흥에 25MW급 태양광 발전사업, 업계 최초 터
키 이스탄불 대중교통 버스 NGV 개조사업 등 국내외에서 다양
한 프로젝트들을 성공적으로 수주하고 후속사업까지 발굴하는
성과를 이끌어냈다.

이러한 성과는 이 대표 특유의 '안정성을 기반으로 한 도전정
신'이 원동력이 되었다. 일각에서는 안정성과 도전을 상반되는
개념으로 해석하지만 이 대표는 안정성이 확보되지 않은 도전은

무모한 도전에 불과하고 임직원 및 그 식구들의 생계를 책임지고 있는 사람으로서 그 어떠한 경우에도 식구의 생계를 담보로 할 수는 없다는 확고한 신념을 내세웠다. 또한 전라남도 고흥군 태양광 발전사업을 예로 들며 안정성은 심도 있는 사업의 이해를 바탕으로 튼튼하고 잘 짜인 사업모델을 개발한다면 확보 가능하다고 설명하고 있다.

이 대표는 코센이 과거 강관사업에 전념할 때에는 잔잔한 호수 위에 띄어놓은 돛단배와 같았지만 지금은 거친 바다에 뛰어든 요트와 같다고 생각한다. 사업 다각화와 그에 따른 추가자금 유입, 그리고 직원들의 의식과 애사심 향상 등 안으로는 과거와 비교할 수 없을 만큼 건강해졌다. 하지만 시장 상황은 녹록지 않다. 이러한 상황에서 리더가 제시하는 비전은 나침반과 같다. 코센은 명확한 사업 포트폴리오를 갖고 목표를 향해 힘 있게 항해하고 있다. 핵심사업인 강관사업을 기반으로 안정적인 신규사업 개발을 첫걸음으로 하여 향후에는 철강, 에너지, 2차전지, 관광사업이 큰 기둥이 될 예정이다.

사업다각화 노력 결실… 흑자전환

45년간 국내 배관용 스테인리스 강관을 만들어온 강소기업 코센은 2차전지 시장과 태양광발전소 분야에서 새로운 먹거리를 찾아나선 결과 최근 들어 그 성과가 속속 나타나고 있다. 니켈가격이 상승 추세를 이어가면서 주력인 강관사업은 회복 국면에 접어들 전망이다. 강관사업 원재료인 스테인레스는 가격의 60% 이상을 차지하는 니켈 가격에 직접적인 영향을 받는다. 지난 2016년 니켈 가격이 폭락하면서 실적은 크게 악화됐다. 판매가격이 매출원가 이하로 내려가면서 영업손실을 기록했고 고가에 매입한 재고를 정리하면서 대규모 재고손실도 발생했다.

2016년 코센의 매출액과 영업손실은 539억 원과 65억 원으로 전년대비 6.7% 감소, 적자 전환했다. 이 대표는 "자체 사업이 부진한 것은 아니었지만, 니켈 가격이 톤당 5만 달러에서 8,000달러까지 내려가면서 재고가 판매가격에 영향을 미쳤다"면서 "니켈 재고 손실을 대부분 반영했기 때문에 향후 손실이 발생하지 않을 것으로 전망한다"고 전했다.

코센은 1974년 동신금속으로 출발해 40여 년간 꾸준히 국내 스테인리스 강관 시장점유율 15~20%대를 유지하고 있다. 이제

코센은 국내외에서 태양광 발전소 프로젝트와 NGV 개조사업을 비롯한
신사업 수주에 성공하면서 글로벌 기업으로 도약했다.

원 대표는 2016년 6월부터 이티에이치에 약 250억의 투자로 지
분 42%를 인수하며 2차전지 사업에 진출했다. 이티에이치는 2차
전지 후공정 설비를 설계·제작·시공하는 업체다. 배터리는 제조
후 수만 번의 충전과 방전인 '활성화'를 거쳐야 한다. 안전성 확
인과 더불어 불량품을 선별할 수 있다. 이 대표는 "이티에이치는
후공정 설비만 만들어주는 경쟁사들과 달리 설비를 만들고 이를
유기적으로 연결한 자동화 설비를 턴키로 공급하기 때문에 경쟁
력이 있다"며 "배터리 업체들의 공장 규모, 생산량에 맞춰 설비

를 설계해 주기 때문에 업체들에 도움이 된다"고 설명했다.

이티에이치는 중국에서 기술력을 인정받아 큰 실적을 올리고 있다. 이 대표는 "전기차 육성에 나선 중국 정부가 대규모 배터리 공장을 증설하면서 이티에이치의 사업 기회도 크게 늘어나고 있다"며 "2016년 중국 리센배터리와 2,600만 달러 규모의 전기차용 충전기 생산 후공정 장비 수주계약을 체결한 데 이어 지난해 8월 중국 다이나볼트와 1,260만 달러 규모의 2차 계약을 맺었다"고 전했다. 최근 2년 동안 수주액만 9,000만 달러(약 1,000억 원) 이상이다.

코센이 주력하는 또 다른 사업은 태양광발전소다. 이 대표는 "2016년 전남 고흥에 25㎿ 규모의 태양광발전소 문을 열고 1년 반을 운영하다가 2017년 성공적으로 키암코(산업은행자산운용사)에 매각했다"며 "대형 발전소를 운영하기보다는 2~3㎿ 규모의 소형 발전소를 여러개 지어 운영하는 것이 훨씬 경제적이라고 판단했기 때문"이라고 설명했다.

코센은 발전소 운영경험을 갖춘 지역인 고흥과 그 외 지역에 2~3㎿ 규모 태양광발전소 용지를 물색하고 있다. 이 대표는 "올해 안에 2~3㎿급 태양광발전소 두 곳을 더 설립하고 향후 2년 안에 총 발전량 30㎿를 달성하는 것이 목표"라며 "코센은 25㎿

대형 발전소부터 중소형 발전소까지 다양한 규모의 발전소 운영 노하우가 있기에 경쟁력이 있을 것"이라고 말했다.

이 대표는 태양광발전소 사업의 발목을 잡는 규제에 대해서도 언급했다. "태양광발전소는 지방자치단체마다 도로에서 100m~1㎞ 이내에 건설하지 못하게 하는 등의 규제가 많다"며 "이러한 규제를 다 고려하다 보면 몇 만㎡의 평평한 발전소 용지를 확보해 인허가를 받는다는 것이 사실상 불가능하다"고 말했다.

코센의 2017년 연결기준 매출액은 전년 대비 6% 증가한 573억 원을 기록했다. 영업이익은 10억 원, 당기순이익은 43억 원을 달성했다. 개별기준도 영업이익과 당기순이익 모두 흑자를 달성하며 성장 가속화에 나섰다. 거래처 다변화로 매출이 늘어난 것이 실적 상승으로 이어졌다는 분석이다. 니켈 가격 상승도 회사이익이 개선되는 데 긍정적으로 작용했다.

전기차 업체들의 배터리 수요가 증가하면서 리튬, 니켈, 알루미늄 등 원재료 가격이 상승했고 코센 수익률도 덩달아 늘어나고 있다.

> '영웅은 난세(亂世)에 태어난다'는
> 말이 있듯 이제원 대표는
> 위기 속에서 '선택과 집중의 묘'를
> 발휘하며 기회를 찾았다.

대표

이태식

![EN Creative Energy to the World TECHNOLOGIES 이엔테크놀로지(주)]

이엔테크놀로지

학력

서울대학교 전기공학 학사

서울대학원 전기공학 석사

Columbia University Electrical Engineering (MA)

Long Island University 경영학 (MBA)

2003 ~ 2003 KAIST 테크노경영대학원 최고경영자과정 AVM 8기 수료

2003 ~ 2004 Stanford 경영대학원 SEIT 4기 수료
(Strategy Entrepreneur Information Technology)

2006 ~ 2006 한국정보통신대학교(ICU) 부품소재기업
최고경영자과정 2기 수료

2006 ~ 2006 와세다대학 비즈니스스쿨 경영자과정 13기 수료
(한국산업기술진흥협회주관)

2006 ~ 2006 칭화대 최고기술경영자과정 1기 수료(한국산업기술진흥협회주관)

2006 ~ 2006 보스톤대학 최고경영자과정 4기 수료

2009 ~ 2010 아주대학교 ITS대학원 U–SOC 최고위과정 5기 수료

2010 ~ 2010 광운대학교 경영대학원 CEO VIP과정 2기 수료

2011 ~ 2011 KOTRA 글로벌CEO스쿨 1기 수료

2012 ~ 2013 관동대학교 산학연구처(산학협력단) 교수

2015 ~ 2015 서울대학교 공과대학 에너지CEO과정 4기 수료

2016 ~ 2016 고려대학교 FELP 6기 수료

2017 ~ 2017 2017년 GE 글로벌 고객 서밋(Global Customer Summit: GCS)
GE크로톤빌 연수 프로그램 참가

경력

2003 ~ 2004 XVD Corporation
Advisor / Business Development

2003 ~ 2005 DEFTA PARTNERS Partner in Asia

2004 ~ ㈜이엔테크놀로지 CEO

EN Creative Energy to the World
EN *TECHNOLOGIES*
이엔테크놀로지(주)

美 · 獨 독점시장 뚫은 기술벤처 신화

이엔테크놀로지는 하이테크 플라즈마 전원장치와
에너지 저장장치(ESS) 및 전기차 충전기, 전력기기까지 안정적인 제품을 갖추고 있다.

이엔테크놀로지는 기술벤처기업이다. 전체 인원 117명 중 60% 이상이 엔지니어로 구성돼 있으며 매년 매출액의 10% 내외의 자금을 R&D에 투자하고 있다. 생산하는 제품은 대부분 글로벌 경쟁력을 인정받고 있다.

세계에서 3개사만이 양산 가능한 하이테크 플라즈마 전원장치와 폭발적인 성장세를 보이고 있는 에너지 저장장치(ESS) 및 전기차 충전기, 안정적인 매출을 거두고 있는 전력기기까지 안정적인 제품 포트폴리오를 갖추고 있다. 군포에 본사가 있으며 생산 기지는 군포와 화성에 있다.

틈새시장 노려 年 70% 성장

이엔테크놀로지는 2003년 12월 7명의 직원으로 경기도 안양에서 출발했다. 과감한 R&D 투자에 힘입어 개발한 경쟁력 있는 제품을 기반으로 급성장하고 있다. 설립 14년차가 된 2017년 매출액은 404억 원으로 전년 대비 20% 성장했으며 2018년 매출액은 70% 이상 성장한 700억 원대로 예상되고 있다.

플라즈마 전원장치는 2003년 설립 직후부터 개발 및 생산돼 스마트폰 코팅과 산업용 코팅 장비에 사용됐다. 미국의 AE, 독일의 Huettinger 두 회사가 독점적으로 공급하던 디스플레이 코팅장비용 전원장치 양산시장에 2010년 초부터 진입해 외국산 못지않은 품질과 가격경쟁력, 치밀한 서비스 전략으로 국내 시장 1위가 됐다. 이를 기반으로 중국, 대만, 일본 등에 대리점을 두고 수출도 적극적으로 추진하고 있다.

에너지 저장장치와 전기차 충전기는 정부의 2009년 녹색산업 혁명에 부응하여 중소기업으로서는 막대한 자금과 인력을 투입

이엔테크놀로지는 미국의 **AE**, 독일의 **Huettinger**가 독점하던 디스플레이 코팅장비용 전원장치 양산시장에서 품질로 국내 시장 1위가 됐다.

해 개발에 성공하고 제주도와 대구 실증단지에서 검증을 마쳤다. 2010년 전기차 급속충전기가 국내 최초로 녹색기술인증을 획득 했으며 2014년 한국전력의 주파수조정 에너지저장장치 입찰에 서 기술평가 1위를 차지하는 등 압도적인 기술경쟁력을 보유하 게 됐지만 시장이 아직 성숙되지 않아 매출은 부진하였다.

하지만 이엔테크놀로지는 에너지 저장장치의 폭발적인 시장 을 예상하고 꾸준하게 기술개발에 전념한 결과 대기업인 경쟁사 못지 않은 경쟁력을 확보했다. 이를 바탕으로 한국전력, 발전사 등 공기업과 S사, L사 등 국내 대기업, 미국과 유럽의 해외 대기업과 협력체계를 구축하여 시장이 본격화되는 2017년부터 적극적인 마케팅을 펼치고 있으며 그 결과 2018년 1분기에는 200억 원 가까운 수주를 확보하는 등 성과가 가시화되고 있다.

전기차 충전기는 과잉경쟁 시장이 된 승용차 급속충전기보다 기술집약적인 버스충전기, AGV(Auto Guided Vehicle) 시장을 우선 공략하고 승용차 급속충전기는 계속 사업은 유지하되 시장이 안정되는 시점에 본격적으로 진입하기로 결정했다. 전력기기 부문에서는 한국전력과 철도청에 배전기기 및 GIS를 안정적으로 공급하고 있고 이를 기반으로 20여 개국에 수출을 하면서 안정적인 수익 기반을 확보했다. 2017년 이후 친환경 GIS 등 신제품을 개발하고 해외 기술수출을 추진하고 있어 2019년부터는 매출액과 수익 증대가 예상된다.

플라즈마 전원장치는 진입장벽이 매우 높은 제품이다. 2007년 디스플레이용 진공코팅장비 분야 세계 1위 제조업체인 일본의 U사로부터 디스플레이용 전원장치로 사용이 가능하다는 평가를 받았으나 최종 고객인 삼성과 LG로부터 평가가 늦어져 결국 3년이나 늦어진 2010년초부터 납품이 가능했다. 진공코팅장비의 품질은 엔진 역할을 하는 전원장치가 좌우하며 전원장치의 불량은

에너지 저장장치와 전기차 충전기 부문에서 임직원 모두 마음고생하며 미래를 대비한 결과 시장을 선점할 수 있었다.

막대한 손실을 초래하는 제품불량으로 이어지기 때문에 이미 미국과 독일 제품에 익숙해져 있는 엔지니어들의 선택이 쉽지 않았던 것이다. 하지만 끊임없는 제품 소개와 고객의 사소한 요구에도 신속하게 응대하는 서비스가 엔지니어들의 마음을 움직였고 결국에는 매출로 이어지게 되었다. 지금도 제품에 문제가 발생하면 즉각적으로 CS팀이 출동하고, 필요시 상주까지 하면서 발생하는 모든 문제를 해결해 고객의 믿음을 유지하고 있다. 또한 대기업인 경쟁사의 개발 속도에 뒤처지지 않도록 꾸준히 기술개발에 대한 투자를 하고 있다.

에너지 저장장치와 전기차 충전기 부문은 관련 임직원 모두 마음고생이 심했던 부문이었다. 기술개발을 위하여 막대한 투자를 해 좋은 제품을 만들었는데 시장이 성숙되지 않아 매출은 미미했다. 하지만 에너지 시장의 발전에 대한 확신이 있었고 무엇보다 제품에 대한 확신이 있었으므로 언젠가 폭발적인 가능성이 열리리라 생각했다. 다행히 관련 임직원들이 어려운 상황에서도 이탈하지 않았고 꾸준하게 다가오는 미래를 대비한 결과 최근 시장이 열리면서 시장을 선점할 수 있는 기회를 확보하게 됐다.

전력기기는 매우 오래된 산업이다. 안정적인 매출은 보장되지만 부가가치가 그리 높지는 않다. 이를 탈피하기 위해 이엔테크놀로지는 대기업이 독식하던 고부가가치 제품인 72.5kV GIS를 개발해 철도청에 납품시켰고 신시장을 준비하기 위해 친환경 배전기기 및 GIS를 개발하고 있다. 또한 매출 확대를 위해 시리아, 태국, 대만 등 20여 개국의 새로운 시장을 개척하며 수출선을 다변화했다. 고부가가치 제품 수출을 위해 대만과 기술 수출계약을 하였고, 최근 다른 동남아 국가들과도 기술수출을 위해 협상 중이다.

고급기술 국산화해 외화유출 막아

플라즈마 전원장치는 전 세계에서 2개의 글로벌 기업이 독점적으로 공급하던 제품이다. 이엔테크놀로지는 이 시장에 기회가 있다고 판단하고 디스플레이 코팅장비용 전원장치 양산 분야에 2010년 초부터 진입해 국내시장에서 1위가 됐다. 이엔테크놀로지의 가격 경쟁력 덕분에 경쟁사들도 모두 가격을 대폭 인하해 대한민국 전체적으로 매년 3,000만 달러 이상의 외화유출을 방어하는 성과도 이루어냈다. 또한 에너지 저장장치는 대기업 경쟁사를 기술적으로 압도하며 폭발적인 성장을 이어가고 있다.

이처럼 까다로운 제품을 성공적으로 만들게 된 배경은 이엔테크놀로지의 우수한 개발인력과 이를 양산화 시킨 생산인력이다. 이들을 뒤에서 도운 지원부서 인력과 구축된 끈끈한 신뢰관계도 한몫했다. 이러한 신뢰를 기반으로 이엔테크놀로지는 적극적으로 기술개발에 매진했고 끊임없이 해외 경쟁사와 경쟁하며 실력을 키웠다. 그 결과 이제는 세계적으로 경쟁력 있는 제품을 보유하게 됐으며 내수시장을 넘어 해외시장으로 수출할 수 있는 경쟁력을 확보하게 됐다. 이엔테크놀로지의 가능성을 믿고 외부에서 지원해 준 협력사, 정부기관, 투자자, 금융기관도 숨은 조력자다.

이엔테크놀로지는 국내외 디스플레이 장비회사들이 고가의 플라즈마 전원장치를 미국과 독일로부터 수입할 수밖에 없던 시절 중소기업으로서는 개발이 불가능하다고 여겨진 시장에 뛰어들어 국산화에 성공한 신화를 이뤘다. 중소기업도 고압 GIS를 개발할 수 있다는 가능성을 보여 주었으며 기술력을 기반으로 대만에 기술을 수출했고 친환경 배전기기로까지 영역을 넓혔다. 특히 국력의 발전에 따라 해군군함이 커지자 기존 자기처리장치로 해결할 수 없어 독일이나 미국으로부터 수입할 수밖에 없었던 자기처리장치를 세계에서 세 번째로 국산화한 이엔테크놀로지의 기술력은 더 의미 있었다.

여기서 한발 더 나아가 이엔테크놀로지는 환경개선 및 에너지 절감을 위해서는 대형 에너지 저장장치와 전기차 충전기가 늘어나야 한다고 예상하고 기술개발에 힘써 국내외에서 기술력을 높이 평가받고 있다.

자율경영으로 인재 창의성 극대화

이엔테크놀로지는 자율경영을 통한 인재양성과 적극적인 근무 분위기 조성으로 기업 경쟁력을 극대화하는 전략을 펴고 있

에너지 저장장치 개발에 있어 이엔테크놀로지는
한국보다 앞선 선진국의 대기업과 협력체계를 구축하는 전략을 폈다.

다. 개발인력 확보를 위해 개발자를 지속적으로 발굴하고 충분한
보상으로 채용할 뿐 아니라 지속적인 R&D 투자를 지속한다. 유
망한 학생들에게는 장학금을 지급해 미래 개발인력으로 육성하
고 있고, 그 결과 국내 최대 규모의 전력전자 연구소 인력을 확보
하고 있다. 영업 인력에 대해서는 영업력과 더불어 기술력을 보
유하고자 순환근무 및 기술교육을 병행하고 있다. 이 밖에도 최
소한의 간섭과 자율경영으로 인재들의 자발적인 경영참여를 유
도하고 있으며 체계적인 교육제도를 구축해 인재가 성장하도록

지원한다.

창사 이후 부문별로 수출 담당 인력을 항상 유지하면서 꾸준하게 해외 마케팅을 추진한 결과 해외시장 동향을 파악했으며 이를 통해 회사가 나아가야 할 기술개발 방향을 정할 수 있었다. 이 같은 유기적 흐름을 통해 수출을 성사시켰고 이는 매출 확대에 큰 도움이 됐다. 전원장치의 경우 디스플레이 진공코팅장비 세계 최대업체인 일본 U사는 전원장치를 미국과 독일 업체로부터 공급받고 있어 불편을 느끼며 경쟁력 있는 새로운 거래선을 찾던 중이었다. 마침 이엔테크놀로지가 일본 본사와 한국 현지법인에 꾸준히 제품을 보내며 테스트를 요구하고 있었다. U사는 이엔테크놀로지 제품의 부족한 점을 지적하며 보완 방향을 제시했다. 덕분에 이엔테크놀로지는 경쟁사와의 기술 격차를 줄일 수 있었고 고객 만족도도 높일 수 있었다.

에너지 저장장치 개발에 있어 이엔테크놀로지는 한국보다 앞선 선진국의 대기업과 협력체계를 구축하는 전략을 폈다. 미국과 유럽의 다국적기업과 기술협력을 하고 미국의 에너지 부문 최대 EPC업체인 B사와 협력체계를 구축하면서 우리나라에 적용할 사업모델을 찾았다. 현지업체들과 협력하여 미국과 동남아시아에 진출을 추진하고 있으며 미국 진출을 위해 현지법인도 설립했다.

또 20여 국가에 배전기기를 수출하면서 다양한 제품을 개발할 수 있었고 이를 통해 다양한 배전기기 관련 기술을 축적할 수 있었다. 고부가가치 수출을 위해 대만에 기술 수출을 하였으며 이를 기반으로 여러 나라와 기술 수출을 논의하고 있다.

투명경영으로 협력사 상생 · 대외 신뢰 확보

이엔테크놀로지는 협력업체와의 신뢰관계를 무엇보다 중요시한다. 이는 협력업체를 단순히 자재를 공급받는 상대방이 아닌 파트너로 인식하기 때문이다. 이엔테크놀로지는 사업 발전을 위하여 한국전력, 발전사 등 공공기관들과 협력관계를 맺었고 마케팅과 금융을 위해서 국내 대기업들과 협력하고 있다. 또한 세계적인 경쟁력을 보유하기 위하여 다국적기업들과도 협력관계를 유지하고 있으며 공동기술개발을 위해 국내외 우수 업체들과 제휴관계를 맺고 있다. 이엔테크놀로지는 협력업체들과 함께 많은 고난을 이기고 현재에 이르렀다. 고난을 통해 믿음은 강해졌고 믿음을 기반으로 앞으로 다가올 위기도 이겨낼 수 있을 것이라 자신한다.

이엔테크놀로지 내부적으로 가장 중요한 기업문화는 투명경

이엔테크놀로지 내부적으로 가장 중요한 기업문화는 투명경영이다.

영이다. 기술벤처회사다 보니 기술보증기금 등 정부기관의 지원 자금이나 창업투자회사로부터의 투자유치, 금융기관 대출 등 외부기관과의 협력이 끊임없이 요구된다. 정부기관, 창업투자회사, 금융기관 등 외부기관은 객관적인 평가를 수시로 하고 있고 이러한 평가에서 신뢰를 얻기 위해서는 투명경영이 필수적이다. 곤란한 상황을 피하기 위해 거짓된 자료를 제출하면 일시적으로 편할 수 있을지는 모르지만 결국 나중에 더 힘들어진다.

이 같은 취지에서 이엔테크놀로지는 설립 직후 규모가 작아

외부감사 대상이 아니었음에도 불구하고 외부감사를 받아 회계의 투명성을 제고하였으며 매출이 50억 원에 불과하던 시절 선제적으로 ERP를 도입하여 회계 투명성을 또 한 번 높였다. 지금도 회사의 중요사안은 정식 이사회를 통해 토론을 거친 후 확정하고 있다. 부서 간의 협조도 투명하게 현실을 공개하지 않으면 서로 오해가 행기고 협조도 되지 않는 법이다. 기술보안 등 외부에 알려서는 안 되는 내용도 있지만 회사 임직원 간이나 외부 협력업체들과는 항상 투명하게 자료를 공개하고 있다.

이엔테크놀로지는 기술개발을 통한 신제품 개발로 고용을 창출하고 수입대체를 통해 외화의 유출을 방어한다. 또 수출을 통해 외화를 벌어들이며 협력사들의 미래를 책임지고 있다. 최근 대기업을 위시하여 중소기업조차 탈 한국을 하고 있다. 창업하고자 하는 젊은이들의 의지도 세계 하위권이다. 여러 가지 어려운 정책적인 환경도 있지만 환경을 탓하기 전에 젊은이들의 도전의식, 책임감 등 기업가정신이 다시 살아나야 한다. 젊은이들을 도와주기 위해 기성세대는 기득권을 주장하기보다 투자를 지원하거나 멘토로서 이끌어줘야 한다.

이해선

coway

●
코웨이

경력

1982 ~ 1990	삼성그룹 입사, 제일제당 식품 마케팅
1991 ~ 1994	제일제당 생활용품 마케팅팀장
1995 ~ 1998	빙그레 마케팅 상무
1998 ~ 2008	아모레퍼시픽 마케팅 총괄 부사장
2007 ~ 2008	한국마케팅클럽(KMC) 회장
2009 ~ 2014	CJ오쇼핑 대표이사
2014 ~ 2015	CJ 제일제당 공동대표이사, 식품사업부문
2016 ~	코웨이 주식회사 대표이사
2017 ~	한국마케팅협회 회장

상훈

2017	경영학자 선정 대한민국 최우수경영대상(한국경영학회)
2017	한국에서 가장 존경받는 CEO(GPTW)
2017	한국의 경영대상 신뢰경영, 디지털경영 종합대상(한국능률협회컨설팅)
2017	소비자중심경영(CCM) 우수기업 인증 6회 연속 획득, 10주년 공로패 수여 (공정거래위원회)
2017	제1회 코틀러 어워드 마케팅 엑설런스(한국마케팅협회)
2017	남녀고용평등 우수기업 고용노동부장관 표창(고용노동부)
2017	대한민국 일하기 좋은 100대 기업 7년 연속 대상(GPTW)
2017	다우존스 지속가능경영지수(DJSI) World 지수 2년 연속 편입 한국생산성본부, S&P Dow Jones Indices, RobecoSAM)

대한민국 대표 청정웰빙가전 전문기업

1989년 설립된 코웨이는 정수기·공기청정기·비데·매트리스 등 생활환경 전반을 케어하는 제품과 서비스를 제공하는 국내 대표 청정웰빙가전 전문기업이다. 창립 이후 꾸준한 성장을 거듭하며 환경가전의 대중화와 전문화, 고급화를 주도해 왔다. 단순히 제품을 판매하는 것이 아닌, 깨끗한 물과 공기, 건강한 수면의 가치를 전하며 국민의 건강하고 편리한 생활을 책임지고 있다.

코웨이는 '우리가 하는 일을 통해 더 나은 세상에 기여한다'는 착한 믿음을 경영철학으로 두고 있다. 건강하고 행복한 삶을 위

1989년 설립된 코웨이는 '우리가 하는 일을 통해 더 나은 세상에 기여한다'는 착한 믿음을 경영철학으로 두고 있다.

코웨이는 서비스 경쟁력과 R&D 역량을 기반으로
환경가전에 사물인터넷을 접목하며 고객 가치의 새로운 패러다임을 제시했다.

한 라이프 케어 전문 기업으로서의 철학을 담아 '환경을 건강하
게 사람을 행복하게'라는 미션을 수행하고 있으며 궁극적인 비전
으로 Cordial Life Care Science & Solution Company를 지향한다.

코웨이는 1998년 국내 최초로 렌탈 마케팅이라는 새로운 비
즈니스 모델을 구축했다. 여기에 서비스 전문가 '코디(Coway
Lady·Cody)'를 통한 지속적인 케어 서비스로 고객의 높은 신뢰를
얻으며 시장점유율, 고객만족도, 브랜드가치 면에서 업계 최고
의 위상을 지키고 있다. NCSI(국가고객만족도), KCSI(한국산업의 고

객만족도) 등 각종 고객만족도 조사에서 1위를 휩쓸며 국내 최고 수준의 서비스를 인정받고 있는 코웨이는 인터브랜드 선정 '베스트 코리아 브랜드 2016' 브랜드가치 상승률 1위, K-PBI(한국산업의 브랜드파워) 19년 연속 1위를 석권하며 최고의 기업가치와 성장성을 증명했다. 코웨이 렌탈 및 멤버십 회원은 2017년 기준 약 575만 계정에 달한다.

코웨이는 업계 최대 서비스 경쟁력과 R&D 역량을 기반으로 혁신을 거듭하며 시장을 선도해왔다. 2015년 업계 최초로 환경가전에 사물인터넷을 접목하며 고객 가치의 새로운 패러다임을 제시한 코웨이는 이제 사물인터넷, 빅데이터, 인공지능 등 첨단 기술을 제품과 서비스에 적용하며 국민 생활건강 솔루션 회사로 자리매김하고 있다.

렌탈 · 케어 융합으로 세상에 없던 서비스 창조

코웨이는 1998년 국내 최초로 렌탈 서비스를 시작하며 '사전 서비스(BS·Before Service)'라는 새로운 개념을 확산시켰다. 많은 사람들이 깨끗한 물을 마실 수 있도록 고가의 정수기를 적은 금액에 빌려주자는 생각에서 태동한 렌탈 제도는 대표적인 마케팅

혁신사례가 됐다. 렌탈 시스템은 가격 부담감을 해소하고 정기적인 제품관리로 삶의 질을 높인 획기적인 제도였다는 평가를 받고 있다.

코웨이 지속 성장 원동력의 또 다른 한 축은 업계 최고 수준을 자랑하는 서비스 경쟁력에 있다. 최초 80여 명으로 시작한 코웨이 서비스 전문가 코디는 현재 전국적으로 총 1만 3,000여 명이 활동하고 있으며 업계 최대 규모를 자랑한다. 코디는 2~4개월에 한 번씩 고객 집을 직접 방문해 제품의 정기점검 및 멤버십 회원관리, 필터 교체, 부품 교환 등 전문적인 관리 서비스를 제공한다. 코디는 서비스 제공뿐 아니라 주기적인 방문으로 고객과의 감성적인 유대감까지 형성해 코웨이의 고객 충성도를 높게 유지하는 역할도 한다. 주 고객층이 주부이기 때문에 같은 여성으로서 고객들에게 부담 없이 다가갈 수 있는 점이 큰 장점이다. 고객과 최접점에서 소통하며 신뢰를 쌓아온 코디의 역할이 업계 1위 유지의 비결로 손꼽힌다.

코웨이는 고객의 삶을 보다 근본적으로 케어하기 위해 제품과 서비스에 사물인터넷을 접목한 맞춤형 솔루션 IoCare(Internet of Care)를 구축하고 고객 가치의 기준을 높였다. 제품에 쌓이는 빅데이터를 기반으로 고객 생활패턴을 분석하고 건강한 습관을 형

최초 80여 명으로 시작한 코웨이 서비스 전문가 코디는 현재 전국적으로 총 1만 3,000여 명이 활동하고 있다.

성할 수 있도록 개개인에 최적화된 케어 솔루션을 제공한다. 코웨이의 혁신 기술력은 전 세계적으로 인정받고 있다. 세계 최대 가전전시회 'CES'에서 2016년부터 3년 연속 'CES 혁신상'을 수상하며 청정웰빙가전의 미래를 새롭게 그려나가고 있다.

코웨이는 시장선도적 위치와 익숙한 분야에 안주하지 않고 매트리스, 의류청정기 등 새로운 가치를 지닌 카테고리로 비즈니스를 확장하며 끊임없는 혁신을 이어가고 있다. 침대 매트리스는 청소 및 관리가 쉽지 않다는 점에 착안해 2011년 국내 최초로 매트리스 케어렌탈 서비스를 시작했다. 매트리스 시장에 렌탈 판매 방식을 도입하고 청소, 살균 등 주기적인 관리요소를 추가한 혁신은 고객의 호평을 받았으며 그 결과 2017년 기준 전체 관리 계정수가 35만 8,000여 개에 달한다. CES 2018에서는 차세대 렌탈 품목으로 의류청정기를 선보이며 의류관리기 시장에 새로운 흐름을 제시했다.

올해 상반기 출시 예정인 코웨이 의류청정기는 기존 의류관리기의 세밀한 의류 관리 기능에 코웨이의 핵심역량인 에어 케어 기술력을 결합시켜 의류를 보관하는 공간까지 쾌적하게 관리해주는 신개념 의류 관리 토탈 솔루션을 제공한다. 코웨이 의류청정기는 2018 CES 혁신상을 수상하며 혁신적인 콘셉트와 기술력을 세계시장에서 인정받았다.

신뢰로 중무장한 청정 혁신

이해선 코웨이 대표이사는 2018년 경영지침을 '코웨이 트러스트 리블루션(Coway Trust Re:BLUETION)'으로 삼고 신뢰를 기반으로 더 나은 세상을 만들고자 다짐했다. 'Re'는 새로운 성장을 위한 도전을 의미하며 코웨이를 상징하는 색 파랑(Blue)이 담긴

'BLUETION'은 업의 본질을 추구하는 행동을 의미한다. 코웨이의 본질이 새로운 도전을 만날 때 코웨이만의 혁신이 가능하다는 뜻이다. 고객의 건강한 삶을 위해 청정 혁신을 이루어 삶 전반을 케어하는 브랜드로 거듭나겠다는 의지다.

이해선 대표의 명함 한쪽에는 '대표코디'라는 직함이 새겨져 있다. 코웨이를 대표해 고객을 만나는 현장조직에 항상 귀기울이고 현장에서 신뢰할 수 있는 제품을 만들겠다는 약속이다. 이해선 대표는 평소 '리더라면 사업의 방향성과 우선순위를 부여하는 안목이 필요하다'고 강조한다. 하나의 방향성을 갖고 단계별 전략을 실행해야 좋은 결과를 만들 수 있다고 믿기 때문이다. 비전에 대한 직접적 커뮤니케이션도 주력하는 부분이다. 대표이사로서 실무자들을 직접, 자주 만나 회의하는 이유도 경영전략에 대한 이해와 공감을 더욱 깊게 하기 위해서다.

신속한 조치가 필요한 건에 대해 24시간 내 처리하여 고객 불편사항을 조기에 해결하고 있다. 이해선 대표를 필두로 전체 경영진 및 임직원들은 현장과 고객을 제대로 이해하기 위해 발로 뛴다. 코디와 함께 고객 집을 방문해 케어서비스 동행에 나서고 직접 서비스를 실시하며 제품, 서비스, 코디업무에 대한 개선사항을 도출했다. 콜센터를 방문해 일일 상담사로 고객의 민원을 직접 들어보기도 했다. 이러한 현장 중심 경영이 코웨이가 진정한 고객 중심 서비스 및 제품 혁신을 이룰 수 있는 밑바탕이다.

이해선 대표는 부임 직후 제품 안전성 및 서비스 강화 등을 포괄적으로 검토해 개선점을 즉각 실행에 옮기는 '무한책임위원회'를 발족하기도 했다. 무한책임위원회는 현재까지 약 60회차를 진행했으며 논의된 안건만 100여 가지가 넘는다. 또한 품질 혁신 강화를 위해 CEO 직속 품질관리 총괄 부서인 'TQA센터(Trust & Quality Assurance Center)'도 신설했다. 잠재된 이슈의 사전 발굴 및 선제적 대응을 통해 고객 불편사항 제로화에 주력하고 있다. 또한 고객중심의 서비스 혁신을 위해 현장 긴급조치 전문가인 '레드캡(REDcap)' 조직을 구축했다.

고객 중심으로 진화하는 기술 · 서비스 역량

코웨이는 핵심역량인 '케어(Care)' 가치를 확장해 고객이 물과 공기, 수면을 포함한 모든 생활환경을 안심하며 누릴 수 있도록 하고 있다. 20주년을 맞이한 코웨이 케어 서비스는 오랜 시간 축적해 온 현장 경험을 기반으로 진화를 거듭하며 범접할 수 없는 독보적인 전문성과 노하우를 갖추었다.

코웨이는 고객 관점의 서비스를 강화하고 눈에 보이는 안심을 제공하기 위해 서비스 점검기준 및 범위를 확대하고 선제적인 위생케어에 나서고 있다. 정수기 내부의 주요 위생 부품을 렌탈 기간 동안 1~2회 무상으로 전면 교체해 주는 '스페셜 케어 서비스'를 시행하고 있으며 모바일로 서비스 점검 내역을 한눈에 확인할 수 있도록 했다.

코웨이의 차별화된 서비스 경쟁력은 체계적인 교육 프로세스에서 비롯된다. 제품교육, 세일즈교육, 고객발굴·관리기법 등 맞춤형 교육 및 간담회를 정기적으로 실시해 서비스 전문성을 높이는 한편, 선후배 간 멘토·멘티 제도를 구축해 신규 인력이 단기간 내에 적응하고 전문가로 성장할 수 있도록 돕고 있다.

코웨이의 혁신 기술력은 비견할 수 없는 경쟁력으로 손꼽힌다. 생활패턴 및 사용환경 빅데이터 분석 결과를 토대로 각 사용자에 최적화된 제품과 서비스를 제시하며 시장과 기술의 변화를 주도하고 있다. CES 2018에서 선보인 '액티브 액션 공기청정기'는 한층 업그레이드된 딥러닝 기반의 에어 케어 기술력으로 'CES 혁신상'을 수상하며 전 세계인의 주목을 받았다. 액티브 액션 공기청정기는 인체 움직임을 감지해 사용자의 주 생활공간을 파악하고 해당 공간 방향으로 회전해 알아서 집중 케어한다. 공기 흡입구와 토출구가 상하좌우 회전하는 오토 스윙 기능을 탑재해 오염된 공간은 물론 청정한 공기가 닿지 못하는 숨어 있는 공간까지 알아서 청정하는 맞춤 공간 케어가 가능하다. 상반기 국내 출시를 앞둔 이 제품은 공기질 오염패턴을 분석·학습해 향

액티브 액션 공기청정기는 인체 움직임을 감지해 사용자의 행동을 파악하고 알아서 회전한다.

후 공기질 상태를 미리 예측하고 해당 시점에 자동으로 작동해 선제적인 케어가 가능하다.

코웨이는 대한민국 대표 물·공기 기업으로서의 책임감을 바탕으로 지속적인 연구개발에 매진하고 있다. 업계 최대 규모인 전문 연구원 약 250명이 깨끗한 물과 청정한 공기의 가치를 전하기 위한 연구를 진행하고 있다. 코웨이는 1995년 국내 최초로 미국수질협회(WQA) 워터 스페셜리스트(Certified Water Specialist, CWS) 자격증을 취득한 이래 현재 아시아에서 가장 많은 수준인 총 23명을 보유하고 있다. 또한 28명의 워터 소믈리에가 물의 속

성을 섬세하게 구분하여 더욱 맛있는 물맛의 균형을 맞춘다. 이러한 코웨이의 물 전문가들은 깨끗한 물을 위한 연구와 검증을 통해 차별화된 필터 기술을 개발하고 있다.

코웨이의 특별한 기술력은 '시루(Coway Intensive Reverse Osmosis, CIROO)' 필터 시스템에 집약되어 있다. 이 필터는 머리카락 수만분의 1 크기 이온물질까지 제거하고 얇고 조밀한 인텐시브 멤브레인 소재를 적용해 기존 RO 멤브레인 필터 대비 최대 24% 더 촘촘하게 감아 고성능의 정수 성능을 유지하면서도 풍부하게 물을 추출할 수 있다. 이해선 대표는 정수기 필터를 '시루'라는 이름으로 브랜드화 함으로써 미세한 기공을 통해 물을 걸러주는 핵심 역할을 알기 쉽게 이해할 수 있도록 했다.

코웨이는 전 세계 수질 및 공기질 데이터베이스를 구축해 조건과 장소에 상관없이 언제 어디서나 깨끗한 물과 공기를 안심하고 제공할 수 있는 인프라를 갖추고 있다. 전국 2만여 곳의 수질을 비롯해 전 세계 40여 개 국가의 물을 채취·분석해 자체적인 '코웨이 워터맵'을 구축하고 지리 상황이나 환경에 따라 변하는 모든 수질 상황에 대응하고 있다. 코웨이는 물 연구와 더불어 어디서든 깨끗한 실내공기를 누릴 수 있도록 약 1,200억 개의 공기질 데이터도 분석했다. 다양한 장소의 공기질 특성을 파악해 24

종의 공기질 지표를 개발했으며 이를 통해 오염물질이 건강에 미치는 영향을 수치화하고 각 고객에게 가장 적합한 필터를 제공하고 있다.

해외에서도 눈부신 활약

코웨이는 해외 시장에서도 그 경쟁력을 인정받고 있다. 2007년 해외사업을 본격적으로 시작한 코웨이는 2017년과 2018년 의미 있는 결실을 맺고 있다. 현재 전 세계 40개 이상의 국가에 공기청정기 및 정수기를 수출하고 있다. 2017년 공기청정기 수출량은 전년 대비 약 40%, 정수기 수출량은 20% 이상 증가하는 등 세계 시장에서 물과 공기를 대표하는 브랜드로 인정받고 있다.

특히 코웨이 말레이시아 법인은 한국기업의 세계 진출 모범사례로 손꼽히고 있다. 2007년 말레이시아에서 최초로 렌탈 서비스를 도입하고 수준 높은 관리 서비스를 제공하며 큰 호응을 얻었다. 현재 말레이시아 내 코디는 약 2,700명, 판매 전문가인 '헬스플래너'는 약 5,500명 활동하고 있다. 2010년에는 정수기 업계 최초로 말레이시아에서 정수기 할랄(HALAL) 인증을 획득해 무슬림 고객으로까지 시장을 확대했다.

코웨이는 현재 말레이시아 정수기 시장 점유율 1위를 지키고 있다.

코웨이는 현재 말레이시아 정수기 시장 점유율 1위를 지키고 있으며 우수한 제품력과 전문적인 서비스를 갖춘 유일한 회사로 손꼽히고 있다. 공기청정기 인기도 높다. 2017년 선보인 '멀티액션 공기청정기(AP-1516D)'는 강력한 공기청정 성능을 원하는 말레이시아인들의 니즈에 맞춘 기능에 공기순환 기능을 더해 큰 인기를 얻고 있다. 말레이시아 내 높아진 코웨이의 위상은 말레이시아 랜드마크인 쿠알라룸푸르공항에서 확인할 수 있다. 공항 내 주요 공간에 코웨이 정수기와 공기청정기를 설치해 말레이시아를 방문하는 전 세계인들이 깨끗하고 쾌적한 공기를 체험할 수 있게 했다.

2017년 코웨이 말레이시아법인 매출액은 2,075억 원으로 전년 동기 대비 약 45% 증가했으며 관리 계정은 65만 3,000계정으로 전년 동기 대비 50% 이상 증가했다. 2018년에는 제품 라인업 확장 및 브랜드 마케팅 강화를 통해 매출액은 2,840억 원, 관리 계정은 100만 계정까지 확대한다는 계획이다.

대한민국을 대표하는 에어케어 기술력을 탑재한 코웨이 공기청정기는 아시아, 북미, 유럽 등 전 세계에서 주목받고 있다. 특히 실내 카펫이나 애완동물 등으로 인해 공기청정기를 찾는 소비자가 많은 미국시장에서 성과가 두드러진다. 지난해 미국 시장 내 공기청정기 판매량은 전년 대비 약 80% 이상 성장했다. 이러한 가파른 성장속도의 일등공신은 글로벌 IT 기업인 아마존과의 협업이다.

2016년 3월 미국 시장에서 선보인 코웨이 공기청정기 '에어메가'에 지난해 3월 세계 최초로 아마존 음성인식 플랫폼 '알렉사'를 연계하면서 판매량이 급증했다. 사용자가 "지금 실내 공기 공기 오염도를 알려줘"나 "지금 필터를 얼마나 사용했니" 등 궁금한 점을 물으면 알렉사가 즉시 대답해준다. 이렇게 미국시장에서

코웨이 공기청정기 '에어메가'에 세계 최초로
아마존 음성인식 플랫폼 '알렉사'를 연계하면서 판매량이 급증했다.

제품 혁신성을 인정받으며 2017년 아마존 내 당사 공기청정기 판매량이 전년 대비 약 3.3배 증가했다.

아마존은 고객들이 직접 사용 후 작성한 긍정적인 리뷰에 따라 'Air Purifier Buying Guide'에서 코웨이 에어메가를 톱브랜드로 선정해 소개하고 있다. 2018년 1분기 내 에어메가에 아마존의 사물인터넷 기반 주문 서비스인 DRS(Dash Replenishment Service)가 추가적으로 제공될 계획이다.

본질에 충실하게 '물 맛'에 집중

코웨이는 정수기가 가진 본질에 집중하는 전략을 지속적으로 펼쳐 좋은 반응을 얻고 있다. 정수기를 사용하는 소비자들은 물의 깨끗함과 맛을 가장 중요한 요소로 생각한다. 코웨이는 오랜 시간 동안 회사의 역량을 집중한 결과 '시루(CIROO)' 필터를 개발해냈으며 이는 정수기 필터를 한 단계 진화시키는 계기가 되었다는 평가를 얻고 있다. 코웨이는 '시루'라는 코웨이만의 차별화된 필터 기술력을 바탕으로 정수기의 본질인 깨끗함과 물맛의 가치를 제공하고자 모든 역량을 집중하고 있다.

또한 최근에는 정수기에 사물인터넷 기술을 적용해 실버케어 서비스도 제공하며 실용성과 혁신성을 강화했다. 코웨이 마이한뼘 정수기 IoCare(CHP-482L)는 물 사용 여부를 실시간으로 체크하다가 48시간 동안 정수기를 사용하지 않으면 사전 등록된 가족에게 자동으로 '최근 48시간 동안 정수기를 사용하지 않았습니다. 가족에게 안부전화를 해보시는 건 어떨까요?'라는 알람 메시지가 전송된다. 뿐만 아니라 사물인터넷이 연계된 공기청정기를 통해 부모님 댁의 공기 질을 모니터링 하며 원격제어를 통해 공기질도 체계적으로 관리할 수 있다.

402

코웨이는 앞으로도 회사의 본질이자 핵심역량인 물과 공기에 혁신을 담아 소비자와 함께 건강한 생활을 만들어 나갈 계획이다. 이해선 대표는 "코웨이는 건강과 연관된 중요 요인인 물과 공기, 수면 등을

정수기에 사물인터넷 기술을 적용해 실버케어서비스도 제공하는 코웨이 마이한뼘 정수기 IoCare(CHP-482L)

케어하며 고객의 건강한 삶을 함께 만들어가는 유일한 기업"이라며 "제품에 혁신을 담아 고객들의 일상에 의미 있는 가치를 제공하며 청정웰빙가전의 미래를 새롭게 만들어 나갈 혁신적인 제품과 서비스를 지속적으로 선보일 계획"이라고 말했다.

대표

장선욱

●
롯데면세점

학력
1977   서울 대신고등학교 졸업
1986   고려대학교 교육학과 졸업

경력
1986   ㈜호텔롯데 입사
2004   ㈜호텔롯데 관리팀장 보임
2005   ㈜호텔롯데 기획부문장 보임
2010   정책본부 운영실 운영2팀장 보임
2014   ㈜대홍기획 대표이사 보임
2016 ~   롯데면세점 대표이사

상훈
2016   아시아 통신판매 비전 어워드(Asia Direct Marketing Vision Award) 최우수상
        (인터넷쇼핑 부문)
2016   한국 · 중국 올해의 대한민국 브랜드 대상(면세점 부문)
2017   3대 브랜드 지수(NCSI, K-BPI, NBCI) 석권
2017   국가브랜드대상 수상(국가 브랜드 가치 향상에 가장 크게 공헌한 기업 부문)
2017   레드닷 디자인 어워드 Best of Best(커뮤니케이션 디자인 부문)
2017   아시아-퍼시픽 스티비 어워드 금상(국제 비즈니스 웹사이트 부문)
2017   인터넷 에코어워드 대상(인터넷표준화 혁신 부문)
2017   웹어워드 코리아 대상(종합쇼핑몰 분야) 및 최우수상(광고프로모션 분야)
2018   IF 디자인 어워드(커뮤니케이션 부문)

한류 품고 세계 1위 면세점을 꿈꾼다

여행을 시작하는 설렘과 즐거움이 있는 면세점, 롯데면세점의 역사는 곧 한국 면세산업의 역사이기도 하다. 1980년 2월 서울 소공동에 최초로 문을 연 롯데면세점은 명동본점, 월드타워점, 코엑스점, 인천공항점, 김포공항점, 김해공항점, 부산점, 제주점 등 국내 8개 지점을 두고 있다. 2012년 인도네시아 자카르타 공항점을 시작으로 인도네시아, 괌, 일본, 베트남에 이르기까지 6개의 해외매장도 운영하고 있다. 또한 한·중·일·영 인터넷 면세점 및 모바일 면세점을 통해 온오프라인을 넘나들며 세계 면세산업을 이끌고 있다. 2016년에는 면세점 순위 세계 2위에 오른 바 있으며 2020년 세계 1위 면세점으로 도약하는 것이 목표다.

롯데면세점은 세계 최고 수준의 상품 구성과 고객 서비스로 38년간 업계를 선도하며 소비자로부터 사랑받는 브랜드로 자리 매김해 왔다. 외화획득과 관광객 유치의 선발대 역할을 자임하며 1992년 외화 획득 2억 불 관광진흥탑 수상을 시작으로 2002년 외화 획득 5억 불 관광진흥탑 수상, 2009년 제36회 관광의 날 철탑산업훈장 등을 수상하였다. 장선욱 대표이사가 2016년 취임한 이후, 2017년에는 대한민국 랜드마크 롯데월드타워에 위치한 롯

해외에서는 **2016**년 도쿄 긴자에 이어
2017년 태국 방콕과 베트남 다낭공항에도 새로이 매장을 오픈했다.

데면세점 월드타워점이 본격적으로 운영되면서 국내 최대 규모
의 랜드마크 시내면세점을 보유하게 됐다.

　해외에서는 2016년 도쿄 긴자에 이어 2017년 태국 방콕과 베
트남 다낭공항에도 새로이 매장을 오픈하며 전 세계 여행객들에
게 더욱 즐거운 쇼핑 경험을 선사하고 있다. 이러한 성장을 바탕
으로 롯데면세점은 2006년 국내 면세점 최초로 연간 매출 1조 원
을 기록한 데 이어 2017년에는 6조 원을 돌파하기에 이르렀다.

끊임없는 해외시장 진출로 미래 성장동력 개발

롯데면세점은 국내에서의 성공적인 운영에 머무르지 않고 세계 최고의 면세점으로 발돋움하기 위해 진취적으로 해외시장을 개척하고 있다. 2012년 1월 인도네시아 자카르타 공항점을 개점하며 국내 면세점 업계 최초로 해외시장 진출에 성공하였다. 이듬해 자카르타 시내점과 미국 괌공항점 개점, 2014년 일본 간사이공항점 개점, 2016년 일본 도쿄긴자점과 2017년 태국 방콕 시내점 및 베트남 다낭공항점을 개점하는 등 글로벌 시장에서 빠른 성장을 일궈 가고 있다.

롯데면세점 도쿄긴자점의 경우 현지화 전략을 성공적으로 실현하며 2017년에는 전년대비 160%의 매출 신장률을 기록하기도 했다. 도쿄긴자점은 일본 시장의 특징을 살려 소비세뿐 아니라 관세까지 면제받는 사전면세점과 구매 후 소비세를 환급받는 사후면세점을 함께 운영하며 경쟁력을 높이고 있다. 상품 구성 또한 일본산 화장품과 인기 의약품을 입점시켜 효율성을 우선 확보했으며 후속 브랜드 개편작업을 지속적으로 진행하고 있다.

2017년 5월에는 베트남 다낭공항점을 열었는데 국내 면세업계 최초로 해외 진출 첫해부터 흑자에 성공하는 쾌거를 이루며

도쿄긴자점은 일본 시장의 특징을 살려 소비세뿐 아니라 관세까지 면제받는
사전면세점과 구매 후 소비세를 환급받는 사후면세점를 함께 운영하고 있다.

베트남 시장 공략을 본격화했다. 롯데면세점 다낭공항점은 출국
장에만 면세점이 있는 인천국제공항과 달리 출국장뿐 아니라 입
국장에도 매장을 냈다. 한국에서 비행기를 타고 다낭으로 들어갈
때에도 면세품을 구입할 수 있는 것이다. 117㎡ 규모의 입국장
면세점에는 술과 담배, 화장품, 수영복 등의 상품이 있다. 출국
장 면세점은 면적이 974㎡로 입국장 면세점의 9배가량 된다. 입
점 브랜드 수는 한국 브랜드 14개를 포함하여 총 115개다. 롯데
면세점 다낭공항점은 2017년 5월 오픈 후 지금까지 월평균 30%

씩 매출이 늘며 빠르게 자리잡고 있다. 화장품이 특히 인기가 좋으며, 여행객이 선호하는 화장품 브랜드가 많다. 디올, 랑콤 등 해외 브랜드와 설화수, 후, 헤라 등 국내 브랜드가 두루 갖춰져 있다.

국내 면세점이 해외 매장에서 영업 첫해부터 흑자를 낸 사례는 없었다. 산업의 특성상 값비싼 면세품을 한꺼번에 사입하고, 공항점의 경우 영업료까지 납부하는 등 첫해 대규모 사업비가 지출되기 때문이다. 롯데면세점 다낭공항점은 이런 비용을 지출하고도 남을 만큼 매출이 잘 나온다는 얘기다. 중국인도 많이 찾는다. 다낭공항점 전체 매출의 약 54%가 중국인으로부터 나온다. 한국인 비중(41%)보다 더 높다.

롯데면세점은 베트남 공항면세점 외에 나트랑과 다낭 시내면세점도 추진할 계획이다. 더불어 하노이, 호찌민 등 베트남 주요 도시에 추가 출점을 검토하고 있으며 이를 통해 베트남 최대 면세사업자로 거듭나려는 계획을 세우고 있다.

롯데면세점은 2020년까지 세계 1위를 목표로 해외 공항 면세점 입찰에 적극 참여하고 해외 시내면세점을 발굴하는 등 해외시장 개척에 박차를 가할 방침이다. 해외 M&A 등도 활발히 진행할 예정이다. 롯데면세점 장선욱 대표이사는 "그동안 국내 1위에

만족하지 않고 미래를 위한 투자를 아끼지 않았기에 치열한 경쟁 속에서도 세계적 면세기업들과 어깨를 나란히 할 수 있게 됐다"며 "앞으로도 적극적인 해외 진출 전략을 통해 국내 면세점의 글로벌화를 선도하겠다"고 강조한 바 있다. 이처럼 롯데면세점은 글로벌 면세점시장에서의 브랜드 경쟁력을 지속적으로 강화함으로써 아시아를 넘어 세계 1등 면세점으로의 도약을 준비하고 있다.

혁신적 플랫폼 구축으로 독보적 온라인 면세점 운영

롯데면세점의 진보는 오프라인뿐 아니라 온라인에서도 계속되고 있다. 롯데인터넷면세점(www.lottedfs.com)은 롯데면세점의 지평을 온라인으로 확대하며 2010년 오픈한 이후 또 하나의 성장동력으로서 그 역할이 점차 커지고 있다.

롯데인터넷면세점은 매장을 방문하기 어려운 고객에게까지 편리한 면세 쇼핑을 제공한다. 또한 롯데면세점은 고객 편의를 더욱 증진하기 위해 지난 2012년 2월 업계 최초로 모바일 어플리케이션을 런칭한 이래 다양한 서비스와 쇼핑 정보로 모바일 면세 쇼핑시장을 선도 중이다. 이와 같은 노력을 통해 롯데면세점은 온라인 면세점 사업에 있어 부동의 세계 1위로 그 격차를 확대하고 있다.

2017년 9월 롯데면세점은 글로벌 통합 차세대 시스템을 도입하며 인터넷 및 모바일 면세 쇼핑 환경을 한 단계 더 격상시켰다. 기존에 한·중·일·영 4개 언어에 따라 별도로 운영되던 온라인 플랫폼을 하나로 통합함으로써 적립금 및 언어 호환 등 고객사용 편의성을 극대화함과 동시에 고객 분석 고도화를 통해 최적화된 개인 맞춤형 서비스를 제공할 수 있게 되었다.

롯데면세점은 시스템 개편을 통해 기존 롯데 엘포인트(L.POINT) 통합회원제로만 운영되던 방식에 롯데면세점 전용회원제를 신설하여 가입절차를 간편화했다. 또한 화장품 제형과 피부 타입까지 선택 가능하도록 상세화된 상품 검색 필터 제공, 주문 프로세스 간소화, 채팅상담 및 셀프CS 도입, 고객혜택 탭 신설 등을 통해 최고 수준의 고객 지향형 서비스를 구축했다. 향후에는 각 고객의 구매 행동에 기반한 추천 서비스를 런칭할 예정이다.

한류 마케팅의 시초 '엔터투어먼트'

롯데면세점은 2004년 한류스타 마케팅을 최초로 시작한 이후 최근까지 지속적으로 관광(Tour)과 엔터테인먼트(Entertainment)를 결합한 '엔터투어먼트(Entertourment) 마케팅'을 진행하며 다양한 한류 콘텐츠를 발굴하고 적극 활용해 한국 관광산업 활성화에 기여하고자 노력하고 있다. 현재 롯데면세점이 기용하고 있는 최정상 한류스타들은 새로 합류한 방탄소년단을 비롯하여 이민호·이준기·이종석·지창욱·슈퍼주니어·2PM·엑소·차승원·최지우·황치열·이루·트와이스·NCT 등 총 14개 팀 58명에 이른다.

롯데면세점은 국내 최초로 이러한 한류스타 라인업을 문화관광 콘텐츠와 결합시킴으로써 2006년 독보적 위상의 한류스타 콘서트인 '롯데면세점 패밀리 페스티벌'을 탄생시켜 이제는 26회에 이르렀다. 롯데면세점 고객을 위한 팬미팅 또한 활발하게 진행하고 있다. 2014년부터는 패밀리 페스티벌에 외국인 전용 콘서트를 더했으며 이로 인해 지금까지 총 13만여 명이 넘는 외국인 관광객을 직접 유치하기도 했다. 2017년에는 여느 때보다 화려한 무대로 총 20만여 명의 내외국인 고객이 잠실 종합운동장 올림픽 주경기장에서 펼쳐진 롯데면세점 패밀리 페스티벌을 함께 즐겼다.

롯데면세점은 한류스타 라인업을 문화관광 콘텐츠와 결합시킴으로써
'롯데면세점 패밀리 페스티벌'을 탄생시켰다.

　롯데면세점은 또한 2009년 5월 잠실점을 시작으로 현재는 명
동본점, 코엑스점, 자카르타시내점, 괌공항점, 부산점 등 국내외
6개 지점에서 스타에비뉴(Star Avenue)를 운영하고 있다. 스타에비
뉴는 롯데면세점의 모델로 활동 중인 국내 최정상 한류 스타들의
사진과 영상, 손도장 등 스타 콘텐츠를 생생하게 체험할 수 있는
한류 문화의 전당이다. 스타에비뉴 명동본점은 지난 2009년 12
월 오픈한 이래 한류관광과 쇼핑을 대표하는 명소로 외국인 관
광객들의 사랑을 받아왔으며 오픈 이후 누적 관광객 수는 무려

1,500만 명에 달한다. 2016년에는 80억여 원을 투자해 리모델링을 마쳤으며 한류스타들의 영상과 사진으로 꾸며진 대형 LED 터널 '스타트랙(Star Track)'이 방문객들을 맞이한다.

5년간 1,500억 원 규모, 사회공헌에서도 업계 선두

2015년 선포한 '상생2020'은 롯데면세점의 또 다른 도전이다. 2020년까지 업계에 유례가 없던 1,500억 원 규모 사회공헌에 나서기로 한 것이다. 롯데면세점은 중소·중견기업과의 상생을 위한 동반성장펀드 조성, 취약계층 자립 지원, 관광 인프라 개선, 일자리 확대 등 4가지 핵심 추진과제를 설정해 선도기업의 사회적 책임을 실천하고 있다.

롯데면세점의 사회공헌을 대표하는 프로젝트는 '탱키패밀리'다. 탱키패밀리는 자체 개발 캐릭터를 활용한 국내 최초의 오픈소스형 캐릭터 나눔사업이다. 롯데면세점은 캐릭터의 저작권을 청년·중소기업에 무료로 개방하여 자유롭게 다양한 상품을 제작할 수 있게 하고 온오프라인 판로까지 지원한다. 업체들은 전체 매출의 일부를 롯데면세점과 함께 국내 사회기관과 비영리 재단에 기부한다.

롯데면세점은 중소 · 중견기업과의 상생을 위한 동반성장펀드 조성, 취약계층 자립 지원, 관광 인프라 개선, 일자리 확대 등 4가지 핵심 추진과제를 실천하고 있다.

제26회 롯데면세점 패밀리 페스티벌에서는 2,000여 명의 사회 취약계층을 초청하고 기부 프로모션을 시행하는 등 다양한 사회공헌 캠페인을 함께 펼쳐 보다 큰 의미를 더했다.

롯데면세점은 한국 관광 산업 활성화를 위한 사업에도 적극적으로 나서고 있다. 2018년 평창동계올림픽의 공식 후원사로서 올림픽과 패럴림픽의 성공적인 개최를 위해 다양한 관련 프로모션을 진행하고 국가대표 스키선수 이야기를 영상으로 제작하는 등 홍보활동에 앞장섰다. 또한 37개국 400여 명의 재한 외국인 유학생에게 약 10억 원을 지원하여 외국인의 시선에서 제안하는 한국 우수 관광 코스 개발 및 개선 의견을 수렴하는 '롯데면세점–메디힐 글로벌 앰버서더' 프로그램을 진행 중이다. 이외에도 인기 한류 모델들을 기용한 관광 활성화에도 노력하고 있다. 롯데면세점은 국내 주요 관광지를 배경으로 설정하여 방탄소년단 등 정상급 한류 모델들을 활용한 브랜드 뮤직비디오를 제작하고 다양한 채널을 통해 공개함으로써 외국인 고객들에게 한국 관광의 우수성을 알려 나가고 있다.

66

여행을 시작하는 설렘과
즐거움이 있는 면세점.
롯데면세점의 역사는
곧 한국 면세점 산업의 역사다.

99

장영식

에이산

학력

1991   국립순천대학교 기계설계공학과 졸업
2010   와세다대학교 대학원 상학연구과 MBA 취득

경력

2008   동경 한국학교 육성회(PTA) 초등부 회장
2009 ~ 2012 동경 한국학교 육성회(PTA) 총회장
2010   재일본 한국 학교 육성회(PTA) 연합회 회장
2010 ~ 2011 World-OKTA TOKYO 회장
2010 ~ 2012 재일본 대한민국민단 동경 신주쿠지부 부의장
2011 ~   대경대학교 호텔 매니지먼트과 객원 교수
2014 ~   조선족 한글학교 지원
現   주식회사 에이산 대표이사 사장
現   세계한인무역협회(World OKTA) 수석부회장
現   World-OKTA TOKYO 명예회장
現   NGO 세계재난구호회(WDRO) 재단 일본지역 지부장
現   동경 한국 상공회의소 회장
現   사단법인 재일본한국상공회의소 부회장
現   동경 한국학교 이사

상훈

2006   SONY Sales Achievement Award
2007   SHARP 2007년도 NEW CMC Excellent Partner 우수상
2007   한국 산업자원부 장관상
2011   사단법인 한국언론인연합회 주최
        '2011 자랑스러운 한국인 대상' 해외동포 부문 수상
2012   KBS1 TV '글로벌 성공시대' 출연 (7월 14일 방송)
2013   대한민국 교육 과학기술부 장관상
2013   대한민국 대통령 표창
2015   자랑스런 順天大人상(개교 80주년)

적수공권으로 출발해 일본 면세점 강자로 우뚝

에이산은 장영식 회장이 무일푼으로 시작해
지금은 연매출 240억 엔(2017년 기준)에 이르는 일본 면세점 강자다.

　에이산은 전 세계 24개국과 연결되어 다양한 상품을 판매하고 있는 글로벌 기업이다. 1995년 에이산 기계교역으로 시작해 현재는 주력사업인 면세점 사업과 더불어 전동자전거 제조·판매업도 함께 하고 있다. 면세사업의 경우 일본 도쿄의 아키하바라 본점을 비롯해 일본 북단의 홋카이도에서부터 최남단 오키나와까지 일본 전역에 걸쳐 21개의 매장(2018년 기준)을 운영하고 있다.

또 가전제품 제조 및 판매, 버스운송업 등 다양한 분야로 사업을 활발히 확장하고 있다.

에이산은 1993년 당시 25세의 나이로 일본 땅을 밟은 장영식 회장이 무일푼으로 시작해 지금은 연매출 240억 엔(2017년 기준)에 이르는 일본 면세점 강자다. 손수레를 끌던 거리행상에서 일본 면세점왕이 되기까지 장영식 사장의 뚝심과 열정은 타의 추종을 불허한다. 소니 제품을 면세점에 들여놓기까지 5년이 걸렸고 시세이도를 뚫는 데도 8년이 걸렸다. 일본의 보수적인 상권에서 확고한 지위를 쌓아올려 지금은 소니, 파나소닉 등 유명기업들이 오히려 신제품을 납품하기 위해 찾아오고 있다. 에이산은 창업 14년 만에 소니 등 일본 유수 가전제품 판매 1위를 차지했다. 경시청, 자위대 등 일본 정부와 지방자치단체에도 전자제품을 납품하고 있다. 2010년에는 일본인도 뚫기 힘든 일본 방위성에 한국산 세탁기를 납품했다. 이처럼 에이산은 한국과 일본의 징검다리 역할을 하며 무역활동을 활발히 전개하고 있다.

직원이 성장해야 회사가 발전한다

에이산은 고객을 직접 상대하는 직원 개개인을 소중히 여긴다. 에이산에서 직원을 채용할 때에는 4가지 불문율이 있다. 국적, 성별, 학력, 연령을 따지지 않는 것이다. 대신 대인관계와 유연성을 중시한다. 직원들은 과장으로 승진하면 누구나 자신의 아이디어로 신규사업을 펼칠 수 있다. 스스로 비즈니스를 개척해 실력을 쌓게 하려는 취지다. 비즈니스의 사업계획서를 만들어 임원진 동의를 거친 뒤 바로 회사가 지원을 한다. 단순히 아이디어가 아니라 인력구성, 손익분기점 등 상세한 계획이 통과되면 바로 팀장을 시키고 인적구성도 직접 해서 소신 있게 일할 수 있도록 하는 것이다. 경영자는 후원을 하면서 믿음을 주는 것이다'. 이처럼 에이산에 근무하는 20대부터 70대까지 다양한 연령의 직원들은 최선을 다해 일을 하면 반드시 보상이 따른다. 일례로 히로시마에서 여상을 졸업한 마케팅부의 여성은 이사까지 승진을 했다.

여성직원들의 경우, 출산휴가는 1년 6개월이지만 해고에 대한 부담이 없어 출산휴가를 2년까지 쓰는 직원도 있다. 현재 전체 매장의 40% 정도가 여성이 점장을 맡아 관리하고 있는데 향

에이산은 고객을 직접 상대하는 직원 개개인을 소중히 여긴다.
직원을 뽑을 때는 국적, 성별, 학력, 연령을 따지지 않는다.

후 여성관리직을 50% 수준까지 높일 계획이다. 여성들의 섬세하
고 꼼꼼한 일처리 능력을 높이 사기 때문이다.

에이산은 직원들이 퇴근시간을 지키고 잔업을 하지 않는 것으
로도 유명하다. 잔업을 줄이자 직원들의 행복감이 높아지고 이직
률이 현저히 낮아졌다고 한다. 직원 한 사람 한 사람이 근무시간
안에 최선을 다해 일하는 것이 일본 면세점 강소기업으로 성장한
비결이라고 해도 과언이 아니다. 여기에 장영식 회장의 경영 철
학도 바탕이 됐다. 그의 성공 비결은 첫째, 절실하게 온 힘을 다

해 열심히 일해야 한다는 것, 둘째 좋은 아이디어가 떠오를 때 바로 실행하는 것을 원칙으로 꼽는다.

진입장벽이 높은 면세점 사업으로 전문화한 에이산은 올해 코스닥 상장을 목표로 실사를 진행하고 있다. 1995년 회사를 설립하여 일본 도쿄 오사카 삿포로 등 주요 도시와 공항소재 면세점을 다수 운영하고 있으며, 2013년부터는 사업다각화에도 힘을 쏟고 있다. 2013년 전동자전거 제조 판매, 2015년 중고차 수출 등 신사업으로 확장 중이다. 사드 보복 여파로 한동안 실적이 부진했던 국내 면세업체와는 달리 현재 일본 면세업체는 중국 관광객의 유입으로 반사이익을 누리고 있어, 예상 시가총액이 2,500억 원에 달할 것으로 추정되고 있다.

밑바닥부터 다지며 거상으로 우뚝

장영식 회장은 1993년 아버지가 논 한 마지기를 팔아 마련해준 돈 300만 원을 들고 일본으로 건너가 고깃집 불판닦이, 신문 배달 등의 아르바이트를 하며 학업을 계속했다. 조용필의 '돌아와요 부산항에' 등 한국가요 테잎을 일본 시장에서 팔았고, 1994년 일본에 쌀 파동이 났을 때는 한국 쌀을 수입해 식당을 돌며 팔

앉다. 잠을 잘 공간도 비좁은 방에 쌀가마니며 테이프를 쌓아두다 보니 하루 속히 팔아야겠다는 생각만 가득했다. 한국 가요 테이프와 쌀을 팔아서 돈을 꽤 벌었지만 번 돈을 한국산 표고버섯을 수입해 파는 데 투자했다. 그러나 표고버섯이 운반 도중 부서져 상품가치가 없어지는 바람에 벌어놓은 돈을 다 날리고 다시 무일푼이 되었다.

"처음 일본에 와서 어학교 등록하고 방을 구하고 나니 남은 돈이 1만 엔. 다시 처음으로 돌아간 거죠. 잃은 것은 없었지만 막막했습니다."

그러나 넋을 놓고 앉아 있을 수만은 없었다. 그는 지금 에이산의 면세점 본점이 있는 아키하바라의 전자제품 가게에서 싸게 산 TV를 리어카로 운반해 가며 소매업을 했다. 100kg에 육박하는 TV 한 대를 4~5시간 리어카로 운반해서 버는 돈은 1,000엔 정도. 그럼에도 그는 일을 계속했다. 나중에는 주문처의 트럭을 빌려서 운반을 했고, 그가 판매한 TV 한 대는 열 대가 되고 백 대로 불어났다. 한국 기업 최초로 일본 정부와 파트너십을 체결해 일본 자위대 및 전역 대상 가전제품 유통업에 진출하는 '조달면허'를 취득해 설립 16년만인 2011년 연매출 2,000억 원을 기록하기도 했다. 그가 맨손으로 일궈낸 재팬드림은 현실이 되어 에이

세계한인무역협회(World OKTA) 수석부회장을 맡고 있기도 한 장영식 사장은 한일양국 교류의 통로 역할을 하고 있다.

산은 이제 연매출 3,000억 원에 달하는 기업으로 성장했다.

6남매의 막내로 태어나 장학금을 받으며 순천의 금당고교를 다닌 그는 당시 김동원 이사장이 '나에게 받은 것을 후배들에게 베풀라'고 하신 말씀을 가슴에 새겼다. 도쿄 한국학교 이사를 맡아 교포 2~3세들이 한국인의 정체성을 잃지 않고 학업을 할 수 있도록 '태산장학회'를 설립했고 모교인 전남 순천대학교에도 장학지원 활동을 하는 등 기부활동을 꾸준히 펼치고 있다. 그가 25년째 몸담고 있는 일본을 위해서도 대지진 발생 당시 400만 엔을 모아 식료품을 지원하는 등 꾸준히 기부를 실천해오고 있다.

전 세계 24개국과 연결되어 있는 'Global Network Company' 에이산은 사회공헌, 고용창출, 고객감동을 경영이념의 삼두마차로 삼고 있다. 면세 사업부에서는 '보다 즐겁고, 보다 다양한 상품'을, 해외영업부에서는 '글로벌 EISAN의 원동력'을, 국내법인 영업부에서는 '무엇보다 고객과의 신뢰를 소중히', 온라인사업부에서는 '보다 편리하고 만족스러운 쇼핑'을, 제품제조사업부에서는 '고객이 기뻐할 수 있는 제품을 생산', 버스운송사업부에서는 '고객의 안전을 지키는 서비스'를 각각 캐치프레이즈로 내세우고 있다.

에이산의 미래는 10개국 출신의 인재가 지탱하고 있으며, 원활한 의사소통이 가능한 문화, 창조의 원동력이 가득한 문화, 즐겁게 일할 수 있는 문화, 서로를 신뢰하는 문화, 다양한 개성을 존중하고 소중히 하는 문화로 발전해 나갈 것이다.

세계한인무역협회(World OKTA) 수석부회장을 맡고 있기도 한 장영식 사장은 한일양국 교류의 통로 역할을 하고 있다. 일본에서 25년간 일궈낸 인맥과 기술, 비즈니스 노하우 등을 활용해 한국기업의 일본 진출과 일본기업의 한국 유치를 돕는 데 앞장서고 있다.

남들이 가지 않는 곳에 기회가 있다

장영식 회장은 신규사업에 진출할 때마다 주변에서 위험하다며 만류했지만 뚝심으로 밀어 붙였다. '남들이 하기 어려워하는 것에 도전하면 그만큼 얻는 것도 많다'는 경험에서 얻은 교훈을 중요시하기 때문이다. 조직의 리더로서 그가 가장 중요시 여기는 것은 능력이다. 적재적소에 필요한 인재를 배치하고 전폭적으로 믿는 경영을 강조한다.

직원 채용 시에 국적, 학력, 성별, 연령을 따지지 않아 에이산의 직원들은 일본, 한국, 중국, 베트남, 프랑스 등 국적이 10곳이 넘는다. 고졸부터 대학원 졸업까지 학력도 다양하고, 최연소 직원이 22세, 최고령 직원은 74세에 이른다. 74세 직원과도 면접후 계약연장을 했는데 그 이유는 오랜 경험에서 오는 지혜가 회사 경영에 도움이 되기 때문이라고 한다. "꿈꾸는 자에겐 반드시기회가 온다"는 신념으로 살아 왔으며, 자신이 "후배들의 꿈을 펼칠 수 있도록 도움을 줄 수 있어 기쁘다"고 말한다. 그는 창업을 준비하는 후배들에게 세 가지를 꼭 염두에 둘 것을 당부한다. 틈새시장을 공략하고, 진입장벽이 높은 업종에 도전할 것, 그리고 사업을 시작하면 다각화보다는 한 가지에 집중할 것이 그가 강조하는 경영비법이다.

에이산의 한자 이름은 영산(永山), '영원한 산'이라는 의미다. 장영식 회장의 이름인 '영'자에 '산'을 붙인 이유는 산은 바다와 달리 모든 것을 포용하기 때문이다. 산에는 사람도 살고 동물도 살고 식물도 살고 모든 게 다 어우러져 살고 있다. 이처럼 에이산도 글로벌 시장을 표방하는 전 세계 모든 청년들이 같은 꿈을 갖고 모여서 함께 꿈을 이루며 오랫동안 발전하는 것을 기업의 미래목표로 삼고 있다. 에이산은 8년 전 파나소닉, 야마하, 브릿지스톤 등 대기업이 장악하고 있는 전동자전거 시장에 과감히 뛰어들었다.

한국과 중국에 공장을 세우고 일본시장을 꾸준히 공략, 2018년 첫 흑자를 기록할 것으로 예측된다. 업계 최고를 꿈꾸며 전기자전거 시장에 진출한 이유는 모두가 반대했지만, 다들 겁을 내고 뛰어들지 않으니 경쟁 상대가 적다는 장점이 있다는 역발상이었다. 전동자전거 시장의 5%만 차지해도 회사가 비약적으로 성장할 수 있다는 확신이 장영식 회장에게는 있었다. 올해 에이산은 상장을 목표로 하고 있다. 지금까지는 오너의 판단만으로 회사를 꾸려왔지만 상장 기업이 되면 전문경영인을 둘 수도 있고 기업운영도 더 투명해지기 때문이다. 또한 직원들의 고용안정에

업계 최고를 꿈꾸며 전기 자전거 시장에 진출한 이유는
경쟁 상대가 적다는 점을 장점으로 생각한 역발상이었다.

도 도움이 될 것이라는 판단에서 상장 준비를 하고 있다.

에이산의 기업 핵심가치로는 '도전정신과 인재육성'이 꼽힌다.
장영식 회장이 도쿄 대표 전자상가인 아키하바라에 면세점을 내
면서 보수적인 일본시장을 개척한 것은 '두드리면 열린다'는 도
전정신이 밑바탕이 되지 않고서는 불가능한 일이었다. 그동안 인
재 육성을 위해 말단 직원에게도 끊임없이 아이디어를 내게 하고

구체화시킬 수 있도록 지원을 아끼지 않은 것도 에이산의 장점이다. 발상의 전환, 역발상 등 끊임없는 아이디어 창출과 타이밍을 맞추는 것이 기업의 성공비결이라 할 수 있다. 에이산은 인종과 나라와 언어는 다르지만 많은 직원들이 같은 꿈을 키워 나가는 조직이 되기를 원한다. '지금까지 잘해 왔으니 앞으로도 잘 될 것이다'는 긍정적인 마인드로 꿈을 위해 달려가고 있다.

사업에 있어서 아이디어의 실행은 때를 놓쳐서는 안 된다는 것이 장영식 회장의 평소 지론이다. 일본어에 "야루, 수그 야루, 데키루마데 야루(やる, すぐやる, できるまでやる)"라는 말이 있는데 이 말은 "하라, 즉시 하라, 될 때까지 하라"라는 뜻이다.

그는 이 말에 공감하고 아이디어가 생기면 바로 실행할 것을 직원들에게 당부하고 있다. 직원 채용 시 국적이나 연령, 성별, 학력을 따지지 않듯 차별 없는 기업 문화, 오로지 능력으로 인정받는 기업문화 또한 에이산이 지향하는 목표다.

66

일본어에
"야루, 수그 야루, 데키루마데 야루
(やる, すぐやる, できるまでやる)"라는
말이 있는데 이 말은
"하라, 즉시 하라, 될 때까지 하라"라는 뜻이다.

99

회장

최병민

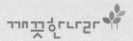

깨끗한나라

학력

1971 경기고등학교 졸업

1975 서울대학교 외교학과 졸업

1978 미국 University of Southern California MBA

1999 국제 산업디자인대학원 대학교 뉴밀레니엄 디자인혁신정책과정 수료

2004 미국 University of Southern California / Pacific Rim Executive Education Program 수료

경력

1983 ㈜대한펄프 대표이사 사장

1993 ㈜대한펄프 대표이사 회장

1996 한 · 중남미협회 부회장

2003 한국제지공업연합회 부회장 / 한국무역협회 이사

2005 ㈜매일방송 사외이사

2007 한국제지공업연합회 회장

2013 한국제지연합회 회장 / 한국제지자원진흥원 이사장

상훈

1984 조세의날 재무부장관상

1993 철탑산업훈장(5,000만 불 수출의 탑)

1999 환경경영대상 우수상

2000 은탑산업훈장(1억 불 수출의 탑)

2005 소비자웰빙지수 안정성 대상(유아용품 기저귀 보솜이, 화장지 깨끗한나라)

2008 국세청 모범납세자

2012 글로벌역량지수 화장지 부문 1위/에너지 절약 지식 경제부 장관 표창

2013 글로벌역량지수 화장지 부문 1위(2년 연속 수상)

2014 글로벌역량지수 화장지 부문 1위(3년 연속 수상)

2014 대한민국 소비자신뢰 대표브랜드 대상(화장지 부문, 물티슈 부문)

2015 글로벌역량지수 1위(화장지 부문 4년 연속 수상, 아기기저귀 부문)

2015 고객사랑브랜드 화장지 부문 대상

2016 대한민국 퍼스트브랜드 4개 부문 대상
(미용티슈 깨끗한나라, 유아용물티슈 보솜이, 생리대 릴리안, 아기기저귀 보솜이)

2016 환경부장관 녹색기업 재지정 글로벌역량지수 1위
(화장지 부문 5년 연속 수상, 아기기저귀 부문 2년 연속 수상)

2016 고객사랑브랜드 화장지 부문 대상(2년 연속 수상)

2017 남양주 나눔인 나눔특별기부자상

2018 납세자의 날 모범납세자 표창

52년간 고객과 함께한 종합제지기업

깨끗한나라는 '깨끗하고 건강한 생활문화 창출을 통해
고객과 함께 성장하는 기업'을 비전으로 한다.

    종합제지회사 ㈜깨끗한나라(KleanNara Co., Ltd.)는 산업용 포장
재로 사용되는 백판지, 종이컵 원지를 생산 및 판매하는 제지사
업과 화장지, 기저귀, 생리대 등을 제조 판매하는 생활용품사업
을 영위하고 있는 중견기업이다.

    52년간 국내 제지산업 성장에 이바지한 깨끗한나라는 '깨끗하
고 건강한 생활문화 창출을 통해 고객과 함께 성장하는 기업'이
라는 비전 아래 지난 52년간 축적한 노하우를 기반으로 신제품

개발을 위한 설비투자와 수출 확대에 힘쓰는 등 끊임없는 변화와 혁신을 실현하며 미래 50년을 위한 성장동력 발굴에 총력을 다하고 있다.

제지기업에서 친환경 생활용품기업으로

깨끗한나라는 1966년 故 최화식 창업주가 ㈜대한팔프공업을 설립하면서 시작되었다. 이듬해 의정부 공장을 준공해 가동을 시작하고 국내 최초로 라이너지를 생산하면서 제조업체로 터를 닦았다. 1975년 'WHITE HORSE'라는 고유상표로 홍콩에 수출을 시작했고 미국, 호주, 일본 등 세계에서 품질의 우수성을 인정받았다. 1979년에는 전량 수입에 의존하던 종이컵 원지의 제조공법 특허를 국내 최초로 취득하여 국산화에 성공하고 국내 특수지 업계 선두 주자로서 성공적인 사업영역 확장을 이뤄냈다.

1980년 경영을 이어받은 최병민 회장은 1985년에 ㈜금강제지를 인수하여 생활용품사업을 시작했다. 독자적인 기술력을 바탕으로 부드러운 감촉과 흡수력을 강화한 두루마리 화장지, 먼지 없는 미용티슈, 보습력을 강화한 천연보습티슈 등을 선보이며 업계를 선도해왔다.

최첨단 자동화 설비를 도입하고 안정된 관리시스템을 갖추면서
지금까지 최고 품질의 제품을 생산해 국내외 시장에 공급하고 있다.

1986년 충북 청원군에 31만㎡ 규모의 청주공장을 착공하고 최
첨단 자동화 설비를 도입하면서 안정된 관리시스템을 갖췄고 지
금까지 최고 품질의 제품을 생산해 국내외 시장에 공급하고 있
다. 1987년 생리대 '라라센스'를 출시하고 이듬해에는 아기 기저
귀 '라라마미'를 출시하며 생활용품사업을 확장했다.

1988년에는 미국 LA에 현지법인 DAEHAN PULP U.S.A.
INC.를 종합무역 전문기업으로 출범시켰다. 1989년 제지 연구소
설립 후 품질을 바탕으로 '고객만족'을 핵심가치로 삼았고 소비자
의 다양한 니즈를 충족시키는 고품질 제품과 차별화된 제품을 선

보이기 위해 끊임없이 연구해오고 있다.

1995년 공장 자동화 설비를 도입해 품질의 규격화와 표준화 실현에 앞장섰으며 엄격한 품질 관리를 위한 노력 끝에 업계 최초로 한국품질인증센터로부터 품질경영시스템(ISO 9001) 인증과 환경경영(ISO 14001) 인증까지 획득했다. 1997년 수십 차례 소비자들의 취향 조사를 거듭한 결과 소비자들이 원하는 것은 '깨끗함'이라는 결론을 얻고 이를 바탕으로 깨끗한 제품을 소비자에게 전달한다는 뜻에서 '깨끗한나라' 화장지 브랜드를 탄생시켰다. 순우리말로 지은 브랜드명은 업계에서 호평을 받았고 세계 굴지 다국적 기업과도 어깨를 나란히 하는 생활용품 토종기업으로서 지금 깨끗한나라의 위상을 만드는 밑거름이 됐다.

1998년 환경오염물질 저감 및 온실가스 배출 최소화 등 환경 개선에 크게 기여한 공로를 인정받아 녹색기업에 지정되었다. 2010년 1월 시작한 제 1회 아기기저귀 보솜이 아기모델 선발대회는 현재까지 7회째 이어져 오고 있으며 보솜이 맘스마케터, 디자인공모전 등 여러 경로를 통해 소비자와 직접 소통하고 있다.

2011년 생활용품사업을 기업의 미래성장 동력으로 선정하고 사명을 '깨끗한나라'로 변경하여 소비자 친화적인 생활기업으로 거듭났다. 같은 해 생리대 브랜드 '릴리안'을 출시했고 최고 품질의 면제품에 부착되는 미국 코튼마크를 국내 생리대 제품 중 처음으로 취득한 생리대 브랜드 '순수한면'을 출시하는 등 자연 친화적 소재로 여성의 건강을 생각한 차별화된 제품을 선보이고 있다.

2014년 아기기저귀 보솜이 베비오닉이 기능성 로션, PH 밸런스 유지 성분, 실크파우더 함유 등 피부를 보호해 주는 기저귀로 특허를 받았고 보솜이 디오가닉은 대한아토피협회의 아토피 안심마크를 획득하였다.

2016년 깨끗한나라 청주공장은 '깨끗한 자연환경을 위하여 녹색경영의 선도 역할을 한다'는 비전 아래 녹색경영시스템을 실천하는 것을 인정받아 녹색기업으로 재지정되었고 깨끗한나라는 충청지역의 녹색경영 선도 기업이자 사회적 환경보호 책임을 다하는 우수기업으로 자리매김했다.

2017년 깨끗한나라는 환경 경영을 강화하고자 세계적인 환경전문기업 베올리아와의 계약을 체결하고 공업용수 및 폐수처리 부문에 대한 선진 기술을 도입하여 친환경 기업으로써 한발 더 나아가게 되었다.

2018년 충북 음성에 준공예정인 패드공장은 설계단계부터 친환경 및 에너지저감을 적용하였다. 이 공장은 국내 최초로 제품 생산 시 발생하는 폐기물을 알약 형태로 압축 배출하는 최신기술을 적용하여 폐기물의 부피를 획기적으로 줄여 폐기물 관리를 용이하게 하였다. 또한 생산시설과 자재, 물류 공간을 철저하게 분리시키고 온도 및 습도를 자동 조절하여 친환경 소재로 생산한 제품에 이물질이 혼입되는 것을 철저하게 방지시키는 등 친환경 및 고객만족을 동시에 고려하였다.

2019년에는 유동상 소각로를 운영하여 공장 내에서 발생한 폐기물을 재활용하고 기존에 사용 중인 석탄 및 LNG 등 화석에너지 사용을 최소화하는 등 친환경 대체에너지 사용에 앞장서게 된다.

설립 초기부터 해외시장 진출

깨끗한나라는 설립 초기부터 수출품 생산 지정업체 인가와 수출입업 허가를 받는 등 수출을 염두에 두고 사업을 펼쳤다. 자체 브랜드인 'WHITE HORSE'를 앞세워 홍콩을 시작으로 일본, 중국, 이란 등으로 수출 시장을 개척해 1993년 제지업체 최초로 5,000만 달러 수출의 탑과 철탑산업훈장을 수상하였다.

이후 꾸준한 품질개선과 환경친화적 신제품 개발에 힘써온 깨

깨끗한나라는 수출제품의 질적 고도화를 이뤄내 아시아를 넘어 중남미, 러시아, 아프리카까지 진출하였다. 그 결과 2000년에는 1억 달러를 넘는 기록을 달성하여 철탑산업훈장 이후 9년 만에 은탑산업훈장을 받았다.

깨끗한나라는 연간 45만 톤을 생산 할 수 있는 설비능력과 최첨단 생산설비를 토대로 높은 품질의 백판지를 생산하고 있다.

제지사업은 지금까지도 52년의 생산 노하우와 세계 최고 수준의 생산라인으로 백판지 생산량의 절반가량을 미국, 일본, 중국 등 40여 개국에 수출하고 있다. 제지사업은 2016년 깨끗한나라 전체 매출액 중 49%인 3,400억 원을 달성했다.

깨끗한나라의 제지사업은 산업용지에서 식품용지까지 최고 수준의 기술로 글로벌 시장을 리드하고 있다. 연간 45만 톤을 생산할 수 있는 설비능력과 최첨단 생산설비를 토대로 높은 품질의 백판지를 생산하여 판매하고 있다.

글로벌 경기침체가 지속됨에도 고부가가치 신제품 개발을 추진하고 수출지역 다변화와 포장용기 고급화로 신규시장을 개척하여 국내 백판지 공급과잉 문제를 해결하는 기회로 활용하고 있으며 연구개발을 확대하며 품질 향상에 주력하고 있다. 특히 미국 식품의약국(FDA)의 안전성 검사를 통과한 식품용지는 미국 및 일본 시장에서 점유율을 높여가고 있으며 컵라면 용기, 발포 컵 등 신규 식품용지 개발도 추진 중이다.

생활용품사업의 매출 비중은 2011년부터 지속적으로 증가하고 있으며, 2014년 생활용품사업의 매출 비중이 제지사업을 넘어설 정도로 크게 성장하였다. 2013년 홍콩 수출을 시작으로 중국, 대만, 싱가포르 등 해외 시장에 적극 진출하여 2015년 수출 100억 원을 이뤄냈다. 그 동안 신규투자 및 신제품 개발과 적극적인 브랜드 파워를 강화한 결과 생활용품사업은 2016년 깨끗한나라 전체 매출액 중 51%인 3,600억 원을 달성했다.

생활용품사업의 매출 증대는 그동안 적극적인 신규투자와 신제품 개발 등에 힘써 온 결과다. 깨끗한나라는 1985년 화장지를 처음 생산한 후 독자적인 기술력을 바탕으로 흡수력과 부드러운 촉감을 강화한 제품을 선보이며 다국적 기업이 장악한 시장에서 국산 제품의 우수성을 알리고 있다. 1997년 첫선을 보인 깨끗한나라 브랜드는 소비자에게 깨끗한 제품, 깨끗한 환경이라는 이

깨끗한 나라는 2018년 3월 중국 전자상거래 기업 징동글로벌과 MOU를 체결하여
중국 생활용품 시장을 공략하고 있다.

미지를 전달하며 화장지 부문의 대표 브랜드로 성장해 왔다. 또한 아기기저귀 '보솜이', 생리대 '릴리안', 성인용기저귀 '봄날' 등의 다양한 제품을 소비자에게 제공하고 있으며 AFH(Away From Home, 집 밖에서 쓰는 생활용품) 부문에서 신시장을 개척하고 사업 확장에 주력하고 있다. 여기에 고품질 제품을 위한 연구개발과 투자를 아끼지 않으며 소비자 감성 욕구를 충족시키는 다양한 마케팅 활동을 이어가 시장 내에서 차별적인 브랜드로 인정받고 있다.

또한 2018년 3월 중국 전자상거래 기업 징동글로벌과 MOU를 체결하여 중국 생활용품 시장을 공략하고 있다. 징동글로벌은 알리바바에 이어 중국 2위 업체로 중국 생활용품 판매에 강점을 가지고 있어 깨끗한나라가 중국 생활용품 시장에 본격적으로 진출하는 데 큰 발판이 될 것으로 보고 있다.

지속성장 비결은 품질과 고객만족

깨끗한나라가 국내 유일 종합제지메이커로 성장할 수 있었던 것은 품질을 바탕으로 한 고객만족을 최우선 가치로 두었기 때문이다. 최병민 회장은 직접 소비자 평가나 불만 등을 파악하는 데 힘써 이를 제품 개발에 반영할 정도로 고객만족을 강조해 오고 있다. "연구개발 및 투자를 기반으로 한 품질 향상과 고객 만족이 바로 기업성장과 함께한다"는 그의 경영 철학을 평소 실천하고 있는 것이다. 이와 같은 경영 철학이 깨끗한나라가 세계 최고의 생산라인을 갖추고 고품질 제품을 생산하여 국내외 시장에서 지난 52년 동안 탄탄하게 성장할 수 있었던 비결이다.

깨끗한나라는 1990년대 후반 천억 원이 넘는 자금을 과감히 투자하여 제지 최신 설비를 도입하였고 신제품을 위한 연구개발에도 투자를 아끼지 않고 있다. 2015년 100% 펄프로 만든 프리미엄 화장지 시장의 성장에 대응하기 위해 최신 공법을 적용하여

깨끗한나라가 성장할 수 있었던 것은
품질을 바탕으로 한 고객만족을 최우선 가치로 두었기 때문이다.

도톰한 두께감과 부드러움을 극대화한 화장지 제품을 생산하기 위해 설비를 신설하여 기존 대비 생산능력을 50% 향상시켰다. 또한 2018년 준공 예정인 PAD 공장은 국내 최신 기술을 적용하여 최고품질의 제품을 고객에게 전달할 계획이다.

깨끗한나라의 또 하나의 강점은 적극적으로 신시장을 개척해 나간다는 점이다. 제지사업은 일찍이 해외 진출을 하였고, 생활용품사업도 최근 중국이 두 자녀 정책을 시행하면서 육아용품에 관심이 높아졌다는 점에 착안해 기저귀, 아기물티슈 등 관련 시장 개척에 박차를 가하고 있다. 또한 미래를 내다보고 빠르게 발전하고 있는 인도 시장 개척을 준비하고 있다.

깨끗한나라는 이름 그대로 어디에 내놓아도 부끄러움 없는 깨끗한 제품을 고객에게 제공하기 위해 청결한 공장 관리시스템을 고집해오고 있다. 제지 제품은 인쇄적성, 지함적성, 강도 등 품질 면에서 세계 최고의 품질 수준을 유지하고 있으며 이런 품질을 바탕으로 미국 식품의약국(FDA) 안전성 검사를 통과해 고객에게 안전한 제품을 제공하고 있다는 것을 입증했다.

생활용품은 지속적인 제품 개발을 통해 매년 신제품을 출시하여 고객 선택의 폭을 넓히고, 고객이 만족할 때까지 품질 개선 활동을 거쳐 제품을 리뉴얼 출시하고 있다. 특히 국내 최초 미국코튼마크를 취득한 100% 순면 생리대 순수한면과 자연섬유 천연코튼, 피부 보습·보호 효능이 뛰어난 천연 올리브 추출물을 함유해 민감한 아기 피부를 보호하는 아기기저귀 보솜이 프리미엄 천연코튼 등 고객의 건강을 생각한 제품을 선보이며 큰 사랑을 받고 있다.

깨끗한나라는 고객이 만족하는 제품을 제공한다는 자부심을 가지고 아기부터 시니어까지 고객의 라이프사이클 속에서 꼭 필요한 제품들을 생산, 판매하고 있다. 특히 깨끗한나라 제품들은 인체에 직접 접촉하는 화장지, 생리대뿐만 아니라 민감한 아기 피부에 직접 접촉하는 기저귀이기 때문에 피부트러블과 같은 문제가 발생하지 않도록 품질을 엄격히 관리하고 있으며, 더 나아가 보다 나은 제품을 개발하기 위해 노력하고 있다. 이처럼 고객의 삶이 편리하고 깨끗해지는 과정에서 깨끗한나라는 함께 성장해 왔고 앞으로도 글로벌 기업으로써 세계인의 삶 속에서 함께 성장할 것이다.

2018 세계를 품다

초판 1쇄 2018년 5월 10일

지은이 글로벌 리더 선정자 25인
출판 기획 및 엮은이 서희철
펴낸이 전호림
책임편집 정혜재

펴낸곳 매경출판㈜
등록 2003년 4월 24일(No. 2-3759)
주소 (04557) 서울시 중구 충무로 2(필동1가) 매일경제 별관 2층 매경출판㈜
홈페이지 www.mkbook.co.kr
전화 02)2000-2641(기획편집) 02)2000-2636(마케팅) 02)2000-2606(구입 문의)
팩스 02)2000-2609 **이메일** publish@mk.co.kr
인쇄·제본 ㈜M-print 031)8071-0961
ISBN 979-11-5542-842-9(03320)